“十三五”普通高等教育应用型规划教材

Calculus

微积分（下册）

四川大学数学学院

徐友才　邓荣春　闵心畅　主编

中国人民大学出版社

·北京·

前　言

无论是在探索大自然的运动规律时，还是在工程技术中，都要把现实中的量转化成函数关系. 由于科学技术的迅猛发展，数量分析已渗透到社会、经济的各个领域，数学的重要性已被整个社会公认，数学的应用日益广泛深入. 而微积分就是一门研究函数的科学. 恩格斯说过：在一切理论成就中，未必有什么像 17 世纪下半叶微积分的发明那样被看作人类精神文明的卓越胜利了！通过微积分，数学可以描述运动的事物，描述一种过程的变化. 微积分的创立极大地推动了数学自身的发展，开创了诸多新的数学分支：微分方程、无穷级数、离散数学、微分几何、复变函数等. 数学本身就是其他学科发展的理论基础，微积分推动了天文学、力学、光学、电学、热学等自然学科的发展. 其他学科诸如化学、生物学、地理学、工程技术、现代信息技术等学科的发展同样离不开微积分的使用，可以说这些学科的发展在很大程度上是由于微积分的运用. 现在，金融、经济等社会科学领域也经常运用微积分的原理来研究整个社会、整个经济的宏观和微观变化. 微积分是研究变化规律的科学，因此只要与变化、运动有关的研究都与微积分有关，都需要运用微积分的基本原理和方法. 微积分不但是高等数学发展的基础，也成为众多相关科学发展的数学分析工具. 随着现代科学的发展和各学科间的相互交融，微积分与数学仍将会进一步丰富和发展，人们也要进一步将微积分和数学的理论应用于实践，从而为人类社会创造更多财富.

微积分是高等院校理、工、经、管、医、农等学科的基础课程. 随着我国经济建设的发展迅速深入，经济类、管理类等专业越来越重视数学基础和数学应用. 很多院校加强了经管类大学数学方面的研究和教学工作，相继开设了一些有关的必修或选修课程. 因此，我们编写了这本教材.

本书主要面向经管类专业，突出数学方法与经管类应用，分为上、下两册. 上册教材涵盖了函数、极限与连续、导数与微分、中值定理与导数的应用、不定积分、定积分等内容. 下册涵盖了多元函数微分学、无穷级数、微分方程初步等内容. 在每章后面专门有一节介绍经管类应用及模型，将数学理论的系统性、科学性与数学应用有机融合. 教材在培养学生数学素养和创新精神的理念指导下，基于“数学为本，经管为用”的目标编写，每章的每一节都附有习题，每一章最后都有综合性题目，并在书后附有参考答案. 其中A组为基础性题目，重在掌握概念；B组为综合性题目，重在强化应用，培养技能. 在信息化迅猛发展的今天，本教材配有精心制作的微课视频. 本教材适用于各层次的经管类专业的学生使用. 教学时可根据专业需要、学生基础、课时实际，有针对性地选择，实行模块化教学，使学生能够更扎实地掌握所学知识，提高教学效果.

本教材的编写工作得到了四川大学教务处、四川大学数学学院、中国人民大学出版社的大力支持. 四川大学数学学院相关同事对教材建设提出了宝贵意见，在此，我们表示衷心感谢.

参与教材编写的有陈丽、周杨、邓荣春、徐友才四位老师. 第一、二、三章由周杨编写，第四、五、六章由陈丽编写，第八章由徐友才编写，第七、九章由邓荣春编写. 全书由闵心畅统稿.

鉴于编者知识和篇幅限制，本书难免有不妥之处，欢迎读者批评指正.

编　者

2018年8月

目　　录

第七章　多元函数

7.1　空间解析几何简介

7.1.1　空间直角坐标系

为了确定空间任意一点的位置，需要建立空间直角坐标系.

过空间一点 O，作三条两两互相垂直的数轴，它们都以 O 为原点，且有一定的度量单位，点 O 称为坐标原点，三条轴分别称为 x 轴、y 轴、z 轴. 我们还规定这些坐标轴构成右手系，即用右手握住 z 轴且大拇指指向 z 轴的正向，其余四指弯曲的方向表示从 x 轴正向以 $\frac{\pi}{2}$ 角度转至 y 轴正向的旋转方向，如图 7.1 所示. 如此就建立了一个空间直角坐标系.

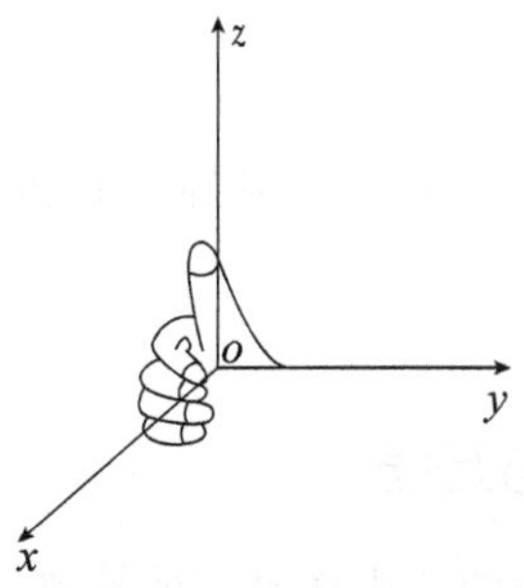

图 7.1

任意两条坐标轴确定一个平面，称为坐标平面. 由 x 轴和 y 轴确定的平面称为 xOy

平面，由 y 轴和 z 轴确定的平面称为 yOz 平面，由 z 轴和 x 轴确定的平面称为 zOx 平面. 三个坐标平面把空间分为八个部分，称为八个卦限. 含三个坐标轴正向的卦限称为第Ⅰ卦限，在 xOy 平面的上方，依逆时针方向得第Ⅱ，Ⅲ，Ⅳ三个卦限，在 xOy 面的下方与第Ⅰ卦限相对的为第Ⅴ卦限，依逆时针方向得第Ⅵ，Ⅶ，Ⅷ三个卦限.

设 M 为空间中的一点，过点 M 作三个平面分别垂直于三个坐标轴，它们与 x 轴、y 轴、z 轴的交点依次为 P，Q，R 三点，如图 7.2 所示.

设 $OP=a$，$OQ=b$，$OR=c$，则点 M 确定了唯一的三元有序数组（a，b，c）；反之，对任意一个三元有序数组（a，b，c），在 x 轴、y 轴和 z 轴上分别取点 P，Q，R，使 $OP=a$，$OQ=b$，$OR=c$，然后过 P，Q，R 三点分别作垂直于 x 轴、y 轴和 z 轴的平面，这三个平面相交于一点 M，则由三元有序数组（a，b，c）唯一地确定了空间中的一个点 M.

如此，空间中的任意一点 M 和一个三元有序数组（a，b，c）建立了一一对应关系. 我们称这个三元有序数组为点 M 的坐标，记为 $M(a, b, c)$.

坐标面和坐标轴上的点的坐标各有一定的特征. 例如，如果点 M（x，y，z）在 xOy 面上，则 $z=0$；如果点 M 在 yOz 面上，则 $x=0$；如果点 M 在 zOx 面上，则 $y=0$. 如果点 M 在 x 轴上，则 $y=z=0$；如果点 M 在 y 轴上，则 $z=x=0$；如果点 M 在 z 轴上，则 $x=y=0$. 如果点 M 为原点，则 $x=y=z=0$.

设 $M_1(x_1, y_1, z_1)$，$M_2(x_2, y_2, z_2)$ 为空间任意两点，如图 7.3 所示，可以求得它们之间的距离为

$$|M_1M_2|=d=\sqrt{d_1^2+(z_2-z_1)^2}=\sqrt{(x_2-x_1)^2+(y_2-y_1)^2+(z_2-z_1)^2}. \tag{7.1}$$

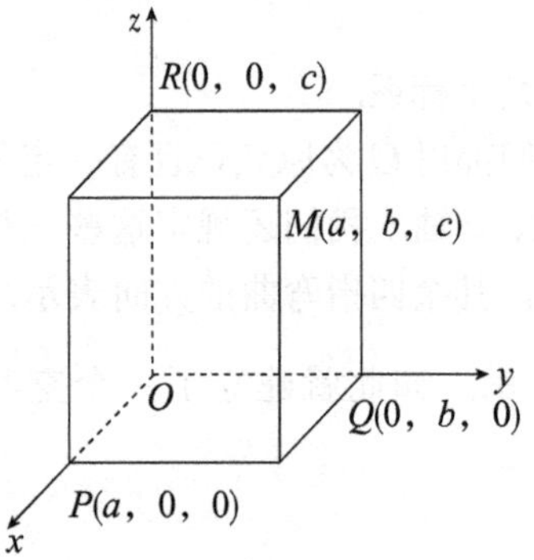

图 7.2

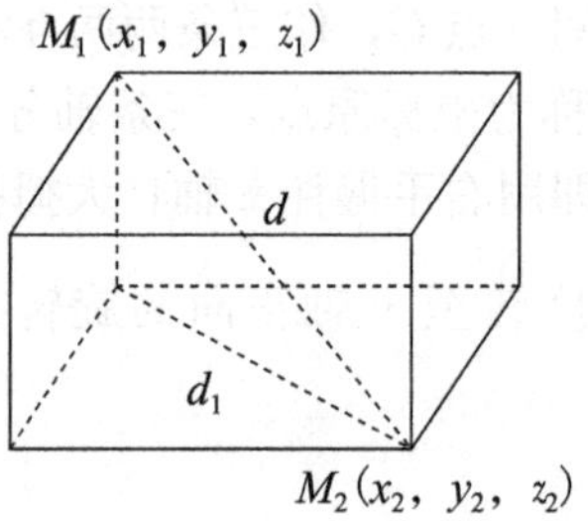

图 7.3

特别地，空间中任意一点 $M(x, y, z)$ 到原点 O 的距离为

$$|OM|=\sqrt{x^2+y^2+z^2}. \tag{7.2}$$

7.1.2 常见的空间曲面与方程

如同在平面解析几何中把平面曲线当作动点的轨迹一样，在空间解析几何中，任何曲面都看作点的几何轨迹. 在这样的意义下，如果曲面 S 与三元方程

$$F(x, y, z)=0 \tag{7.3}$$

有下述关系：

（1）曲面 S 上任意一点的坐标都满足方程（7.3），

（2）不在曲面 S 上的点的坐标都不满足方程（7.3），

那么方程（7.3）称为曲面 S 的方程，而曲面 S 称为方程（7.3）的图形，如图 7.4 所示.

对于一元方程或二元方程

$$F(x)=0 \quad 或 \quad F(x, y)=0$$

需根据不同的坐标系来确定它们的几何意义. 例如，在数轴上，$x=1$ 表示一个点；在平面直角坐标系下，$x=1$ 是一条垂直于 x 轴的直线；在空间直角坐标系下，$x=1$ 是平行于 yOz 平面的平面.

常见的空间曲面有平面、柱面、二次曲面等.

1. 平面

空间平面的方程为三元一次方程

$$Ax+By+Cz+D=0, \tag{7.4}$$

其中 A，B，C，D 为常数，且 A，B，C 不全为零. 特别地，当 $D=0$ 时，平面过原点；当 $A=0$ 或 $B=0$ 或 $C=0$ 时，平面分别平行于 x 轴、y 轴、z 轴；当 $A=B=D=0$ 时，得平面方程 $z=0$，它是 xOy 平面.

2. 柱面

设 C 是空间中的一条曲线，直线 L 沿曲线 C 平行移动所得的空间曲面称为柱面，如图 7.5 所示，C 称为柱面的准线，动直线 L 称为柱面的母线.

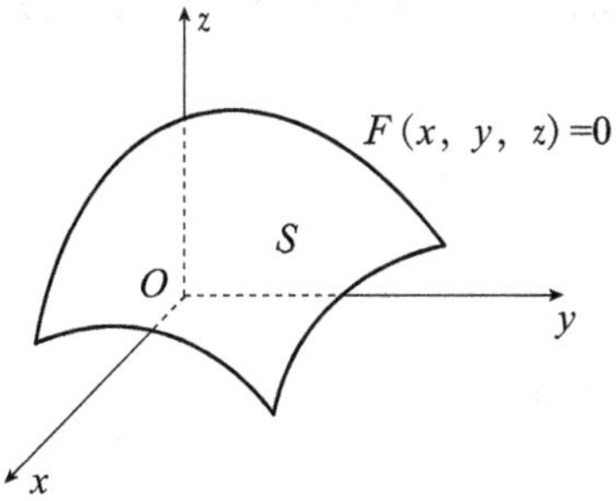

图 7.4

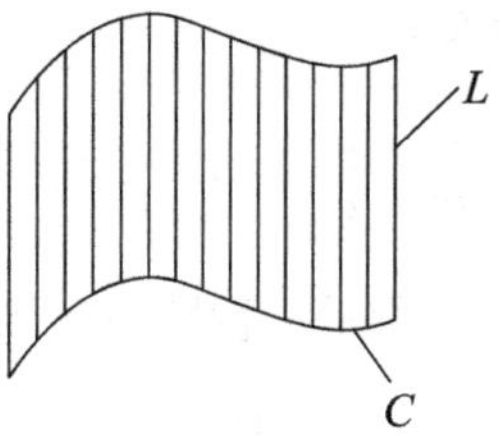

图 7.5

我们只讨论准线为某坐标平面上的曲线，并且母线平行于与该坐标平面垂直的坐标轴的柱面.

设 C 是 xOy 平面上方程为 $F(x, y)=0$ 的曲线，在空间上，曲线 C 可以用方程组

$$\begin{cases} F(x, y)=0 \\ z=0 \end{cases}$$

表示. 以此曲线 C 为准线，母线平行于 z 轴的柱面方程为

$$F(x, y)=0.$$

方程 $x^2+y^2=R^2$ 表示空间的一个圆柱面，如图 7.6 所示，它的母线平行于 z 轴，准线是 xOy 平面上的圆

$$\begin{cases}x^2+y^2=R^2\\ z=0\end{cases}.$$

方程 $x^2-y^2=1$ 表示母线平行于 z 轴，准线为双曲线

$$\begin{cases}x^2-y^2=1\\ z=0\end{cases}$$

的双曲柱面，如图 7.7 所示.

方程 $y^2=2px$ 表示抛物柱面，如图 7.8 所示.

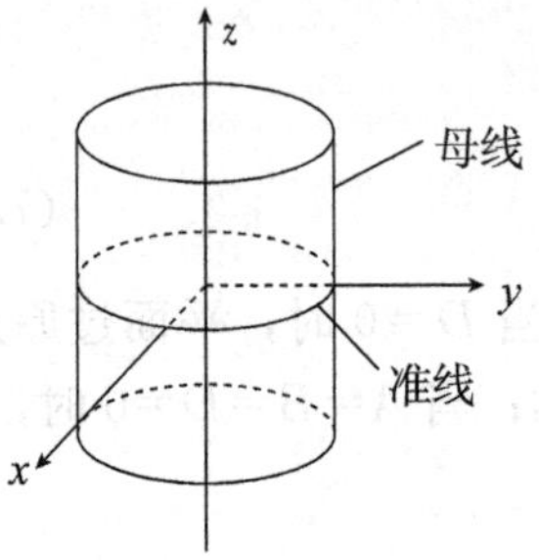

图 7.6

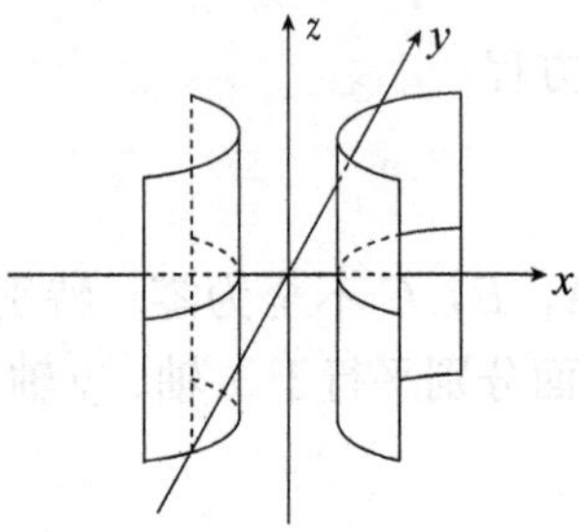

图 7.7

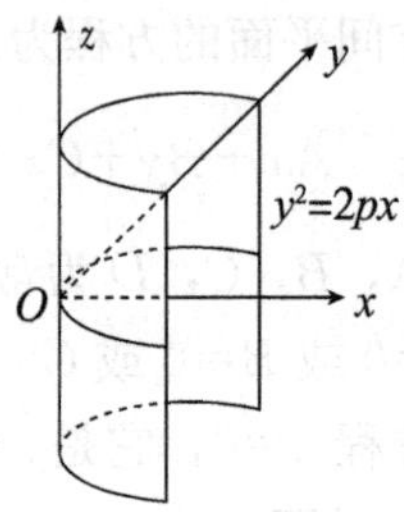

图 7.8

3. 二次曲面

与平面解析几何中规定的二次曲线类似，我们把三元二次方程 $F(x, y, z)=0$ 表示的曲面称为二次曲面.

(1) 椭球面.

$$\frac{x^2}{a^2}+\frac{y^2}{b^2}+\frac{z^2}{c^2}=1, \tag{7.5}$$

其图形如图 7.9 所示. 特别地，当 $a=b=c=R$ 时为球面

$$x^2+y^2+z^2=R^2. \tag{7.6}$$

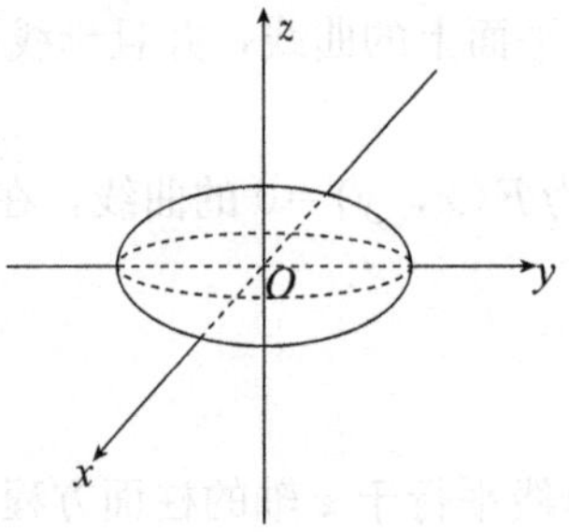

图 7.9

（2）椭圆锥面.

$$\frac{x^2}{a^2}+\frac{y^2}{b^2}-\frac{z^2}{c^2}=0, \tag{7.7}$$

其图形如图 7.10 所示.

（3）单叶双曲面.

$$\frac{x^2}{a^2}+\frac{y^2}{b^2}-\frac{z^2}{c^2}=1, \tag{7.8}$$

其图形如图 7.11 所示.

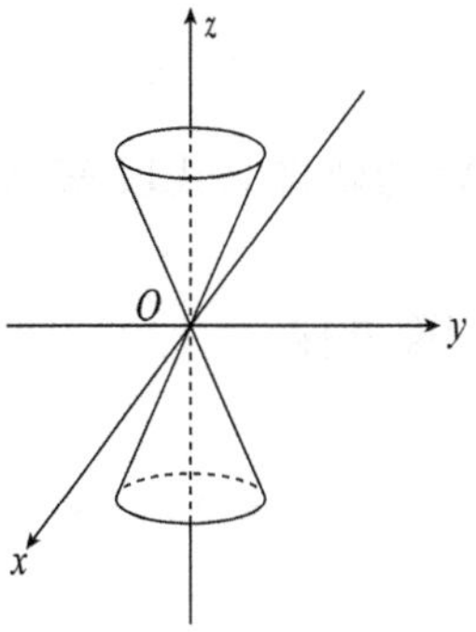

图 7.10

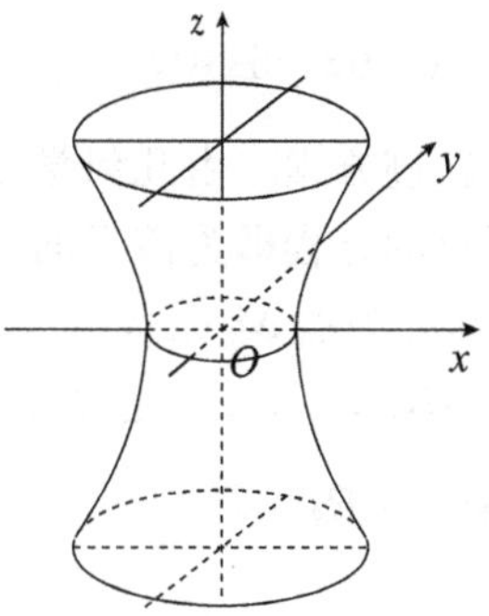

图 7.11

（4）双叶双曲面.

$$\frac{x^2}{a^2}-\frac{y^2}{b^2}-\frac{z^2}{c^2}=1, \tag{7.9}$$

其图形如图 7.12 所示.

（5）椭圆抛物面.

$$\frac{x^2}{a^2}+\frac{y^2}{b^2}=z, \tag{7.10}$$

其图形如图 7.13 所示.

（6）双曲抛物面.

$$\frac{x^2}{a^2}-\frac{y^2}{b^2}=z, \tag{7.11}$$

其图形如图 7.14 所示. 双曲抛物面也称马鞍面.

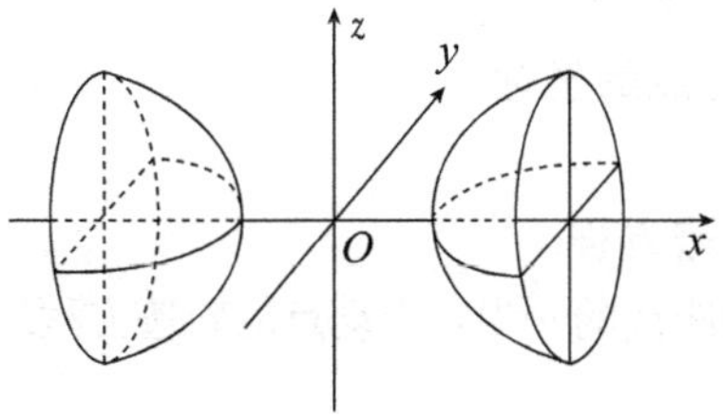

图 7.12

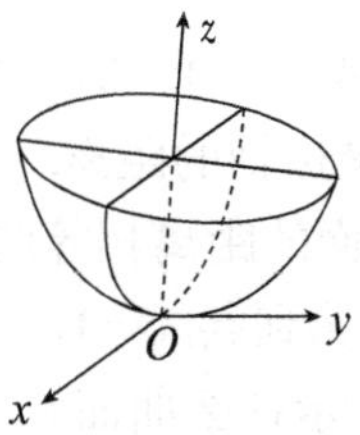

图 7.13

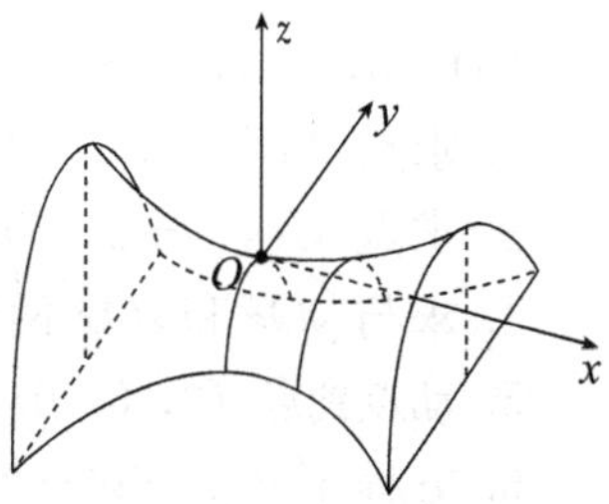

图 7.14

例 1 设有点 $M_1(1, 1, 1)$ 与 $M_2(2, 0, -2)$，求到这两点距离相等的点的轨迹方程.

解： 设点 $M(x, y, z)$ 为所求轨迹上的任意一点，由于

$$|MM_1|=|MM_2|,$$

所以

$$\sqrt{(x-1)^2+(y-1)^2+(z-1)^2}=\sqrt{(x-2)^2+y^2+(z+2)^2},$$

等式两边平方，然后化简，得

$$2x-2y-6z-5=0,$$

这就是所求的轨迹方程. 由几何学知识，我们知道点 M 的轨迹是线段 M_1M_2 的垂直平分面，故上面所求的方程即为该平面的方程.

例 2 求球心为点 $M_0(x_0, y_0, z_0)$、半径为 R 的球面方程.

解： 设点 $M(x, y, z)$ 是球面上的任一点，那么

$$|MM_0|=R.$$

由于

$$|MM_0|=\sqrt{(x-x_0)^2+(y-y_0)^2+(z-z_0)^2},$$

所以

$$\sqrt{(x-x_0)^2+(y-y_0)^2+(z-z_0)^2}=R.$$

等式两边平方，得球面方程为

$$(x-x_0)^2+(y-y_0)^2+(z-z_0)^2=R^2.$$

如果球心在原点，那么 $x_0=y_0=z_0=0$，从而球面方程为

$$x^2+y^2+z^2=R^2.$$

习题 7.1

1. 在空间直角坐标系中，指出下列各点在哪个卦限.

(1) $(2, 4, -6)$；　　(2) $(-1, 2, 3)$；

(3) $(3, -4, -5)$；　　(4) $(-1, -1, 1)$.

2. 求点 $(1, -3, -2)$ 关于点 $(-1, 2, 1)$ 的对称点的坐标.

3. 求点 $M(4, -3, 5)$ 到各坐标轴的距离.

4. 求与 yOz 和 zOx 两坐标平面的距离相等的点的轨迹方程.

5. 动点到点 $(2, 0, 0)$ 的距离为到点 $(-4, 0, 0)$ 的距离的一半，求动点的轨迹方程.

6. 方程 $x^2+y^2+z^2-2x=0$ 表示什么曲面?

7. 指出下列方程在平面解析几何和空间解析几何中分别表示什么图形.

(1) $x=2$；　(2) $y=x+1$；

(3) $x^2+y^2=4$；　(4) $x^2-y^2=1$.

8. 指出下列各方程表示哪种曲面.

(1) $3x^2+2y^2-z=0$；　(2) $x^2+y^2+z^2=5$；

(3) $x^2=2y$；　(4) $\frac{x^2}{2}-\frac{y^2}{3}=1$；

(5) $\frac{x^2}{9}+\frac{y^2}{16}=1$；　(6) $x^2+2y^2-4z^2=0$；

(7) $x^2-4y^2=0$；　(8) $xyz=0$.

7.2　多元函数的基本概念

7.2.1　二元函数的概念

前几章讨论的函数是只有一个自变量的一元函数，现在要研究多元函数以及多元函数的微分学与积分学. 讨论多元函数微分学，我们将着重研究二元函数的微分学，进而类推到二元以上的多元函数的微分学.

现在我们利用平面上 $P_0(x_0, y_0)$ 与 $P(x, y)$ 两点之间的距离

$$d=\sqrt{(x-x_0)^2+(y-y_0)^2}$$

来定义点 P_0 的 δ 邻域.

与点 $P_0(x_0, y_0)$ 的距离小于 $\delta(\delta>0)$ 的点集

$$U(P_0, \delta)=\{(x, y) \mid \sqrt{(x-x_0)^2+(y-y_0)^2}<\delta\},$$

称为点 P_0 的邻域. 在几何上，点 P_0 的邻域就是平面上以 P_0 为中心、δ 为半径的圆内部的点的全体.

内点、开集　设 E 为平面上一点集，点 $P_0\in E$，如果存在点 P_0 的某个邻域 $U(P_0, \delta)$，使得 $U(P_0, \delta)\subset E$，则称 P_0 为 E 的内点；如果点集 E 的点都是 E 的内点，则称 E 为开集.

边界点、边界　如果点 P_0 的任一邻域内既含有属于 E 的点，也含有不属于 E 的点，则称 P_0 为 E 的边界点；E 的边界点的全体称为 E 的边界.

开区域、闭区域　设点集 E 为开集，如果 E 内任意两点都可以用折线联结起来，且该折线上的点都属于 E，则称 E 为区域或开区域；开区域连同它的边界所构成的点集称为闭区域.

有界集、无界集　如果存在正数 R，使得 $E\subset U(O, R)$，其中 O 是坐标原点，则称 E 为有界集；否则，称 E 为无界集. 这里 $U(O, R)=\{(x, y) \mid \sqrt{x^2+y^2}<R\}$.

例 1　设 $E=\{(x, y) \mid 1\leqslant x^2+y^2<4\}$，如图 7.15 所示. 满足 $1<x_0^2+y_0^2<4$ 的所有点 (x_0, y_0) 为 E 的内点，而满足 $x_1^2+y_1^2=1$ 或 $x_1^2+y_1^2=4$ 的点 (x_1, y_1) 为 E 的边界点，因此 E 的边界 $\partial E=\{(x, y) \mid x^2+y^2=1$ 或 $x^2+y^2=4\}$.

例 2 设 $E_1=\{(x, y)|x^2+y^2\leqslant 1\}$，如图 7.16 所示，点集 E_1 是一个闭区域，且是一个有界集，因此是一个有界闭区域.

设 $E_2=\{(x, y)|xy>0\}$，如图 7.17 所示，点集 E_2 是一个开集，也是一个无界集，但 E_2 不是一个开区域.

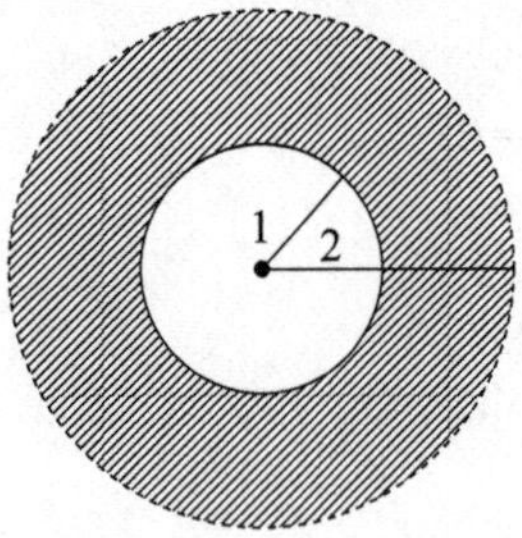

图 7.15

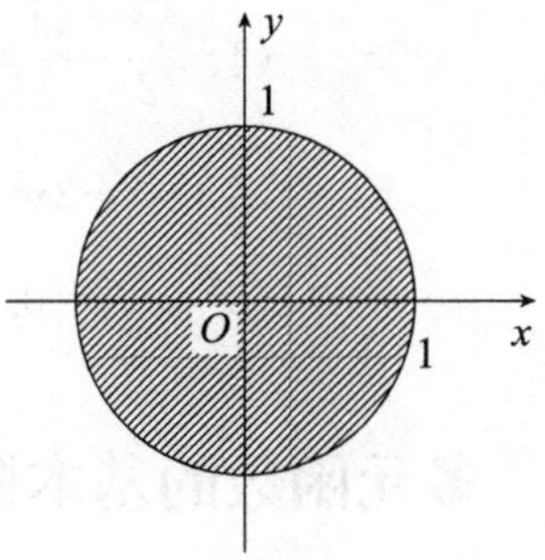

图 7.16

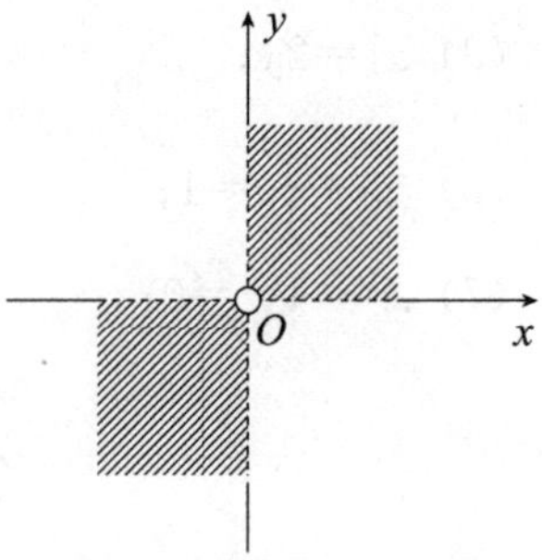

图 7.17

在很多自然现象以及实际问题中，往往要研究一个变量依赖多个变量变化的情形，举例如下.

例 3 三角形的面积 A 和它的底边长 a、高 h 之间具有关系

$$A=\frac{1}{2}ah.$$

显然，当 a，h 在集合 $\{(a, h)|a>0, h>0\}$ 内取定一对值 (a, h) 时，A 的对应值就唯一确定.

例 4 1928 年，查理・柯布和保罗・道格拉斯两位学者研究了 1899—1922 年美国的经济情况，根据统计数据提出了经济总产出 P、劳动力总量 L 和资本总投入 K 之间具有关系，即柯布—道格拉斯生产函数

$$P=bL^{\alpha}K^{1-\alpha},$$

其中 b 是正数，α 是满足 $0<\alpha<1$ 的正数. 显然，当 L，K 在集合 $\{(L, K)|L>0, K>0\}$ 内取定一对值 (L, K) 时，P 的对应值就唯一确定.

虽然上面两个例子的具体意义不相同，但它们却有某些共同的性质，抽出这些共同性质就可给出以下二元函数的定义.

定义 1 设 D 是平面上的一个点集，如果对于 D 中任一点 (x, y)，按照某一对应法则 f，都有唯一确定的实数 z 与之对应，则称对应法则 f 为定义在 D 上的**二元函数**，记为

$$z=f(x, y), (x, y)\in D,$$

其中点集 D 称为该函数的定义域，也可以记为 $D(f)$，x 和 y 称为自变量，z 称为因变量.

与自变量 x，y 的一对值 (x_0, y_0) 相对应的因变量 z 的值 z_0 也称为 f 在 (x_0, y_0) 处的函数值，记作 $f(x_0, y_0)$，即 $z_0=f(x_0, y_0)$. 全体函数值的集合

$$\{z|z=f(x, y), (x, y)\in D\}$$

称为函数 $f(x, y)$ 的值域，记为 Z 或 $Z(f)$.

类似可定义三元函数 $u=f(x, y, z)$ 及 n 元函数 $u=f(x_1, x_2, \cdots, x_n)$.

二元以及二元以上的函数统称为**多元函数**.

设函数 $z=f(x, y)$ 的定义域为 D，对于任意取定的点 $(x, y)\in D$，对应的函数值 $z=f(x, y)$. 这样，三元有序数组 $(x, y, f(x, y))$ 就确定了空间的一个点 $P(x, y, f(x, y))$. 当 (x, y) 遍取 D 上的一切点时，就得到一个空间点集

$$\{(x, y, z) \mid z=f(x, y), (x, y)\in D\}.$$

这个点集称为二元函数 $z=f(x, y)$ 的图形，它通常是一个曲面，如图 7.18 所示.

例如，函数 $z=\sqrt{R^2-x^2-y^2}$ 的图形是球面的上半部分，如图 7.19 所示.

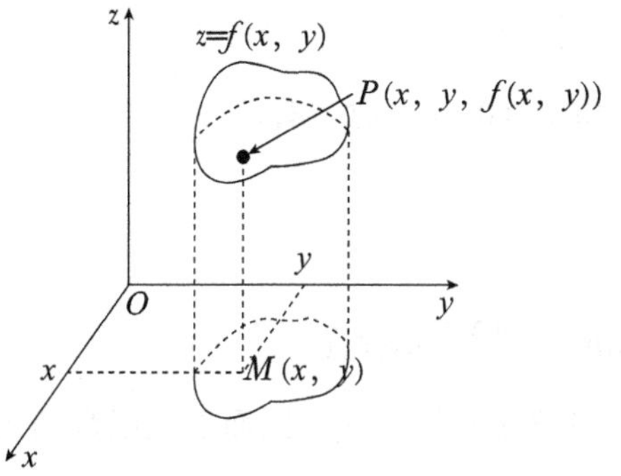

图 7.18

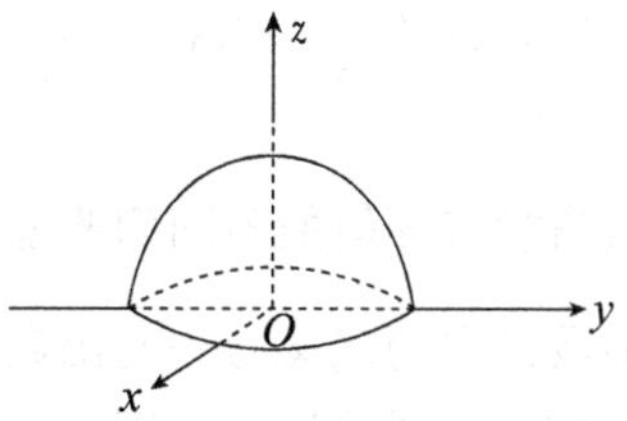

图 7.19

7.2.2 二元函数的极限

与一元函数的极限概念类似，我们可以定义二元函数 $f(x, y)$ 的极限.

定义 2 设函数 $f(x, y)$ 在点 $P_0(x_0, y_0)$ 的某邻域内有定义（P_0 可以除外）. 如果存在常数 A，对于任意的正数 ε，总存在正数 δ，使得当 $P(x, y)$ 满足 $0<\sqrt{(x-x_0)^2+(y-y_0)^2}<\delta$ 时，有 $|f(P)-A|=|f(x, y)-A|<\varepsilon$ 恒成立，则称 A 为函数 $f(x, y)$ 当 $(x, y)\to(x_0, y_0)$ 时的极限，记作

$$\lim_{(x, y)\to(x_0, y_0)} f(x, y)=A \quad 或 \quad f(x, y)\to A\ ((x, y)\to(x_0, y_0)),$$

也记作

$$\lim_{P\to P_0} f(P)=A \quad 或 \quad f(P)\to A\ (P\to P_0).$$

例 5 证明 $\lim\limits_{(x,y)\to(0,0)}\dfrac{x^2y}{x^2+y^2}=0$.

证明： 任给 $\varepsilon>0$，有

$$\left|\frac{x^2y}{x^2+y^2}-0\right|=\left|\frac{x^2}{x^2+y^2}\right||y|\leqslant|y|\leqslant\sqrt{x^2+y^2}.$$

取 $\delta=\varepsilon$，当 $0<\sqrt{(x-0)^2+(y-0)^2}=\sqrt{x^2+y^2}<\delta$ 时，有

$$\left|\frac{x^2y}{x^2+y^2}-0\right|<\varepsilon$$

恒成立，因此 $\lim\limits_{(x,y)\to(0,0)}\frac{x^2y}{x^2+y^2}=0$.

按照二元函数极限的定义，当 $P(x, y)$ 以任意方式趋于 $P_0(x_0, y_0)$ 时，$f(x, y)$ 都无限接近于 A，才有 $\lim\limits_{(x,y)\to(x_0,y_0)}f(x, y)=A$，如果仅当 $P(x, y)$ 以某种特殊方式趋于 $P_0(x_0, y_0)$ 时，$f(x, y)$ 趋于常数 A，还不能断定 $f(x, y)$ 的极限存在. 但是如果当 $P(x, y)$ 以不同方式趋于 $P_0(x_0, y_0)$ 时，$f(x, y)$ 趋于不同的常数，那么便能断定 $f(x, y)$ 的极限不存在.

例 6 判断极限 $\lim\limits_{(x,y)\to(0,0)}\frac{xy}{x^2+y^2}$ 是否存在.

解： 当 $P(x, y)$ 沿直线 $y=kx$（k 为常数）趋于（0，0）时，有

$$\lim_{\substack{(x,y)\to(0,0)\\ y=kx}}\frac{xy}{x^2+y^2}=\lim_{x\to0}\frac{kx^2}{x^2+k^2x^2}=\frac{k}{1+k^2}.$$

显然，极限值随着 k 值的不同而改变，因此 $\lim\limits_{(x,y)\to(0,0)}\frac{xy}{x^2+y^2}$ 不存在.

二元函数极限的定义与一元函数极限的定义有着相同的形式，因而二元函数的极限运算与一元函数有类似的运算法则.

7.2.3 二元函数的连续性

有了二元函数极限的概念，就可以定义二元函数的连续性.

定义 3 设二元函数 $f(x, y)$ 在点 $P_0(x_0, y_0)$ 的某邻域有定义，如果

$$\lim_{(x,y)\to(x_0,y_0)}f(x, y)=f(x_0, y_0),$$

则称函数 $f(x, y)$ 在点 $P_0(x_0, y_0)$ 处连续，否则称 $f(x, y)$ 在点 $P_0(x_0, y_0)$ 处间断（不连续）.

如果函数 $f(x, y)$ 在区域 D 内的每一点都连续，则称函数 $f(x, y)$ 在区域 D 内连续，或称 $f(x, y)$ 是区域 D 上的连续函数. 类似于一元函数，也可以定义二元函数 $f(x, y)$ 在闭区域上的连续性.

由例 5 可知，函数

$$f(x, y)=\begin{cases}\dfrac{x^2y}{x^2+y^2}, & x^2+y^2\neq0\\ 0, & x^2+y^2=0\end{cases}$$

在点（0，0）处连续，因此 $f(x, y)$ 在全平面连续. 又如对于函数 $f(x, y)=e^{\frac{1}{x^2+y^2}}$，显然（0，0）是该函数的间断点.

以上关于二元函数的连续性的概念可相应地推广到 n 元函数.

根据多元函数的极限运算法则，可以证明多元连续函数的和、差、积、商（在分母不

为零处）仍是连续函数；多元连续函数的复合函数也是连续函数.

与闭区间上一元连续函数的性质类似，在有界闭区域上连续的二元函数具有如下性质：

性质 1（最值定理） 有界闭区域 D 上的二元连续函数在 D 上必能取得它的最大值和最小值.

性质 2（介值定理） 有界闭区域 D 上的二元连续函数必取得介于最大值和最小值之间的任何值.

习题 7.2

1. 求下列函数的定义域.

（1）$z=x+\sqrt{y}$；（2）$z=\sqrt{\dfrac{x^2+y^2-x}{2x-x^2-y^2}}$；

（3）$z=\arcsin(x+y)$；（4）$z=\sqrt{x-\sqrt{y}}$；

（5）$u=\sqrt{x^2+y^2+z^2-1}$；（6）$u=\ln[(9-x^2-y^2-z^2)(x^2+y^2+z^2-4)]$.

2. 设 $f(x+y,\ x-y)=x^2-y^2-xy$，求 $f(x,\ y)$.

3. 设 $f(x,\ y)=x^2-y^2$，求 $f\left(x+y,\ \dfrac{y}{x}\right)$.

4. 设 $z=f(x+y)+x-y$，且当 $x=0$ 时，$z=y^2$，求 $f(x)$ 及 z.

5. 求下列极限：

（1）$\lim\limits_{\substack{x\to1\\y\to0}}\dfrac{\ln(x+e^y)}{\sqrt{x^2+y^2}}$；（2）$\lim\limits_{(x,y)\to(0,0)}\dfrac{2-\sqrt{xy+4}}{xy}$；

（3）$\lim\limits_{(x,y)\to(0,0)}\left(x\sin\dfrac{1}{y}+y\sin\dfrac{1}{x}\right)$；（4）$\lim\limits_{(x,y)\to(0,2)}\dfrac{\sin xy}{x}$.

6. 下列函数在何处是间断的？

（1）$f(x,\ y)=\dfrac{y^2+2x}{y^2-2x}$；（2）$f(x,\ y)=x^2y^2\ln(x^2+y^2)$.

7.3 偏导数与全微分

7.3.1 偏导数

一元函数的导数定义为函数的增量与自变量的增量的比值的极限，它刻画出了函数关于自变量的变化率. 对于多元函数，实际问题往往要求我们突出其中的某一个因素（或自变量），而把其余的自变量暂时固定下来当作常量，以考察这个本质上是一元函数的函数的变化率.

例如在经济问题中，某商品的销售量 Q 与该商品的定价 P 及该商品的广告费支出 S 有关. 为了研究这种联系，可以考察在广告费支出 S 一定的前提下，销售量 Q 对定价 P

的变化率；也可以分析在定价 P 一定的前提下，销售量 Q 对广告费支出 S 的变化率. 这就是所谓的偏导数的概念.

定义 1 设函数 $z=f(x, y)$ 在点 (x_0, y_0) 的某邻域内有定义，当 y 固定在 y_0，而 x 在 x_0 处取得增量 Δx 时，函数相应地取得增量

$$f(x_0+\Delta x, y_0)-f(x_0, y_0).$$

如果极限

$$\lim_{\Delta x\to 0}\frac{f(x_0+\Delta x, y_0)-f(x_0, y_0)}{\Delta x} \tag{7.12}$$

存在，则称此极限为函数 $z=f(x, y)$ 在点 (x_0, y_0) 处对 x 的**偏导数**，记作

$$\left.\frac{\partial z}{\partial x}\right|_{(x_0, y_0)}, \left.\frac{\partial f}{\partial x}\right|_{(x_0, y_0)}, \left.z'_x\right|_{(x_0, y_0)} \text{或} \left.f'_x\right|_{(x_0, y_0)}.$$

类似地，如果极限

$$\lim_{\Delta y\to 0}\frac{f(x_0, y_0+\Delta y)-f(x_0, y_0)}{\Delta y} \tag{7.13}$$

存在，则称此极限为函数 $z=f(x, y)$ 在点 (x_0, y_0) 处对 y 的**偏导数**，记作

$$\left.\frac{\partial z}{\partial y}\right|_{(x_0, y_0)}, \left.\frac{\partial f}{\partial y}\right|_{(x_0, y_0)}, z'_y|_{(x_0, y_0)} \text{或} f'_y|_{(x_0, y_0)}.$$

如果函数 $z=f(x, y)$ 在区域 D 内每一点 (x, y) 处对 x（或 y）的偏导数 $f'_x|_{(x,y)}$（或 $f'_y|_{(x,y)}$）都存在，则 $f'_x|_{(x,y)}$（或 $f'_y|_{(x,y)}$）也是 x，y 的函数，称为函数 $f(x, y)$ 对 x（或 y）的偏导函数，简称偏导数，记作

$$z'_x, f'_x, \frac{\partial z}{\partial x}, \frac{\partial f}{\partial x} \quad \text{和} \quad z'_y, f'_y, \frac{\partial z}{\partial y}, \frac{\partial f}{\partial y}.$$

偏导数的概念还可以推广到二元以上的函数，例如三元函数 $u=f(x, y, z)$ 在点 (x_0, y_0, z_0) 处对 x 的偏导数定义为

$$f'_x(x_0, y_0, z_0)=\lim_{\Delta x\to 0}\frac{f(x_0+\Delta x, y_0, z_0)-f(x_0, y_0, z_0)}{\Delta x}.$$

由偏导数的定义可知，求多元函数对某一个自变量的偏导数时，只需将其他自变量暂时看成常数，用一元函数求导法即可求得. 例如，求 $f(x, y)$ 对 x 的偏导数时，只需把 y 暂时看作常量而对 x 求导数；求 $f(x, y)$ 对 y 的偏导数时，只需把 x 暂时看作常量而对 y 求导数. 函数 $f(x, y)$ 在点 (x_0, y_0) 处对 x 的偏导数 $f'_x(x_0, y_0)$ 显然就是偏导数 $f'_x(x, y)$ 在点 (x_0, y_0) 处的函数值；$f'_y(x_0, y_0)$ 就是偏导数 $f'_y(x, y)$ 在点 (x_0, y_0) 处的函数值.

例 1 求 $z=2xy+x^2+y^3$ 在点 $(1, -1)$ 处的偏导数 $\left.\frac{\partial z}{\partial x}\right|_{(1,-1)}$，$\left.\frac{\partial z}{\partial y}\right|_{(1,-1)}$.

解： 把 y 看作常量，得

$$\frac{\partial z}{\partial x}=2y+2x.$$

把 x 看作常量，得

$$\frac{\partial z}{\partial y}=2x+3y^2.$$

将（1，－1）代入上面的结果，得

$$\left.\frac{\partial z}{\partial x}\right|_{(1,-1)}=2\times(-1)+2\times1=0,$$

$$\left.\frac{\partial z}{\partial y}\right|_{(1,-1)}=2\times1+3\times(-1)^2=5.$$

例 2 求 $z=\arctan(x^3\mathrm{e}^{y^2})$ 的偏导数.

解： $\frac{\partial z}{\partial x}=\frac{3x^2\mathrm{e}^{y^2}}{1+(x^3\mathrm{e}^{y^2})^2}=\frac{3x^2\mathrm{e}^{y^2}}{1+x^6\mathrm{e}^{2y^2}}$,

$$\frac{\partial z}{\partial y}=\frac{x^3\mathrm{e}^{y^2}\cdot 2y}{1+(x^3\mathrm{e}^{y^2})^2}=\frac{2x^3y\mathrm{e}^{y^2}}{1+x^6\mathrm{e}^{2y^2}}.$$

例 3 设 $f(x,\ y)=2x^2+(y-1)\arcsin\sqrt{\frac{x}{y}}$，求 $f'_x(x,\ 1)$.

解： 因为

$$f'_x(x,\ y)=4x+(y-1)\frac{1}{\sqrt{1-\frac{x}{y}}}\frac{1}{2\sqrt{\frac{x}{y}}}\frac{1}{y},$$

所以

$$f'_x(x,\ 1)=4x.$$

由于求偏导数 $f'_x(x,\ 1)$ 时，可把 y 暂时看作常量 $y=1$ 而对 x 求导数，故令 $y=1$，得

$$f(x,\ 1)=2x^2,$$

所以

$$f'_x(x,\ 1)=4x.$$

例 4 设 $u=\ln(x+y^2+z^3)$，求 $\frac{\partial u}{\partial x}$，$\frac{\partial u}{\partial y}$，$\frac{\partial u}{\partial z}$.

解： 把 y，z 看作常量，得

$$\frac{\partial u}{\partial x}=\frac{1}{x+y^2+z^3},$$

把 z，x 看作常量及把 x，y 看作常量，得

$$\frac{\partial u}{\partial y}=\frac{2y}{x+y^2+z^3},\quad \frac{\partial u}{\partial z}=\frac{3z^2}{x+y^2+z^3}.$$

下面我们来讨论函数 $z=f(x, y)$ 在点 (x_0, y_0) 处的偏导数的几何意义.

在空间直角坐标系中，二元函数 $z=f(x, y)$ 的图形是一个曲面 S. 函数 $f(x, y)$ 在点 (x_0, y_0) 处关于 x 的偏导数 $f'_x(x_0, y_0)$ 是先固定 $y=y_0$，然后求出一元函数

$$z=f(x, y_0) \tag{7.14}$$

在点 x_0 处的导数. 显然，式 (7.14) 所表示的是曲面 $z=f(x, y)$ 被平面 $y=y_0$ 所截得的一条曲线，偏导数 $f'_x(x_0, y_0)$ 是此曲线在点 $M_0(x_0, y_0, f(x_0, y_0))$ 处的切线 M_0T_x 对 x 轴的斜率 $\tan\alpha$. 同样，偏导数 $f'_y(x_0, y_0)$ 的几何意义是曲面被平面 $x=x_0$ 所截得的一条曲线在点 M_0 处的切线 M_0T_y 对 y 轴的斜率 $\tan\beta$，如图 7.20所示.

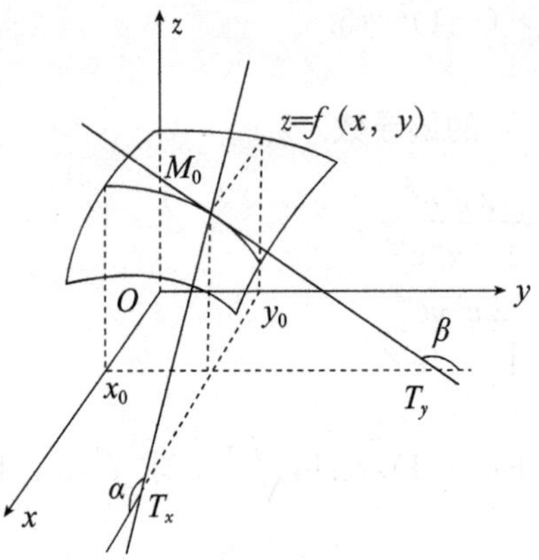

图 7.20

例 5 讨论函数

$$f(x, y)=\begin{cases}\dfrac{xy}{x^2+y^2}, & x^2+y^2\neq 0\\ 0, & x^2+y^2=0\end{cases}$$

在点 (0, 0) 处的偏导数与连续性.

解：由偏导数的定义有

$$f'_x(0, 0)=\lim_{\Delta x\to 0}\frac{f(\Delta x, 0)-f(0, 0)}{\Delta x}=0,$$

$$f'_y(0, 0)=\lim_{\Delta y\to 0}\frac{f(0, \Delta y)-f(0, 0)}{\Delta y}=0,$$

从而 $f(x, y)$ 在点 (0, 0) 处的偏导数都存在. 但由 7.2 节的例 6 可知函数 $f(x, y)$ 在点(0, 0)处的极限不存在，因此函数在点 (0, 0) 处不连续.

上例说明二元函数 $f(x, y)$ 在某一点的各个偏导数都存在也不能保证函数在该点连续. 然而，如果一元函数在某点可导，则它在该点必定连续.

7.3.2 全微分

1. 全微分的概念

在定义二元函数 $z=f(x, y)$ 的偏导数时，曾经考虑了函数的下述两个增量

$$f(x_0+\Delta x, y_0)-f(x_0, y_0),$$
$$f(x_0, y_0+\Delta y)-f(x_0, y_0),$$

它们分别称为函数 $z=f(x, y)$ 在点 (x_0, y_0) 处对 x 与对 y 的**偏增量**，记为 $\Delta_x z$ 与 $\Delta_y z$.

在实际问题中，我们也需要研究函数 $z=f(x, y)$ 的自变量 x，y 在点 (x_0, y_0) 处分别取得增量 Δx，Δy 时，函数所取得的增量（称为全增量）

$$\Delta z=f(x_0+\Delta x, y_0+\Delta y)-f(x_0, y_0). \tag{7.15}$$

一般情况下，计算全增量 Δz 比较复杂. 与一元函数的情形一样，我们希望用自变量的增量 Δx，Δy 的线性函数来近似代替函数的全增量，从而引入以下定义.

定义 2 设函数 $z=f(x, y)$ 在点 (x_0, y_0) 的某邻域内有定义. 如果函数 $z=f(x, y)$在点 (x_0, y_0) 的**全增量**

$$dz=f(x_0+\Delta x, y_0+\Delta y)-f(x_0, y_0)$$

可以表示为

$$\Delta z=A\Delta x+B\Delta y+o(\rho),$$

其中 A，B 不依赖于 Δx，Δy，而仅与 x_0，y_0 有关，$\rho=\sqrt{(\Delta x)^2+(\Delta y)^2}$，则称函数 $z=f(x, y)$在点 (x_0, y_0) 处**可微分**，称 $A\Delta x+B\Delta y$ 为函数 $z=f(x, y)$ 在点 (x_0, y_0) 处的**全微分**，记为 dz，即

$$dz=A\Delta x+B\Delta y. \tag{7.16}$$

如果函数在区域 D 内的每一点都可微分，那么称此函数在 D 内可微分.

由例 5 可知，二元函数在某点的偏导数存在并不能证得函数在该点连续. 但是，如果函数 $z=f(x, y)$ 在点 (x_0, y_0) 处可微分，那么函数在该点处必定连续.

下面讨论函数 $z=f(x, y)$ 在点 (x_0, y_0) 处可微分的条件.

定理 1（必要条件） 如果函数在点 (x_0, y_0) 处可微分，则函数在该点处的偏导数 $f'_x(x_0, y_0)$，$f'_y(x_0, y_0)$ 都存在，且函数 $z=f(x, y)$ 在点 (x_0, y_0) 处的全微分为

$$\Delta z=f'_x(x_0, y_0)\Delta x+f'_y(x_0, y_0)\Delta y. \tag{7.17}$$

证：因为 $f(x, y)$ 在点 (x_0, y_0) 处可微，由定义，对任意的 Δx，Δy 有

$$\Delta z=A\Delta x+B\Delta y+o(\rho),$$

令 $\Delta y=0$ 得

$$f(x_0+\Delta x, y_0)-f(x_0, y_0)=A\Delta x+o(\sqrt{(\Delta x)^2})=A\Delta x+o(|\Delta x|),$$

上式两边除以 Δx，并令 $\Delta x\to 0$，取极限有

$$\lim_{\Delta x\to 0}\frac{f(x_0+\Delta x, y_0)-f(x_0, y_0)}{\Delta x}=\lim_{\Delta x\to 0}\frac{A\Delta x+o(|\Delta x|)}{\Delta x}=A,$$

因此 $f'_x(x_0, y_0)$ 存在，且等于 A. 同理可证 $f'_y(x_0, y_0)=B$. 所以式 (7.17) 成立.

特别地，令 $f(x, y)=x$，从而 $f'_x(x, y)=1$，$f'_y(x, y)=0$，因此有 $dx=\Delta x$. 同理，令 $f(x, y)=y$，有 $dy=\Delta y$，即自变量的微分与自变量的增量相等. 于是，函数 $z=f(x, y)$在点 (x_0, y_0) 处的全微分可写为

$$dz|_{(x_0, y_0)}=f'_x(x_0, y_0)dx+f'_y(x_0, y_0)dy.$$

如果函数在区域 D 内可微，则对区域 D 内任意点 (x, y) 处的全微分记为

$$dz=f'_x(x, y)dx+f'_y(x, y)dy,$$

或

$$dz=\frac{\partial z}{\partial x}dx+\frac{\partial z}{\partial y}dy. \tag{7.18}$$

定理 2 如果函数 $z=f(x, y)$ 在点 (x_0, y_0) 的某一邻域内的偏导数$\frac{\partial z}{\partial x}$，$\frac{\partial z}{\partial y}$存在且连续，则函数 $z=f(x, y)$ 在点 (x_0, y_0) 处可微分.（证明略.）

一元函数在某点的导数存在是微分存在的充分必要条件. 但对二元函数来说，情形就不同了. 函数 $z=f(x, y)$ 在点 (x_0, y_0) 处的各偏导数存在是函数在该点可微分的必要条件，而非充分条件. 只有当 $z=f(x, y)$ 在点 (x_0, y_0) 处的各个偏导数连续时，$z=f(x, y)$在该点才是可微分的.

二元函数全微分的概念可以推广到二元以上的多元函数. 例如，如果三元函数 $u=f(x, y, z)$可微分，则它的全微分为

$$du=\frac{\partial u}{\partial x}dx+\frac{\partial u}{\partial y}dy+\frac{\partial u}{\partial z}dz. \tag{7.19}$$

例 6 求 $z=x^2y^2+y^2$ 的全微分.

解：因为

$$\frac{\partial z}{\partial x}=2xy^2, \quad \frac{\partial z}{\partial y}=2x^2y+2y,$$

所以

$$dz=2xy^2dx+(2x^2y+2y)dy.$$

例 7 求 $z=x^2e^y+y^2\sin x$ 在点 $(\pi, 0)$ 处的全微分.

解：因为

$$\frac{\partial z}{\partial x}=2xe^y+y^2\cos x, \quad \frac{\partial z}{\partial y}=x^2e^y+2y\sin x,$$

所以

$$dz|_{(\pi,0)}=2\pi dx+\pi^2dy.$$

例 8 求 $u=(x-\ln y)^z$ 的全微分.

解：因为

$$\frac{\partial u}{\partial x}=z(x-\ln y)^{z-1},\ \frac{\partial u}{\partial y}=z(x-\ln y)^{z-1}\left(-\frac{1}{y}\right),\ \frac{\partial u}{\partial z}=(x-\ln y)^{z}\ln(x-\ln y),$$

所以

$$\mathrm{d}u=z(x-\ln y)^{z-1}\mathrm{d}x-\frac{z}{y}(x-\ln y)^{z-1}\mathrm{d}y+(x-\ln y)^{z}\ln(x-\ln y)\mathrm{d}z.$$

例 9 一个公司货物最经济的订购量 Q 由威尔逊（Wilson）批量公式

$$Q=\sqrt{\frac{2KM}{h}}$$

给出，其中 K 是订货费（包括订购手续费、入库验收费等），M 是每周销出的货物量，而 h 是每周保存单位货物的存储费（包括仓储成本、货物的存储损耗等）. 在点（K_0，M_0，h_0）=（1，40，0.05）附近，Q 对于 K，M 和 h 中哪一个变量最为敏感？

解： $\mathrm{d}Q=\sqrt{\frac{M}{2Kh}}\mathrm{d}K+\sqrt{\frac{K}{2Mh}}\mathrm{d}M-\sqrt{\frac{KM}{2h^3}}\mathrm{d}h,$

$$\mathrm{d}Q|_{(1,40,0.05)}=\sqrt{400}\mathrm{d}K+\sqrt{0.25}\mathrm{d}M-\sqrt{160\,000}\mathrm{d}h.$$

由于 $\mathrm{d}h$ 前面的系数的绝对值最大，因此在点（K_0，M_0，h_0）=（1，40，0.05）附近最经济的订购量 Q 对于存储费 h 的变化最为敏感.

2. 全微分在近似计算中的应用

如果函数 $z=f(x,y)$ 在点（x_0，y_0）处可微分，那么

$$\begin{aligned}\Delta z&=f(x_0+\Delta x,y_0+\Delta y)-f(x_0,y_0)\\&=f'_x(x_0,y_0)\Delta x+f'_y(x_0,y_0)\Delta y+o(\rho).\end{aligned}$$

当 $|\Delta x|$，$|\Delta y|$ 都较小时，就有近似公式

$$\Delta z\approx\mathrm{d}z=f'_x(x_0,y_0)\Delta x+f'_y(x_0,y_0)\Delta y, \tag{7.20}$$

或

$$f(x_0+\Delta x,y_0+\Delta y)\approx f(x_0,y_0)+f'_x(x_0,y_0)\Delta x+f'_y(x_0,y_0)\Delta y, \tag{7.21}$$

这样就可以使用点（x_0，y_0）处的函数值及偏导数值近似计算点（x_0，y_0）处邻近点的函数值.

例 10 计算 $1.97^{1.05}$ 的近似值（已知 $\ln 2\approx 0.693$）.

解： 设函数 $f(x,y)=x^y$. 显然，要计算的值就是函数在 $x=1.97$，$y=1.05$ 处的函数值 $f(1.97,1.05)$.

取 $x=2$，$y=1$，$\Delta x=-0.03$，$\Delta y=0.05$. 由于

$$f'_x(x,y)=yx^{y-1},\quad f'_y(x,y)=x^y\ln x,$$
$$f'_x(2,1)=1,\quad f'_y(2,1)=2\ln 2,$$

所以，利用式（7.21）可得

$$
\begin{aligned}
1.97^{1.05} &\approx f(2,1)+f'_x(2,1)\Delta x+f'_y(2,1)\Delta y\\
&\approx 2+(-0.03)+1.386\times 0.05\\
&=2.0393.
\end{aligned}
$$

例 11 有一圆柱体，受压后发生变形，它的半径由 20cm 增加到 20.05cm，高度由 100cm 减少到 99cm. 求此圆柱体体积变化的近似值.

解： 设圆柱体的半径、高和体积依次为 r，h 和 v，则有

$$v=\pi r^2 h.$$

记 r，h，v 的改变量分别为 Δr，Δh，Δv，取 $r=20$，$h=100$，$\Delta r=0.05$，$\Delta h=-1$，利用式（7.20）可得

$$
\begin{aligned}
\Delta v &\approx \mathrm{d}v=\frac{\partial v}{\partial r}\Delta r+\frac{\partial v}{\partial h}\Delta h\\
&=2\pi rh\Delta r+\pi r^2\Delta h\\
&=2\pi\times 20\times 100\times 0.05+\pi\times 20^2\times(-1)\\
&=-200\pi(\mathrm{cm}^3)
\end{aligned}
$$

即此圆柱体受压后体积约减少了 $200\pi\mathrm{cm}^3$.

7.3.3 高阶偏导数

与一元函数的高阶导数类似，可以定义二元函数的高阶导数.

设函数 $z=f(x,y)$ 在区域 D 内有偏导数

$$\frac{\partial z}{\partial x}=f'_x(x,y),\quad \frac{\partial z}{\partial y}=f'_y(x,y),$$

那么在 D 内 $f'_x(x,y)$，$f'_y(x,y)$ 都是 x，y 的函数. 如果这两个函数的偏导数也存在，则称它们是函数 $z=f(x,y)$ 的二阶偏导数.

按照对自变量求导的先后次序的差异，共有四个二阶偏导数：

$$
\begin{aligned}
&\frac{\partial}{\partial x}\left(\frac{\partial z}{\partial x}\right)=\frac{\partial^2 z}{\partial x^2}=z''_{xx}=f''_{xx}(x,y),\\
&\frac{\partial}{\partial y}\left(\frac{\partial z}{\partial x}\right)=\frac{\partial^2 z}{\partial x\,\partial y}=z''_{xy}=f''_{xy}(x,y),\\
&\frac{\partial}{\partial x}\left(\frac{\partial z}{\partial y}\right)=\frac{\partial^2 z}{\partial y\,\partial x}=z''_{yx}=f''_{yx}(x,y),\\
&\frac{\partial}{\partial y}\left(\frac{\partial z}{\partial y}\right)=\frac{\partial^2 z}{\partial y^2}=z''_{yy}=f''_{yy}(x,y),
\end{aligned}
$$

其中 $f''_{xy}(x,y)$ 和 $f''_{yx}(x,y)$ 两个偏导数称为**二阶混合偏导数**. 类似地，可以定义更高阶的偏导数. 二阶及二阶以上的偏导数统称为**高阶偏导数**.

例 12 求 $z=x^3+y^3-2xy^2$ 的各二阶偏导数.

解：

$$\frac{\partial z}{\partial x}=3x^2-2y^2,\qquad \frac{\partial z}{\partial y}=3y^2-4xy,$$

$$\frac{\partial^2 z}{\partial x^2}=6x, \qquad \frac{\partial^2 z}{\partial x\,\partial y}=-4y,$$

$$\frac{\partial^2 z}{\partial y^2}=6y-4x, \qquad \frac{\partial^2 z}{\partial y\,\partial x}=-4y.$$

上例中的两个混合偏导数相等，即$\frac{\partial^2 z}{\partial x\partial y}=\frac{\partial^2 z}{\partial y\partial x}$. 这不是偶然的，我们有如下定理.

定理 3 如果函数 $z=f(x, y)$ 的两个二阶混合偏导数 $f''_{xy}(x, y)$ 及 $f''_{yx}(x, y)$ 在区域 D 内连续，则在该区域内这两个二阶混合偏导数必相等.（证明略.）

例 13 证明函数 $u=\ln\sqrt{x^2+y^2+z^2}$满足方程

$$\frac{\partial^2 u}{\partial x^2}+\frac{\partial^2 u}{\partial y^2}+\frac{\partial^2 u}{\partial z^2}=\frac{1}{x^2+y^2+z^2}.$$

证明：因为

$$u=\frac{1}{2}\ln(x^2+y^2+z^2),$$

所以

$$\frac{\partial u}{\partial x}=\frac{1}{2}\frac{2x}{x^2+y^2+z^2}=\frac{x}{x^2+y^2+z^2},$$

$$\frac{\partial^2 u}{\partial x^2}=\frac{x^2+y^2+z^2-2x^2}{(x^2+y^2+z^2)^2}=\frac{y^2+z^2-x^2}{(x^2+y^2+z^2)^2}.$$

利用函数关于自变量的对称性，可得

$$\frac{\partial^2 u}{\partial y^2}=\frac{x^2+z^2-y^2}{(x^2+y^2+z^2)^2}, \quad \frac{\partial^2 u}{\partial z^2}=\frac{x^2+y^2-z^2}{(x^2+y^2+z^2)^2},$$

所以

$$\frac{\partial^2 u}{\partial x^2}+\frac{\partial^2 u}{\partial y^2}+\frac{\partial^2 u}{\partial z^2}=\frac{x^2+y^2+z^2}{(x^2+y^2+z^2)^2}=\frac{1}{x^2+y^2+z^2}.$$

例 14 设某产品的需求量 Q 是其价格 P 及消费者收入 Y 的函数

$$Q=Q(P, Y).$$

当消费者收入 Y 保持不变、价格由 P 变为 $P+\Delta P$ 时，需求量 Q 关于价格 P 的偏增量为

$$\Delta_P Q=Q(P+\Delta P, Y)-Q(P, Y).$$

称比值

$$\frac{\Delta_P Q}{\Delta P}=\frac{Q(P+\Delta P, Y)-Q(P, Y)}{\Delta P}$$

是价格由 P 变为 $P+\Delta P$ 时需求量 Q 的平均变化率. 称

$$\frac{\partial Q}{\partial P}=\lim_{\Delta P\to 0}\frac{\Delta_P Q}{\Delta P}$$

为需求量 Q 关于价格 P 的**偏边际需求**. 需求量 Q 关于价格 P 的**偏弹性**定义为

$$E_P=-\lim_{\Delta P\to 0}\frac{\frac{\Delta_P Q}{Q}}{\frac{\Delta P}{P}}=-\frac{\partial Q}{\partial P}\frac{P}{Q}.$$

类似地，需求量 Q 关于收入 Y 的偏增量为

$$\Delta_Y Q=Q(P, Y+\Delta Y)-Q(P, Y).$$

称

$$\frac{\partial Q}{\partial Y}=\lim_{\Delta Y\to 0}\frac{\Delta_Y Q}{\Delta Y}$$

为需求量 Q 关于收入 Y 的**偏边际需求**. 需求量 Q 关于收入 Y 的**偏弹性**定义为

$$E_Y=\lim_{\Delta Y\to 0}\frac{\frac{\Delta_Y Q}{Q}}{\frac{\Delta Y}{Y}}=\frac{\partial Q}{\partial Y}\frac{Y}{Q}.$$

例 15 设某汽车制造商的劳动力和资本的投入与产量之间的关系近似地用生产函数

$$Q(L, K)=30L^{0.4}K^{0.6}$$

来表示. 设当前的劳动力投入和资本投入分别为 $L=4\,000$ 单位和 $K=2\,500$ 单位，问为增加产量，制造商应该增加劳动力投入还是资本投入？

解：由于生产函数为

$$Q(L, K)=30L^{0.4}K^{0.6},$$

于是

$$\frac{\partial Q}{\partial L}=30\times 0.4L^{-0.6}K^{0.6}=12L^{-0.6}K^{0.6},$$

$$\left.\frac{\partial Q}{\partial L}\right|_{(4\,000,\,2\,500)}=12\times 4\,000^{-0.6}\times 2\,500^{0.6}\approx 9.05,$$

称$\frac{\partial Q}{\partial L}$为产量 Q 关于投入 L 的偏边际产量.

$$\frac{\partial Q}{\partial K}=30\times 0.6L^{0.4}K^{-0.4}=18L^{0.4}K^{-0.4},$$

$$\left.\frac{\partial Q}{\partial K}\right|_{(4\,000,\,2\,500)}=18\times 4\,000^{0.4}\times 2\,500^{-0.4}\approx 21.72,$$

称$\frac{\partial Q}{\partial K}$为产量 Q 关于投入 K 的偏边际产量.

因此在目前劳动力投入为 4 000 单位和资本投入为 2 500 单位的情况下，劳动力每增加一单位，产量约增加 9.05 单位，而资本每增加一单位，产量约增加 21.72 单位，故制造商应该

增加资本投入.（注意，劳动力的一单位与资本的一单位可能是不同的.）

习题 7.3

1. 求下列函数的偏导数.

(1) $z=e^{xy}$；

(2) $z=\ln(x+y^2)$；

(3) $z=\dfrac{\cos x^2}{y}$；

(4) $z=\dfrac{x}{\sqrt{x^2+y^2}}$；

(5) $z=x\sin(x+y)$；

(6) $z=\sin(xy)+\cos^2(xy)$；

(7) $z=\arctan\dfrac{x+y}{1-xy}$；

(8) $u=x^{\frac{y}{z}}$；

(9) $u=e^{x^2y^3z^4}$；

(10) $u=\arctan(x-y)^z$.

2. 求下列函数在给定点处的偏导数.

(1) 设 $z=e^{x^2+y^2}$，求$z'_x\big|_{\substack{x=1\\y=0}}$，$z'_y\big|_{\substack{x=0\\y=1}}$；

(2) 设 $z=(1+xy)^y$，求$z'_x\big|_{\substack{x=1\\y=1}}$，$z'_y\big|_{\substack{x=1\\y=1}}$；

(3) 设 $z=x\arctan\dfrac{y}{x}$，求$z'_x\big|_{\substack{x=1\\y=-1}}$，$z'_y\big|_{\substack{x=1\\y=-1}}$；

(4) 设 $z=x\sin y+\ln\left(x+\dfrac{y}{2x}\right)$，求$z'_x\big|_{\substack{x=1\\y=0}}$.

3. 求下列函数的全微分.

(1) $z=\dfrac{x+y}{x-y}$；

(2) $z=\arcsin\dfrac{x}{y}$；

(3) $z=\arctan(xy)$；

(4) $u=\sqrt{a^2-x^2-y^2-z^2}$；

(5) $u=a^{xyz}$；

(6) $u=x^y y^z z^x$.

4. 求下列函数在给定条件下的全微分的值.

(1) $z=x^y$，$x=1$，$y=4$，$\Delta x=0.08$，$\Delta y=-0.04$；

(2) $z=e^{xy}$，$x=1$，$y=1$，$\Delta x=0.15$，$\Delta y=0.1$.

5. 利用全微分计算下列各式的近似值.

(1) $1.04^{2.03}$；

(2) $\sin 29^\circ\tan 46^\circ$.

6. 已知矩形的边长 $x=6$m 与 $y=8$m，求当 x 边增加 5cm 且 y 边减少 10cm 时，此矩形对角线变化的近似值.

7. 设有厚度为 0.1cm、内高为 20cm、内半径为 4cm 的无盖圆柱形容器，求容器外壳体积的近似值.

8. 求下列函数的偏导数.

(1) 设 $z=x\ln(x+y)$，求$\dfrac{\partial^2 z}{\partial x^2}$，$\dfrac{\partial^2 z}{\partial y^2}$，$\dfrac{\partial^2 z}{\partial x\partial y}$；

(2) 设 $z=\dfrac{\cos x^2}{y^2}$，求$\dfrac{\partial^2 z}{\partial x^2}$，$\dfrac{\partial^2 z}{\partial y^2}$，$\dfrac{\partial^2 z}{\partial x\partial y}$；

(3) 设 $z=\arctan\dfrac{y}{x}$，求$\dfrac{\partial^2 z}{\partial x^2}$，$\dfrac{\partial^2 z}{\partial y^2}$，$\dfrac{\partial^2 z}{\partial x\partial y}$；

（4）设 $z=\cos(ax+e^y)$，求 $\frac{\partial^3 z}{\partial x\partial y^2}$.

9. 证明下列各题.

（1）设 $z=\frac{x-y}{x+y}\ln\frac{y}{x}$，则 $x\frac{\partial z}{\partial x}+y\frac{\partial z}{\partial y}=0$；

（2）设 $z=x^y\cdot y^x$，则 $x\frac{\partial z}{\partial x}+y\frac{\partial z}{\partial y}=z(x+y+\ln z)$；

（3）设 $u=\frac{1}{x-y}+\frac{1}{y-z}+\frac{1}{z-x}$，则 $\frac{\partial^2 u}{\partial x^2}+\frac{\partial^2 u}{\partial y^2}+\frac{\partial^2 u}{\partial z^2}+2\left(\frac{\partial^2 u}{\partial x\partial y}+\frac{\partial^2 u}{\partial y\partial z}+\frac{\partial^2 u}{\partial z\partial x}\right)=0$.

7.4 多元复合函数与隐函数微分法

7.4.1 多元复合函数微分法

在一元函数微分学中，复合函数的求导法则起着重要作用. 现在我们把它推广到多元复合函数的情况.

定理 1 如果函数 $u=u(x, y)$ 及 $v=v(x, y)$ 在点 (x, y) 处的偏导数 $\frac{\partial u}{\partial x}$，$\frac{\partial u}{\partial y}$ 及 $\frac{\partial v}{\partial x}$，$\frac{\partial v}{\partial y}$ 都存在，函数 $z=f(u, v)$ 在对应点 (u, v) 处可微分，则复合函数 $z=f(u(x, y), v(x, y))$ 在点 (x, y) 处的两个偏导数存在，且有

$$\frac{\partial z}{\partial x}=\frac{\partial z}{\partial u}\frac{\partial u}{\partial x}+\frac{\partial z}{\partial v}\frac{\partial v}{\partial x}, \tag{7.22}$$

$$\frac{\partial z}{\partial y}=\frac{\partial z}{\partial u}\frac{\partial u}{\partial y}+\frac{\partial z}{\partial v}\frac{\partial v}{\partial y}. \tag{7.23}$$

证明：对于固定的 y，给 x 一个增量 Δx，则 u，v 有相应的增量 Δu，Δv，且

$$\Delta u=u(x+\Delta x, y)-u(x, y),$$
$$\Delta v=v(x+\Delta x, y)-v(x, y),$$

那么函数 $z=f(u, v)$ 相应地有增量 Δz，且

$$\Delta z=f(u+\Delta u, v+\Delta v)-f(u, v).$$

由于函数 $z=f(u, v)$ 在点 (u, v) 处可微分，所以

$$\Delta z=\frac{\partial z}{\partial u}\Delta u+\frac{\partial z}{\partial v}\Delta v+o(\rho),$$

其中 $\rho=\sqrt{(\Delta u)^2+(\Delta v)^2}$，当 $\Delta u\to 0$，$\Delta v\to 0$ 或 $\rho\to 0$ 时，$\frac{o(\rho)}{\rho}\to 0$.

将上式两边各除以 Δx，得

$$\frac{\Delta z}{\Delta x}=\frac{\partial z}{\partial u}\frac{\Delta u}{\Delta x}+\frac{\partial z}{\partial v}\frac{\Delta v}{\Delta x}+\frac{o(\rho)}{\Delta x}.$$

由于 $u=u(x, y)$，$v=v(x, y)$ 在点 (x, y) 处的偏导数存在，所以当 $\Delta x\to 0$ 时，$\Delta u\to 0$，$\Delta v\to 0$，或 $\rho\to 0$，且

$$\lim_{\Delta x\to 0}\frac{\Delta u}{\Delta x}=\frac{\partial u}{\partial x},\quad \lim_{\Delta x\to 0}\frac{\Delta v}{\Delta x}=\frac{\partial v}{\partial x}.$$

又

$$\begin{aligned}\lim_{\Delta x\to 0}\left|\frac{o(\rho)}{\Delta x}\right| &=\lim_{\Delta x\to 0}\left|\frac{o(\rho)}{\rho}\right|\cdot\left|\frac{\rho}{\Delta x}\right| \\ &=\lim_{\Delta x\to 0}\left|\frac{o(\rho)}{\rho}\right|\cdot\lim_{\Delta x\to 0}\sqrt{\left(\frac{\Delta u}{\Delta x}\right)^2+\left(\frac{\Delta v}{\Delta x}\right)^2} \\ &=0\cdot\sqrt{\left(\frac{\partial u}{\partial x}\right)^2+\left(\frac{\partial u}{\partial y}\right)^2} \\ &=0,\end{aligned}$$

所以

$$\lim_{\Delta x\to 0}\frac{o(\rho)}{\Delta x}=0,$$

于是

$$\lim_{\Delta x\to 0}\frac{\Delta z}{\Delta x}=\frac{\partial z}{\partial u}\frac{\partial u}{\partial x}+\frac{\partial z}{\partial v}\frac{\partial v}{\partial x}.$$

这就证明了复合函数 $z=f(u(x, y), v(x, y))$ 在点 (x, y) 处的对 x 的偏导数存在，且其偏导数可用式（7.22）计算.

同理可证复合函数 $z=f(u(x, y), v(x, y))$ 在点 (x, y) 处的对 y 的偏导数存在，且式（7.23）成立.

特别地，如果函数 $z=f(u, v)$ 可微分，而 $u=u(x)$，$v=v(x)$ 可导，则复合函数 $z=f(u(x), v(x))$ 可导，且

$$\frac{\mathrm{d}z}{\mathrm{d}x}=\frac{\partial z}{\partial u}\frac{\mathrm{d}u}{\mathrm{d}x}+\frac{\partial z}{\partial v}\frac{\mathrm{d}v}{\mathrm{d}x}. \tag{7.24}$$

上式中的导数$\frac{\mathrm{d}z}{\mathrm{d}x}$称为全导数.

如果函数 $z=f(x, y)$ 可微分，而 $y=\varphi(x)$ 可导，则复合函数 $z=f(x, \varphi(x))$ 的全导数为

$$\frac{\mathrm{d}z}{\mathrm{d}x}=\frac{\partial z}{\partial x}+\frac{\partial z}{\partial y}\frac{\mathrm{d}y}{\mathrm{d}x}. \tag{7.25}$$

例 1 设 $z=u^v$，$u=x^2+y^2$，$v=xy$，求$\frac{\partial z}{\partial x}$，$\frac{\partial z}{\partial y}$.

解： $\frac{\partial z}{\partial u}=vu^{v-1}$，$\frac{\partial z}{\partial v}=u^v\ln u$，

$\frac{\partial u}{\partial x}=2x$，$\frac{\partial u}{\partial y}=2y$，$\frac{\partial v}{\partial x}=y$，$\frac{\partial v}{\partial y}=x.$

于是由定理1，得

$$\frac{\partial z}{\partial x}=\frac{\partial z}{\partial u}\frac{\partial u}{\partial x}+\frac{\partial z}{\partial v}\frac{\partial v}{\partial x}=vu^{v-1}\cdot 2x+u^v y\ln u,$$

$$\frac{\partial z}{\partial y}=\frac{\partial z}{\partial u}\frac{\partial u}{\partial y}+\frac{\partial z}{\partial v}\frac{\partial v}{\partial y}=vu^{v-1}\cdot 2y+u^v x\ln u.$$

例2 设 $z=\ln(u^2+\sin v)$，$u=e^x$，$v=x^2$，求$\frac{dz}{dx}$.

解： $\frac{\partial z}{\partial u}=\frac{2u}{u^2+\sin v}$，$\frac{\partial z}{\partial v}=\frac{\cos v}{u^2+\sin v}$，

$\frac{du}{dx}=e^x$，$\frac{dv}{dx}=2x$，

$$\begin{aligned}\frac{dz}{dx}&=\frac{\partial z}{\partial u}\frac{du}{dx}+\frac{\partial z}{\partial v}\frac{dv}{dx}\\&=\frac{2u}{u^2+\sin v}e^x+\frac{\cos v}{u^2+\sin v}\cdot 2x\\&=\frac{2e^{2x}+2x\cos x^2}{e^{2x}+\sin x^2}.\end{aligned}$$

如果把 $u=e^x$，$v=x^2$ 代入 z，就是一元函数求导数.

例3 设 $u=\frac{x}{y}$，$y=\sqrt{1-x^2}$，求$\frac{du}{dx}$.

解： $\frac{\partial u}{\partial x}=\frac{1}{y}$，$\frac{\partial u}{\partial y}=-\frac{x}{y^2}$，$\frac{dy}{dx}=\frac{-x}{\sqrt{1-x^2}}$，

$$\begin{aligned}\frac{du}{dx}&=\frac{\partial u}{\partial x}+\frac{\partial u}{\partial y}\frac{dy}{dx}\\&=\frac{1}{y}-\frac{x}{y^2}\frac{-x}{\sqrt{1-x^2}}\\&=\frac{1}{\sqrt{(1-x^2)^3}}.\end{aligned}$$

例4 设 $z=f(x, x\cos y)$，f 为可微函数，求$\frac{\partial z}{\partial x}$，$\frac{\partial z}{\partial y}$.

解： 设 $v=x\cos y$，则 $z=f(x, v)$，

$$\frac{\partial z}{\partial x}=\frac{\partial f}{\partial x}+\frac{\partial f}{\partial v}\frac{\partial v}{\partial x}=f'_x+f'_v\cos y,$$

$$\frac{\partial z}{\partial y}=\frac{\partial f}{\partial v}\frac{\partial v}{\partial y}=-xf'_v\sin y.$$

例 5 设 $z=f(u, x, y)$，$u=xe^y$，f 具有二阶连续偏导数，求 $\frac{\partial z}{\partial x}$，$\frac{\partial z}{\partial y}$ 和 $\frac{\partial^2 z}{\partial x\,\partial y}$.

解： $\frac{\partial z}{\partial x}=\frac{\partial f}{\partial u}\frac{\partial u}{\partial x}+\frac{\partial f}{\partial x}=f'_u e^y+f'_x$，

$$\frac{\partial z}{\partial y}=\frac{\partial f}{\partial u}\frac{\partial u}{\partial y}+\frac{\partial f}{\partial y}=f'_u x e^y+f'_y.$$

注意到 f'_u 和 f'_x 仍是 u，x，y 的函数，有

$$\begin{aligned}\frac{\partial^2 z}{\partial x\,\partial y}&=\frac{\partial}{\partial y}(f'_u e^y+f'_x)\\&=e^y f'_u+e^y\frac{\partial}{\partial y}(f'_u)+\frac{\partial}{\partial y}(f'_x)\\&=e^y f'_u+e^y\left(f''_{uu}\frac{\partial u}{\partial y}+f''_{uy}\right)+f''_{xu}\frac{\partial u}{\partial y}+f''_{xy}\\&=e^y f'_u+xe^{2y}f''_{uu}+e^y f''_{uy}+xe^y f''_{xu}+f''_{xy}.\end{aligned}$$

在多元复合函数的求导中，为了简便起见，常采用以下记号：

$$f'_1=f'_u(u, v),\quad f''_{12}=f''_{uv}(u, v),$$

这里下标 1 表示对第一个变量 u 求偏导数，下标 2 表示对第二个变量 v 求偏导数. 同理有 f'_2，f''_{11}，f''_{22}，等等.

例 6 设 $u=f\left(\frac{x}{y}, \frac{y}{z}\right)$，$f$ 具有二阶连续偏导数，求 $\frac{\partial^2 u}{\partial x\,\partial y}$.

解： 由于 $\frac{\partial u}{\partial x}=f'_1\frac{1}{y}$，因此

$$\begin{aligned}\frac{\partial^2 u}{\partial x\partial y}&=-\frac{1}{y^2}f'_1+\frac{1}{y}\left[f''_{11}\cdot\left(-\frac{x}{y^2}\right)+f''_{12}\cdot\frac{1}{z}\right]\\&=-\frac{1}{y^2}f'_1-\frac{x}{y^3}f''_{11}+\frac{1}{yz}f''_{12}.\end{aligned}$$

全微分形式不变性 设函数 $z=f(u, v)$ 可微分，当 u，v 为自变量时，则全微分

$$dz=\frac{\partial z}{\partial u}du+\frac{\partial z}{\partial v}dv.$$

如果 u，v 又是中间变量，即 $u=u(x, y)$，$v=v(x, y)$，且这两个函数可微，则复合函数 $z=f(u(x, y), v(x, y))$ 的全微分为

$$dz=\frac{\partial z}{\partial x}dx+\frac{\partial z}{\partial y}dy,$$

其中 $\frac{\partial z}{\partial x}$ 和 $\frac{\partial z}{\partial y}$ 分别由式（7.22）及式（7.23）给出，所以

$$dz=\left(\frac{\partial z}{\partial u}\frac{\partial u}{\partial x}+\frac{\partial z}{\partial v}\frac{\partial v}{\partial x}\right)dx+\left(\frac{\partial z}{\partial u}\frac{\partial u}{\partial y}+\frac{\partial z}{\partial v}\frac{\partial v}{\partial y}\right)dy$$

$$=\frac{\partial z}{\partial u}\left(\frac{\partial u}{\partial x}\mathrm{d}x+\frac{\partial u}{\partial y}\mathrm{d}y\right)+\frac{\partial z}{\partial v}\left(\frac{\partial v}{\partial x}\mathrm{d}x+\frac{\partial v}{\partial y}\mathrm{d}y\right)$$

$$=\frac{\partial z}{\partial u}\mathrm{d}u+\frac{\partial z}{\partial v}\mathrm{d}v.$$

由此可见，无论 u，v 是自变量还是中间变量，函数 $z=f(u, v)$ 的全微分都有相同的形式 $\mathrm{d}z=\frac{\partial z}{\partial u}\mathrm{d}u+\frac{\partial z}{\partial v}\mathrm{d}v$. 这个性质叫作全微分形式不变性.

例 7 设 $z=\arctan\frac{x}{x^2+y^2}$，求$\frac{\partial z}{\partial x}$，$\frac{\partial z}{\partial y}$.

解：

$$\mathrm{d}z=\frac{\mathrm{d}\left(\frac{x}{x^2+y^2}\right)}{1+\left(\frac{x}{x^2+y^2}\right)^2}$$

$$=\frac{(x^2+y^2)\mathrm{d}x-x\mathrm{d}(x^2+y^2)}{(x^2+y^2)^2+x^2}$$

$$=\frac{(x^2+y^2)\mathrm{d}x-x(2x\mathrm{d}x+2y\mathrm{d}y)}{(x^2+y^2)^2+x^2}$$

$$=\frac{(y^2-x^2)\mathrm{d}x-2xy\mathrm{d}y}{(x^2+y^2)^2+x^2},$$

所以

$$\frac{\partial z}{\partial x}=\frac{y^2-x^2}{(x^2+y^2)^2+x^2},\quad \frac{\partial z}{\partial y}=\frac{-2xy}{(x^2+y^2)^2+x^2}.$$

7.4.2 隐函数的微分法

在一元函数的微分学中，已经介绍了直接由方程

$$F(x, y)=0$$

求它所确定的隐函数的导数的方法. 本节将利用多元复合函数的微分法导出一元隐函数的导数公式，并进一步将其推广到多元隐函数的情形.

如果方程 $F(x, y)=0$ 确定函数 $y=f(x)$，函数 $F(x, y)$ 存在连续偏导数，且$\frac{\partial F}{\partial y}\neq 0$，则有

$$F(x, f(x))\equiv 0.$$

上式的左端可以看作是 x 的一个复合函数，求这个函数的全导数，可得

$$\frac{\partial F}{\partial x}+\frac{\partial F}{\partial y}\frac{\mathrm{d}y}{\mathrm{d}x}=0.$$

由于$\frac{\partial F}{\partial y}\neq 0$，所以

$$\frac{\mathrm{d}y}{\mathrm{d}x}=-\frac{\frac{\partial F}{\partial x}}{\frac{\partial F}{\partial y}}. \tag{7.26}$$

例 8 求由方程 $\sin y+y\mathrm{e}^x=x^2$ 确定的函数 $y=f(x)$ 的导数.

解：方法一 设 $F(x, y)=\sin y+y\mathrm{e}^x-x^2$，由式（7.26）有

$$\frac{\mathrm{d}y}{\mathrm{d}x}=-\frac{F_x'}{F_y'}=-\frac{y\mathrm{e}^x-2x}{\cos y+\mathrm{e}^x}.$$

方法二 把方程中的 y 看作 x 的函数，将方程两边对 x 求导数，得到

$$\cos y\cdot y'+y\mathrm{e}^x+\mathrm{e}^x y'=2x,$$

$$y'=\frac{2x-y\mathrm{e}^x}{\cos y+\mathrm{e}^x}.$$

类似地，假设方程 $F(x, y, z)=0$ 确定二元函数 $z=f(x, y)$，函数 $F(x, y, z)$ 具有连续的偏导数，且 $\frac{\partial F}{\partial z}\neq 0$，由于

$$F(x, y, f(x, y))\equiv 0,$$

将上式两端分别对 x 和 y 求偏导数，有

$$\frac{\partial F}{\partial x}+\frac{\partial F}{\partial z}\frac{\partial z}{\partial x}=0,\quad \frac{\partial F}{\partial y}+\frac{\partial F}{\partial z}\frac{\partial z}{\partial y}=0,$$

因此

$$\frac{\partial z}{\partial x}=-\frac{\frac{\partial F}{\partial x}}{\frac{\partial F}{\partial z}},\quad \frac{\partial z}{\partial y}=-\frac{\frac{\partial F}{\partial y}}{\frac{\partial F}{\partial z}}. \tag{7.27}$$

例 9 求由方程 $\frac{x^2}{a^2}+\frac{y^2}{b^2}+\frac{z^2}{c^2}=1$ 确定的函数 $z=f(x, y)$ 的偏导数.

解： 设函数 $F(x, y, z)=\frac{x^2}{a^2}+\frac{y^2}{b^2}+\frac{z^2}{c^2}-1$，则由

$$F_x'=\frac{2x}{a^2},\quad F_y'=\frac{2y}{b^2},\quad F_z'=\frac{2z}{c^2},$$

可得

$$\frac{\partial z}{\partial x}=-\frac{F_x'}{F_z'}=-\frac{\frac{2x}{a^2}}{\frac{2z}{c^2}}=-\frac{c^2x}{a^2z},\quad \frac{\partial z}{\partial y}=-\frac{c^2y}{b^2z}.$$

习题 7.4

1. 求下列复合函数的全导数或偏导数.

(1) 设 $z=\frac{y}{x}$，而 $x=e^t$，$y=1-e^{2t}$，求$\frac{dz}{dt}$；

(2) 设 $z=\arctan(xy)$，而 $y=e^x$，求$\frac{dz}{dx}$；

(3) 设 $u=\frac{e^{ax}(y-z)}{1+a^2}$，而 $y=a\sin x$，$z=\cos x$，求$\frac{du}{dx}$；

(4) 设 $z=u^2\ln v$，而 $u=\frac{y}{x}$，$v=x^2+y^2$，求$\frac{\partial z}{\partial x}$，$\frac{\partial z}{\partial y}$；

(5) 设 $z=u^v$，而 $u=x+2y$，$v=x-y$，求$\frac{\partial z}{\partial x}$，$\frac{\partial z}{\partial y}$；

(6) 设 $z=\frac{u}{v}$，而 $u=x\cos y$，$v=y\cos x$，求$\frac{\partial z}{\partial x}$，$\frac{\partial z}{\partial y}$.

2. 求下列函数的偏导数.

(1) 设 $z=f(x^2-y^2, e^{xy})$，其中 f 具有一阶连续偏导数，求$\frac{\partial z}{\partial x}$，$\frac{\partial z}{\partial y}$；

(2) 设 $u=f(x, xy, xyz)$，其中 f 具有一阶连续偏导数，求$\frac{\partial u}{\partial x}$，$\frac{\partial u}{\partial y}$，$\frac{\partial u}{\partial z}$；

(3) 设 $z=f(x\ln y, y-x)$，其中 f 具有二阶连续偏导数，求$\frac{\partial^2 z}{\partial x\partial y}$；

(4) 设 $z=f[x+\varphi(y)]$，其中 f，φ 均为二阶可导函数，求$\frac{\partial^2 z}{\partial x^2}$，$\frac{\partial^2 z}{\partial y^2}$.

3. 设 $z=xy+xf(u)$，而 $u=\frac{y}{x}$，$f(u)$ 为可导函数，试证明

$$x\frac{\partial z}{\partial x}+y\frac{\partial z}{\partial y}=z+xy.$$

4. 设 $z=yf(x^2-y^2)$，且 f 为可导函数，证明

$$\frac{1}{x}\frac{\partial z}{\partial x}+\frac{1}{y}\frac{\partial z}{\partial y}=\frac{z}{y^2}.$$

5. 如果函数 $f(u, v)$ 满足拉普拉斯方程$\frac{\partial^2 f}{\partial u^2}+\frac{\partial^2 f}{\partial v^2}=0$，试证明函数 $z=f(x^2-y^2, 2xy)$ 也满足拉普拉斯方程$\frac{\partial^2 f}{\partial x^2}+\frac{\partial^2 f}{\partial y^2}=0$.

6. 设 $z=f(xy)+\sqrt{xy}g\left(\frac{y}{x}\right)$，且 f，g 均为二阶可导函数，证明

$$x^2\frac{\partial^2 z}{\partial x^2}=y^2\frac{\partial^2 z}{\partial y^2}.$$

7. 求由下列方程确定的隐函数的导数或偏导数.

(1) 设 $e^x+\sin y-xy=0$，求$\frac{dy}{dx}$；

(2) 设 $\arctan\frac{y}{x}-\ln\sqrt{x^2+y^2}+1=0$，求$\frac{dy}{dx}$；

(3) 设 $xyz=e^{xz}$，求$\frac{\partial z}{\partial x}$，$\frac{\partial z}{\partial y}$；

(4) 设 $x+y^2+z^3=e^y+\ln(x^2+z^2)$，求$\frac{\partial z}{\partial x}$，$\frac{\partial z}{\partial y}$；

(5) 设$\frac{x}{z}=\ln\frac{z}{y}$，求$\frac{\partial^2 z}{\partial x\partial y}$.

8. 设 $x^2+y^2+z^2=yf\left(\frac{z}{y}\right)$，其中 f 为可导函数，求$\frac{\partial z}{\partial x}$，$\frac{\partial z}{\partial y}$.

9. 设 $F(u, v)$ 有连续偏导数，方程 $F(x+y+z, x^2+y^2+z^2)=0$ 确定函数 $z=f(x, y)$，求$\frac{\partial z}{\partial x}$，$\frac{\partial z}{\partial y}$.

10. 设函数 $z(x, y)$ 由方程 $F\left(x+\frac{z}{y}, y+\frac{z}{x}\right)=0$ 确定，其中 F 具有一阶连续偏导数，求 dz.

11. 设 $F(u, v)$ 有连续的偏导数，方程 $F(cx-az, cy-bz)=0$ 确定函数 $z=f(x, y)$，试证明

$$a\frac{\partial z}{\partial x}+b\frac{\partial z}{\partial y}=c.$$

12. 设 $f(z)$ 为可导函数，方程 $\sqrt{R^2-z^2}=y+xf(z)$ 确定函数 $z=z(x, y)$. 试证

$$x\frac{\partial z}{\partial x}+(y-\sqrt{R^2-z^2})\frac{\partial z}{\partial y}=0.$$

7.5　二元函数的极值

7.5.1　二元函数的极值

在实际问题中，往往会遇到求多元函数的最大值和最小值的问题. 与一元函数类似，多元函数的最值也与极值有密切联系，因此首先要研究多元函数的极值，我们将以二元函数为主要对象进行讨论.

定义 1　设函数 $z=f(x, y)$ 在点 (x_0, y_0) 的某邻域有定义，如果对于该邻域内任意异于 (x_0, y_0) 的点 (x, y)，都有

$$f(x, y)<f(x_0, y_0) \qquad (\text{或 } f(x, y)>f(x_0, y_0))$$

成立，则称 $f(x_0, y_0)$ 是 $f(x, y)$ 的一个**极大值**（**极小值**），称 (x_0, y_0) 是 $f(x, y)$ 的一个**极大值点**（**极小值点**）. 极大值、极小值统称为**极值**. 极大值点与极小值点统称为**极值点**.

例 1　函数 $z=x^2+2y^2$ 在点 $(0, 0)$ 处有极小值. 因为对于点 $(0, 0)$ 的任一邻域内异于 $(0, 0)$ 的点，函数值都大于零，而点 $(0, 0)$ 处的函数值为零. 从几何上看这是显然的，因为点 $(0, 0, 0)$ 是开口朝上的椭圆抛物面 $z=x^2+2y^2$ 的顶点.

例 2 函数 $z=2-\sqrt{x^2+y^2}$ 在点（0，0）处有极大值．因为在点（0，0）处函数值为 2，而对于点（0，0）的任一邻域内异于（0，0）的点，函数值都小于 2．点（0，0，2）是位于平面 $z=2$ 下方的圆锥面 $z=2-\sqrt{x^2+y^2}$ 的顶点．

对于可导的一元函数 $y=f(x)$，函数在点 $x=x_0$ 处有极值的必要条件是 $f'(x_0)=0$．对于二元函数也有类似的结论．

定理 1（必要条件） 设函数 $z=f(x, y)$ 在点 (x_0, y_0) 处的偏导数存在，且点 (x_0, y_0) 是 $f(x, y)$ 的极值点，则有

$$f'_x(x_0, y_0)=0,\quad f'_y(x_0, y_0)=0.$$

证： 不妨设 $z=f(x, y)$ 在点 (x_0, y_0) 处取极大值，则在点 (x_0, y_0) 的某邻域内异于 (x_0, y_0) 的点 (x, y) 都有

$$f(x, y)<f(x_0, y_0).$$

特别地，在该邻域内取 $y=y_0$ 而 $x\neq x_0$ 的点，有

$$f(x, y_0)<f(x_0, y_0).$$

这表明一元函数 $f(x, y_0)$ 在 $x=x_0$ 处取极大值，因此

$$f'_x(x_0, y_0)=0.$$

同理可证

$$f'_y(x_0, y_0)=0.$$

使 $f'_x(x_0, y_0)=0$，$f'_y(x_0, y_0)=0$ 同时成立的点 (x_0, y_0) 称为函数 $z=f(x, y)$ 的驻点．从定理 1 可知，具有偏导数的函数的极值点必是驻点．但函数的驻点不一定是极值点，例如，点（0，0）是函数 $z=\dfrac{x^2}{a^2}-\dfrac{y^2}{b^2}$ 的驻点，但不是函数的极值点．下面给出了驻点是极值点的条件．

定理 2（充分条件） 设函数 $z=f(x, y)$ 在点 (x_0, y_0) 的某邻域内有二阶连续偏导数，且 $f'_x(x_0, y_0)=f'_y(x_0, y_0)=0$，令

$$f''_{xx}(x_0, y_0)=A,\quad f''_{xy}(x_0, y_0)=B,\quad f''_{yy}(x_0, y_0)=C,$$

则有下列结论：

（1）当 $B^2-AC<0$ 时，点 (x_0, y_0) 是函数 $f(x, y)$ 的极值点，且当 $A<0$（或 $C<0$）时，$f(x_0, y_0)$ 为极大值，当 $A>0$（或 $C>0$）时，$f(x_0, y_0)$ 为极小值；

（2）当 $B^2-AC>0$ 时，点 (x_0, y_0) 不是函数 $f(x, y)$ 的极值点；

（3）当 $B^2-AC=0$ 时，点 (x_0, y_0) 可能是函数 $f(x, y)$ 的极值点，也可能不是极值点．（证明略．）

利用前面两个定理，对于具有二阶连续偏导数的函数 $z=f(x, y)$，有如下求极值的步骤：

第一步 解方程组

$$\begin{cases} f'_x(x_0, y_0)=0 \\ f'_y(x_0, y_0)=0 \end{cases},$$

得全部驻点.

第二步 对于每一个驻点 (x_0, y_0)，求出二阶偏导数的值 A，B 和 C.

第三步 确定 B^2-AC 的符号，由定理 2 的结论判定 $f(x_0, y_0)$ 是不是极值、是极大值还是极小值.

例 3 求函数 $f(x, y)=y^3-x^2+6x-12y+5$ 的极值.

解： 先解方程组

$$\begin{cases} f'_x(x, y)=-2x+6=0 \\ f'_y(x, y)=3y^2-12=0 \end{cases},$$

得驻点 $(3, 2)$，$(3, -2)$.

再求出二阶偏导数

$$f''_{xx}(x, y)=-2, \quad f''_{xy}(x, y)=0, \quad f''_{yy}(x, y)=6y.$$

在点 $(3, 2)$ 处，$B^2-AC=-(-2)\cdot 12=24>0$，所以 $f(3, 2)$ 不是极值.

在点 $(3, -2)$ 处，$B^2-AC=-(-2)\cdot(-12)=-24<0$，又 $A=-2<0$，所以函数在点 $(3, -2)$ 处有极大值 $f(3, -2)=30$.

讨论二元函数的极值问题时，函数的偏导数不存在的点也可能是极值点. 例如在例 2 中，函数 $z=2-\sqrt{x^2+y^2}$ 在点 $(0, 0)$ 处取极大值，但在该点处偏导数不存在. 因此，二元函数的极值必定在驻点和偏导数不存在的点处取得.

在 7.2.3 小节“二元函数的连续性”中已经指出，有界闭区域 D 上的连续函数 $f(x, y)$ 一定有最大值和最小值. 为了求出最大值、最小值，首先要计算函数 $f(x, y)$ 在 D 内所有驻点和偏导数不存在的点的函数值，再求出在 D 的边界上的最大值和最小值，将这些函数值进行比较，其中最大的就是函数 $f(x, y)$ 在 D 上的最大值，最小的就是最小值. 但由于求出函数 $f(x, y)$ 在区域 D 的边界上的最大值和最小值往往比较困难，因此，在处理实际问题时，如果知道 $f(x, y)$ 的最大值（最小值）一定在 D 的内部取得，并且 $f(x, y)$ 在 D 内只有一个驻点，那么可以肯定该驻点处的函数值就是 $f(x, y)$ 在 D 上的最大值（最小值).

例 4 将长度为 a 的细杆分为三段，试问如何分才能使三段的长度之乘积最大？

解： 设细杆第一段的长度为 x，第二段的长度为 y，则第三段的长度为 $a-x-y$. 三段长度的乘积为

$$z=f(x, y)=xy(a-x-y),$$

解方程组

$$\begin{cases} f'_x(x, y)=ay-2xy-y^2=0 \\ f'_y(x, y)=ax-x^2-2xy=0 \end{cases},$$

得四个驻点 $(0, 0)$，$\left(\frac{a}{3}, \frac{a}{3}\right)$，$(0, a)$，$(a, 0)$.

驻点 (0, 0), (0, a) 及 (a, 0) 不合题意，不必讨论. 求出二阶偏导数

$$f''_{xx}(x, y)=-2y,\quad f''_{xy}(x, y)=a-2x-2y,\quad f''_{yy}(x, y)=-2x,$$

在点$\left(\frac{a}{3}, \frac{a}{3}\right)$处，

$$B^2-AC=\left(-\frac{a}{3}\right)^2-\left(-\frac{2a}{3}\right)\left(-\frac{2a}{3}\right)=-\frac{a^2}{3}<0,$$

所以在点$\left(\frac{a}{3}, \frac{a}{3}\right)$处，函数 $f(x, y)$ 取极大值 $f\left(\frac{a}{3}, \frac{a}{3}\right)=\frac{a^3}{27}$. 由题意，最大值必定存在，而合题意的驻点唯一，故极大值就是最大值.

因此将细杆三等分时，三段长度之乘积最大.

例 5 设某工厂生产 A，B 两种产品，出售单价分别为 12 元与 10 元. 生产 x 单位的产品 A 与生产 y 单位的产品 B 的总成本为 $500+4x+4y+0.01(3x^2+xy+3y^2)$ 元. 求 A，B 两种产品各生产多少时，工厂的利润最大.

解： 设 $L(x, y)$ 为生产 x 单位的产品 A 与生产 y 单位的产品 B 时获得的总利润. 则

$$\begin{aligned}L(x, y)&=12x+10y-[500+4x+4y+0.01(3x^2+xy+3y^2)]\\&=8x+6y-0.01(3x^2+xy+3y^2)-500,\end{aligned}$$

解方程组

$$\begin{cases}L'_x(x, y)=8-0.01(6x+y)=0\\L'_y(x, y)=6-0.01(x+6y)=0\end{cases},$$

得驻点 (120, 80). 又

$$L''_{xx}=-0.06,\quad L''_{xy}(x, y)=-0.01,\quad L''_{yy}(x, y)=-0.06,$$

于是

$$B^2-AC=(-0.01)^2-(-0.06)\times(-0.06)=-3.5\times10^{-3}<0.$$

所以 $L(x, y)$ 在驻点 (120, 80) 处取得极大值. 由题意，最大值必定存在，而驻点唯一，故极大值就是最大值；即当 A，B 两种产品分别生产 120 单位和 80 单位时，工厂的利润最大，且最大利润为

$$L(120, 80)=220(\text{元}).$$

7.5.2 条件极值与拉格朗日乘数法

上面讨论的极值问题的自变量在定义域内不受限制，可以任意取值，这种极值通常称为无条件极值. 但在实际问题中，常常会遇到对函数的自变量还有附加条件的极值问题. 例如，求周长为 a 而面积最大的矩形. 设矩形的长、宽分别为 x，y，则矩形的面积 $A=xy$. 又由于周长为 a，所以自变量 x，y 必须满足条件 $2(x+y)=a$. 像这种对自变量有附加条件的极值称为**条件极值**. 有些条件极值问题可以化为无条件极值问题加以解决. 例如

在上述问题中，由 $2(x+y)=a$ 解出 $y=\frac{a}{2}-x$，再把它代入 $A=xy$，得到一元函数

$$A=x\left(\frac{a}{2}-x\right),$$

从而问题转化成求解一元函数的极值问题.

但在很多情形下，将条件极值化为无条件极值并不这样简单. 下面介绍另一种直接求条件极值的**拉格朗日乘数法**.

求函数 $z=f(x, y)$ 在附加条件 $\varphi(x, y)=0$ 下的极值，可按下述方法进行：

(1) 作拉格朗日函数

$$L(x, y)=f(x, y)+\lambda\varphi(x, y),$$

其中 λ 为待定常数，称为**拉格朗日乘数**

(2) 求函数 $L(x, y)$ 对 x 与 y 的偏导数，并使之为零，然后与方程 $\varphi(x, y)=0$ 联立，建立方程组

$$\begin{cases} f'_x(x, y)+\lambda\varphi'_x(x, y)=0 \\ f'_y(x, y)+\lambda\varphi'_y(x, y)=0. \\ \varphi(x, y)=0 \end{cases}$$

(3) 解方程组得到的 (x_0, y_0) 就是函数 $z=f(x, y)$ 在附加条件 $\varphi(x, y)=0$ 下可能的极值点.

(4) 判别 (x_0, y_0) 是否为极值点.

类似地，求函数 $u=f(x, y, z)$ 在附加条件 $g(x, y, z)=0$，$h(x, y, z)=0$ 下的极值时，可以先作拉格朗日函数

$$L(x, y, z)=f(x, y, z)+\alpha g(x, y, z)+\beta h(x, y, z),$$

其中 α，β 为待定常数. 解方程组

$$\begin{cases} f'_x(x, y, z)+\alpha g'_x(x, y, z)+\beta h'_x(x, y, z)=0 \\ f'_y(x, y, z)+\alpha g'_y(x, y, z)+\beta h'_y(x, y, z)=0 \\ f'_z(x, y, z)+\alpha g'_z(x, y, z)+\beta h'_z(x, y, z)=0, \\ g(x, y, z)=0 \\ h(x, y, z)=0 \end{cases}$$

得到的 (x_0, y_0, z_0) 就是函数 $u=f(x, y, z)$ 在附加条件 $g(x, y, z)=0$，$h(x, y, z)=0$ 下可能的极值点.

例 6　求一定点 $P_0(x_0, y_0, z_0)$ 到平面 $Ax+By+Cz+D=0$ 的最短距离.

解：设点 $P(x, y, z)$ 是平面 $Ax+By+Cz+D=0$ 上的一点，则点 P_0 与点 P 之间的距离为

$$d=\sqrt{(x-x_0)^2+(y-y_0)^2+(z-z_0)^2}.$$

问题化为求函数 $f(x, y, z)=d^2=(x-x_0)^2+(y-y_0)^2+(z-z_0)^2$ 在条件 $Ax+By+Cz+D=0$ 下的最小值问题．令

$$L(x, y, z)=(x-x_0)^2+(y-y_0)^2+(z-z_0)^2+\lambda(Ax+By+Cz+D)$$

由方程组

$$\begin{cases}2(x-x_0)+\lambda A=0\\2(y-y_0)+\lambda B=0\\2(z-z_0)+\lambda C=0\\Ax+By+Cz+D=0\end{cases},$$

得

$$\lambda=\frac{2(Ax_0+By_0+Cz_0+D)}{A^2+B^2+C^2},\quad d^2=\frac{\lambda^2}{4}(A^2+B^2+C^2).$$

因为点 P_0 到平面的最短距离存在（即点 P_0 到平面的垂直距离），所以最短距离为

$$d=\frac{|Ax_0+By_0+Cz_0+D|}{\sqrt{A^2+B^2+C^2}}.$$

例 7 某公司使用 A，B 两种产品的数量分别为 x 单位和 y 单位，产值为

$$f(x, y)=x^{\frac{2}{3}}y^{\frac{1}{3}}.$$

购买 A，B 两种产品的价格分别为每单位 1 万元和 2 万元．公司的总预算为 90 万元，问如何分配预算用于购买 A，B 两种产品，可使产值最大？

解： 问题就是求函数

$$f(x, y)=x^{\frac{2}{3}}y^{\frac{1}{3}}.$$

在附加条件

$$x+2y=90$$

下的最大值．作拉格朗日函数

$$L(x, y)=x^{\frac{2}{3}}y^{\frac{1}{3}}+\lambda(x+2y-90),$$

解方程组

$$\begin{cases}L'_x=\frac{2}{3}x^{-\frac{1}{3}}y^{\frac{1}{3}}+\lambda=0\\L'_y=\frac{1}{3}x^{\frac{2}{3}}y^{-\frac{2}{3}}+2\lambda=0\\x+2y=90\end{cases},$$

得到 $x=60$，$y=15$.

这是唯一可能的极值点．因为由问题本身可知最大值一定存在，所以最大值就在此可

能的极值点取得．也就是说，A，B 两种产品分别购买 60 单位和 15 单位时产值最大．

习题 7.5

1. 求下列函数的极值．

(1) $f(x, y)=\frac{1}{2}xy+(47-x-y)\left(\frac{x}{3}+\frac{y}{4}\right)$；

(2) $f(x, y)=y^3-x^2+6x-12y+25$；

(3) $f(x, y)=x^2+y^2-2\ln x-2\ln y+5$，$x>0$，$y>0$；

(4) $f(x, y)=x^3+y^3-3xy$；

(5) $f(x, y)=x^3+3xy^2-15x-12y$；

(6) $f(x, y)=e^{2x}(x+2y+y^2)$．

2. 求由方程$x^2+y^2+z^2-2x+2y-4z-10=0$ 所确定的函数 $z=f(x, y)$ 的极值．

3. 某工厂生产的一种产品同时在两个市场销售，售价分别为 P_1 和 P_2，销售量分别为 Q_1 和 Q_2，需求函数分别为

$$Q_1=9-0.5P_1,\quad Q_2=12-P_2.$$

总成本函数为

$$C=5+2(Q_1+Q_2).$$

试问工厂如何确定两个市场的产品售价，才能使工厂获得最大利润？并求出最大利润．

4. 求函数 $z=xy(4-x-y)$ 在 $x=1$，$y=0$ 以及 $x+y=6$ 所围闭区域 D 上的最大值与最小值．

5. 求表面积为 a^2 而体积最大的长方体的体积．

6. 求抛物线 $y=x^2$ 到直线 $x-y-2=0$ 的最短距离．

7. 欲围一个面积为 60 平方米的矩形场地，正面所用材料每米造价 10 元，其余三面每米造价 5 元，求场地的长、宽各为多少米时，所用材料费最少．

8. 设某化妆品公司的生产函数为

$$Q(x, y)=16x^{0.25}y^{0.75},$$

其中 x 和 y 分别表示劳动力和资本投入的单位数，Q 表示生产量的单位数．设每个劳动力的成本为 50 元，每个资本的成本为 100 元．假设公司的总预算为 500 000 元，问如何分配这笔预算用于劳动力和资本投入，可使生产量最高？最高生产量为多少？

9. 设某工厂生产的自行车的需求函数为

$$Q=Me^{-aP}\ (M>0,\ a>0),$$

其中 P 为自行车的销售价格，Q 为自行车的销售量，并且每辆自行车的生产成本 C 为

$$C=C_0-b\ln Q(b>0,\ Q>1).$$

问应如何确定自行车的销售价格，才能使该厂获得最大利润？

7.6　二重积分

前面几节我们将一元函数的微分学推广到了二元函数. 这一节要将一元函数在闭区间 $[a, b]$ 上的定积分推广到二元函数 $f(x, y)$ 在平面的有界闭区域 D 上的二重积分. 二重积分的概念与定积分的概念类似，也是一种“和式的极限”.

7.6.1　二重积分的基本概念

我们从计算“曲顶柱体”的体积出发，引入二重积分的概念.

设函数 $z=f(x, y)$ 是定义在平面的有界闭区域 D 上的非负连续函数，其图形是区域 D 上方的曲面 S. 由以区域 D 为底、曲面 S 为顶、D 的边界曲线为准线而母线平行于 z 轴的柱面所围成的立体称为曲顶柱体，如图 7.21 所示.

现在我们用类似于计算曲边梯形的面积的方法来计算曲顶柱体的体积 V.

(1) 用一组曲线网把区域 D 分成 n 个小区域

$$D_1, D_2, \cdots, D_n,$$

并以 $\Delta\sigma_i$ 表示第 i 个小区域 $D_i(1\leqslant i\leqslant n)$ 的面积，如图 7.22 所示.

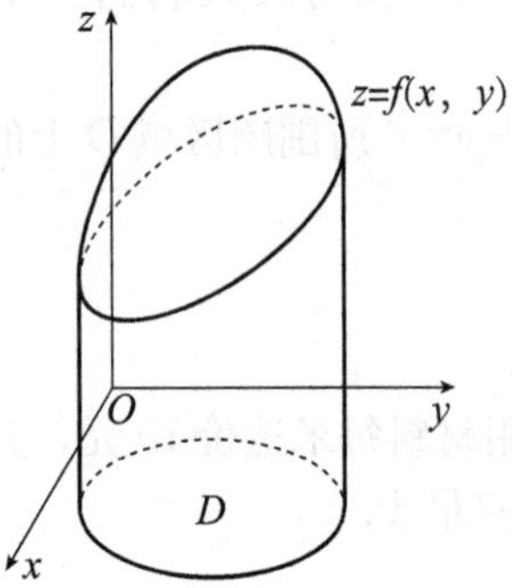

图 7.21

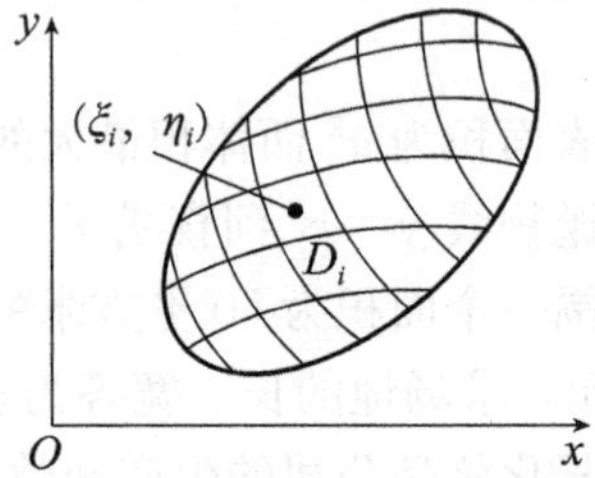

图 7.22

分别以这些小区域的边界曲线为准线，作母线平行于 z 轴的柱面，这些柱面把原来的曲顶柱体分为 n 个小曲顶柱体. 以 Δv_i 表示第 i 个小曲顶柱体的体积，则

$$v=\sum_{i=1}^{n}\Delta v_i .$$

(2) 在每个小区域 D_i 内，任取一点 (ξ_i, η_i)，把以 $f(\xi_i, \eta_i)$ 为高、D_i 为底的平顶柱体的体积 $f(\xi_i, \eta_i)\Delta\sigma_i$ 作为 Δv_i 的近似值，如图 7.23 所示，即

$$\Delta v_i\approx f(\xi_i, \eta_i)\Delta\sigma_i(i=1, 2, \cdots, n)$$

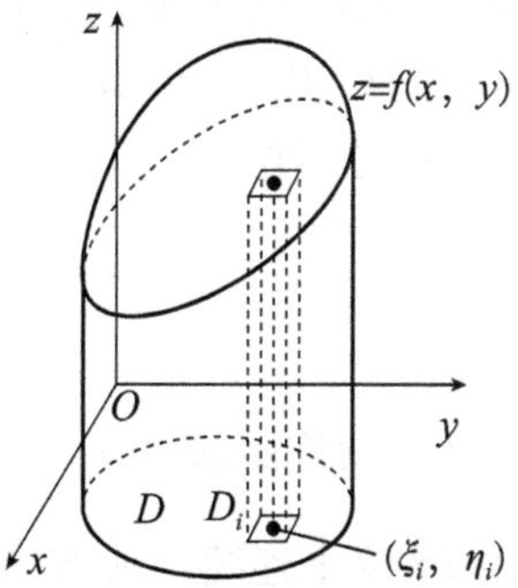

图 7.23

（3）求和，得

$$\sum_{i=1}^{n}\Delta v_i \approx \sum_{i=1}^{n} f(\xi_i, \eta_i)\Delta\sigma_i.$$

（4）用 d_i 表示 D_i 内任意两点间距离的最大值，称为小区域 D_i 的直径（$i=1, 2, \cdots, n$），并记

$$d=\max\{d_1, d_2, \cdots, d_n\}.$$

令 n 个小区域的直径中的最大值 d 趋于零，上述和的极限就是曲顶柱体的体积 V，即

$$V=\lim_{d\to 0}\sum_{i=1}^{n} f(\xi_i, \eta_i)\Delta\sigma_i . \tag{7.28}$$

很多实际问题都可以归结为上述形式的和式的极限. 为了更一般地研究这类和式的极限，我们抽象出下面的定义.

定义 1 设 $f(x, y)$ 是有界闭区域 D 上的有界函数，将闭区域 D 任意分成 n 个小区域

$$D_1, D_2, \cdots, D_n,$$

以 $\Delta\sigma_i$ 表示第 i 个小区域 D_i 的面积，在每个 D_i 任取一点（ξ_i, η_i），作乘积 $f(\xi_i, \eta_i)\Delta\sigma_i$（$i=1, 2, \cdots, n$），并作和 $\sum\limits_{i=1}^{n} f(\xi_i, \eta_i)\Delta\sigma_i$. 如果当各小区域的直径中的最大值 d 趋于零时，该和式的极限存在，则称此极限为函数 $f(x, y)$ 在闭区域 D 上的**二重积分**，记为 $\iint\limits_D f(x, y)\mathrm{d}\sigma$，即

$$\iint\limits_D f(x, y)\mathrm{d}\sigma=\lim_{d\to 0}\sum_{i=1}^{n} f(\xi_i, \eta_i)\Delta\sigma_i , \tag{7.29}$$

其中 $f(x, y)$ 叫作**被积函数**，$f(x, y)\mathrm{d}\sigma$ 叫作**积分表达式**，$\mathrm{d}\sigma$ 叫作**面积元素**，x 与 y 叫作**积分变量**，D 叫作**积分区域**，$\sum\limits_{i=1}^{n} f(\xi_i, \eta_i)\Delta\sigma_i$ 叫作**积分和**.

在二重积分的定义中对闭区域 D 的划分是任意的，在直角坐标系中，可选用平行于坐标轴的直线网来划分 D，这时小区域的面积 $\Delta\sigma_i=\Delta x_j\cdot\Delta y_k$. 因此，在直角坐标系中，可把面积元素 $\mathrm{d}\sigma$ 记作 $\mathrm{d}x\mathrm{d}y$，而把二重积分记作

$$\iint_D f(x,y)\mathrm{d}x\mathrm{d}y.$$

如果二重积分 $\iint_D f(x,y)\mathrm{d}\sigma$ 存在，则称函数 $f(x,y)$ 在区域 D 上是**可积的**，可以证明，如果函数 $f(x,y)$ 在有界闭区域 D 上连续，则函数 $f(x,y)$ 在区域 D 上是**可积的**.

根据二重积分的定义，曲顶柱体的体积是函数 $f(x,y)(f(x,y)\geqslant 0)$ 在底 D 上的二重积分

$$V=\iint_D f(x,y)\mathrm{d}\sigma.$$

二重积分也有与定积分类似的性质，叙述如下.

性质 1 设 α，β 为常数，则

$$\iint_D[\alpha f(x,y)+\beta g(x,y)]\mathrm{d}\sigma=\alpha\iint_D f(x,y)\mathrm{d}\sigma+\beta\iint_D g(x,y)\mathrm{d}\sigma.$$

性质 2 如果闭区域 D 被一曲线分成两个闭区域 D_1 与 D_2，则

$$\iint_D f(x,y)\mathrm{d}\sigma=\iint_{D_1} f(x,y)\mathrm{d}\sigma+\iint_{D_2} f(x,y)\mathrm{d}\sigma.$$

此性质表示二重积分对于积分区域具有可加性.

性质 3 如果 $f(x,y)\equiv 1$，A 为 D 的面积，则

$$A=\iint_D 1\mathrm{d}\sigma=\iint_D \mathrm{d}\sigma.$$

性质 4 如果在 D 上，$f(x,y)\leqslant g(x,y)$，则

$$\iint_D f(x,y)\mathrm{d}\sigma\leqslant\iint_D g(x,y)\mathrm{d}\sigma.$$

特别地，有

$$\left|\iint_D f(x,y)\mathrm{d}\sigma\right|\leqslant\iint_D |g(x,y)|\mathrm{d}\sigma.$$

性质 5 设 M，m 分别是函数 $f(x,y)$ 在区域 D 上的最大值与最小值，A 为 D 的面积，则

$$mA\leqslant\iint_D f(x,y)\mathrm{d}\sigma\leqslant MA.$$

性质 6（二重积分的中值定理） 设函数 $f(x,y)$ 在闭区域 D 上连续，A 为 D 的面

积，则在 D 内至少存在一点 (ξ, η)，使得

$$\iint_D f(x, y)\mathrm{d}\sigma = f(\xi, \eta)A.$$

例 1 比较积分 $\iint_D \ln(x+y)\mathrm{d}\sigma$ 和 $\iint_D [\ln(x+y)]^2\mathrm{d}\sigma$ 的大小，其中区域 D 是三角形闭区域，三个顶点分别为 (1，0)，(1，1) 和 (2，0).

解：如图 7.24 所示，三角形斜边的直线方程为

$$x+y=2.$$

在积分区域 D 内，有

$$1\leqslant x+y\leqslant 2<\mathrm{e} \quad 或 \quad 0\leqslant \ln(x+y)<1,$$

于是

$$\ln(x+y)>[\ln(x+y)]^2,$$

因此

$$\iint_D \ln(x+y)\mathrm{d}\sigma > \iint_D [\ln(x+y)]^2\mathrm{d}\sigma.$$

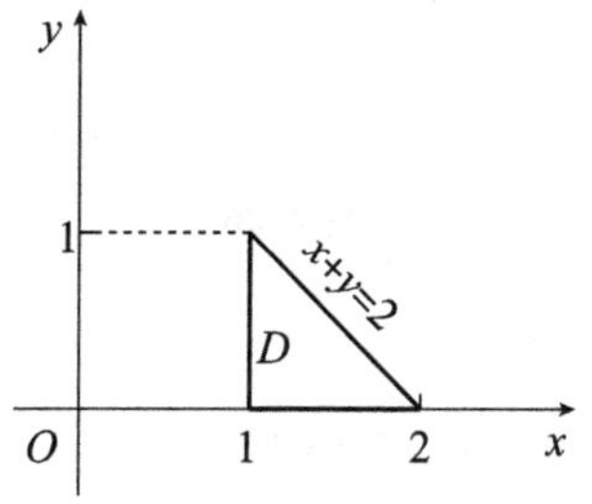

图 7.24

7.6.2 二重积分的计算

计算二重积分的主要方法是将它化为二次定积分来计算，称之为累次积分或二次积分.

1. 在直角坐标系下计算二重积分

在具体讨论二重积分的计算之前，先介绍积分区域的 X-型区域和 Y-型区域的概念.

X-型区域 $\{(x, y) \mid a\leqslant x\leqslant b, \varphi_1(x)\leqslant y\leqslant \varphi_2(x)\}$，其中函数 $\varphi_1(x)$，$\varphi_2(x)$ 为闭区间 $[a, b]$ 上的连续函数. 这种区域的特点是：穿过区域内部且平行于 y 轴的直线与区域边界的交点不多于两个，如图 7.25(a) 和图 7.25(b) 所示.

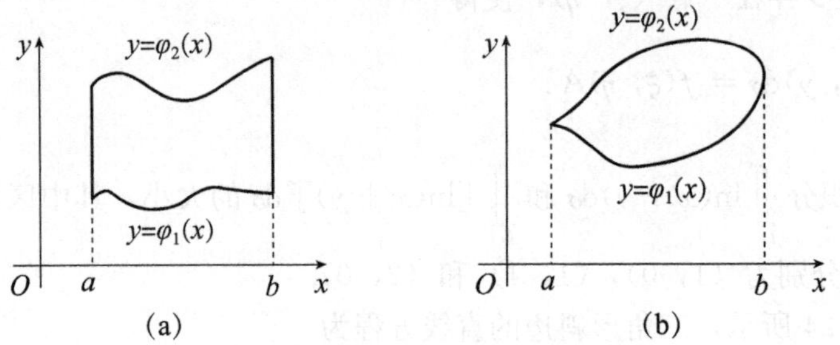

图 7.25

Y-型区域　$\{(x, y) \mid c \leqslant y \leqslant d, \psi_1(y) \leqslant x \leqslant \psi_2(y)\}$，其中函数 $\psi_1(y)$，$\psi_2(y)$ 为闭区间 $[c, d]$ 上的连续函数. 这种区域的特点是：穿过区域内部且平行于 x 轴的直线与区域边界的交点不多于两个，如图 7.26(a) 和图 7.26(b) 所示.

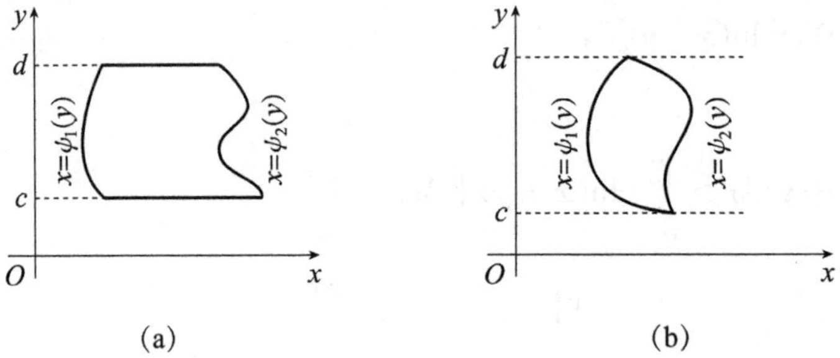

图 7.26

现在设积分区域 D 为 X-型区域

$$\{(x, y) \mid a \leqslant x \leqslant b, \varphi_1(x) \leqslant y \leqslant \varphi_2(x)\}.$$

又函数 $f(x, y)$ 为区域 D 上的非负连续函数，则二重积分 $\iint\limits_D f(x, y)\mathrm{d}x\mathrm{d}y$ 的值等于以 D 为底，以曲面 $z=f(x, y)$ 为顶的曲顶柱体的体积.

为了计算曲顶柱体的体积，可在 x 轴的点 $x(x\in[a, b])$ 处用平行于 yOz 平面的平面去截曲顶柱体，所得截面的面积为 $A(x)$，则此平行截面面积为 $A(x)$ 的立体的体积为

$$\int_a^b A(x)\mathrm{d}x.$$

于是有

$$\iint\limits_D f(x, y)\mathrm{d}x\mathrm{d}y = \int_a^b A(x)\mathrm{d}x. \tag{7.30}$$

如图 7.27 所示，$A(x)$ 是一个曲边梯形的面积.

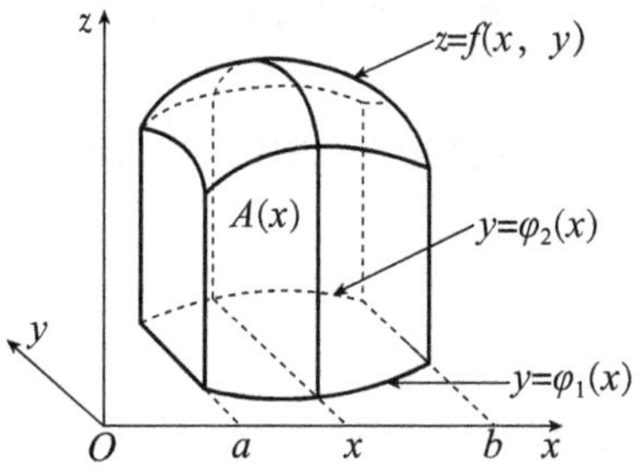

图 7.27

对任意固定的 $x\in[a, b]$，此曲边梯形是以区间 $[\varphi_1(x), \varphi_2(x)]$ 为底，以方程 $z=f(x, y)$确定的 y 的一元函数的曲线为曲边的曲边梯形，所以曲边梯形的面积为

$$A(x)=\int_{\varphi_1(x)}^{\varphi_2(x)}f(x, y)\mathrm{d}y,$$

代入式（7.30），得

$$\iint_D f(x, y)\mathrm{d}x\mathrm{d}y=\int_a^b\left[\int_{\varphi_1(x)}^{\varphi_2(x)}f(x, y)\mathrm{d}y\right]\mathrm{d}x. \tag{7.31}$$

上式右端的积分称为先对 y 后对 x 的二次积分，习惯上，也记为

$$\iint_D f(x, y)\mathrm{d}x\mathrm{d}y=\int_a^b\mathrm{d}x\int_{\varphi_1(x)}^{\varphi_2(x)}f(x, y)\mathrm{d}y. \tag{7.32}$$

在上述讨论中，我们假定了 $f(x, y)\geqslant 0$，但实际上式（7.31）的成立并不受此条件的限制.

类似地，如果积分区域 D 为 Y-型区域

$$\{(x, y)\,|\,c\leqslant y\leqslant d, \psi_1(y)\leqslant x\leqslant\psi_2(y)\},$$

则有

$$\iint_D f(x, y)\mathrm{d}x\mathrm{d}y=\int_c^d\mathrm{d}y\int_{\psi_1(y)}^{\psi_2(y)}f(x, y)\mathrm{d}x, \tag{7.33}$$

上式右端的积分称为先对 x 后对 y 的二次积分.

如果积分区域 D 既不是 X-型区域也不是 Y-型区域，就可以把 D 分成几个部分，使每个部分是 X-型区域或 Y-型区域，如图 7.28 所示，然后在每块区域上分别应用式

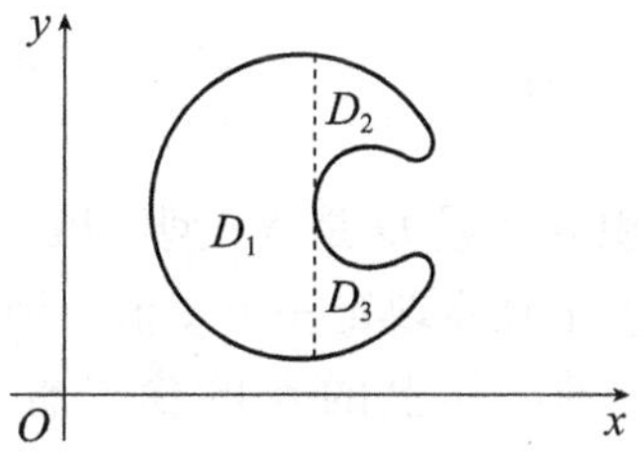

图 7.28

(7.32) 或式 (7.33)，再根据二重积分对积分区域的可加性，即可计算出 D 上的二重积分.

如果积分区域 D 既是 X-型区域也是 Y-型区域，即区域 D 既可用不等式

$$a\leqslant x\leqslant b,\quad \varphi_1(x)\leqslant y\leqslant \varphi_2(x)$$

表示，又可用不等式

$$c\leqslant y\leqslant d,\quad \psi_1(y)\leqslant x\leqslant \psi_2(y)$$

表示，如图 7.29 所示，则有

$$\int_a^b \mathrm{d}x\int_{\varphi_1(x)}^{\varphi_2(x)} f(x,y)\mathrm{d}y=\int_c^d \mathrm{d}y\int_{\psi_1(y)}^{\psi_2(y)} f(x,y)\mathrm{d}x. \tag{7.34}$$

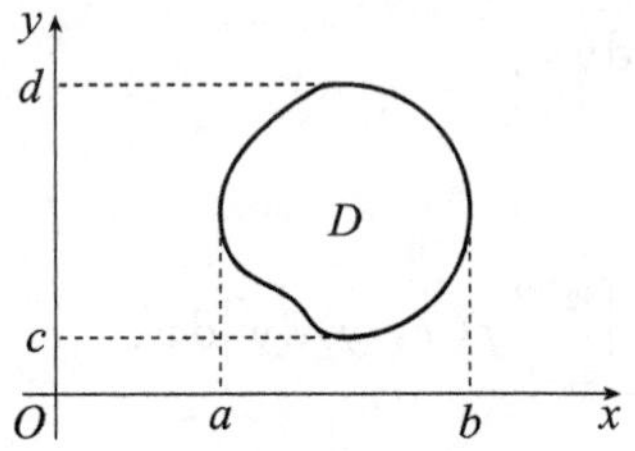

图 7.29

上式表明，这两个不同积分次序的二次积分相等，此结果使得我们在计算二重积分时，可以有选择地将其化为其中一种二次积分，以使计算更为简便.

将二重积分化为二次积分的关键是确定积分限. 通常先画出积分区域的图形，根据区域的类型（X-型区域或 Y-型区域）确定积分变量 x 和 y 的变化范围，得到表示区域的不等式组，从而确定二次积分的积分限.

例 2 计算 $\iint\limits_D xy\mathrm{d}x\mathrm{d}y$，其中 D 是由直线 $x=1$，$y=x$ 及 $y=2$ 所围成的闭区域.

解：方法一 首先画出积分区域 D，如图 7.30 所示.

D 是 X-型区域，D 上的点的横坐标的变动范围是区间 $[1, 2]$.

在区间 $[1, 2]$ 上任意取定一个 x 值，则 D 上以这个 x 值为横坐标的点在一线段上，该线段平行于 y 轴，其上的点的纵坐标从 $y=x$ 变到 $y=2$. 利用式 (7.32)，得

$$\iint\limits_D xy\mathrm{d}x\mathrm{d}y=\int_1^2\mathrm{d}x\int_x^2 xy\mathrm{d}y=\int_1^2\left[x\cdot\frac{y^2}{2}\right]_x^2\mathrm{d}x$$

$$=\int_1^2\left(2x-\frac{x^3}{2}\right)\mathrm{d}x=\left[x^2-\frac{x^4}{8}\right]_1^2=\frac{9}{8}.$$

方法二 如图 7.31 所示. 积分区域 D 是 Y-型区域，D 上的点的纵坐标的变动范围是区间 $[1, 2]$. 在区间 $[1, 2]$ 上任意取定一个 y 值，则 D 上以这个 y 值为纵坐标的点在一线段上，该线段平行于 x 轴，其上的点的横坐标从 $x=1$ 变到 $x=y$. 利用式 (7.33)，得

$$\iint\limits_D xy\,dx\,dy=\int_1^2 dy\int_1^y xy\,dx=\int_1^2\left[y\cdot\frac{x^2}{2}\right]_1^y dy$$
$$=\int_1^2\left(\frac{y^3}{2}-\frac{y}{2}\right)dy=\left[\frac{y^4}{8}-\frac{y^2}{4}\right]_1^2=\frac{9}{8}.$$

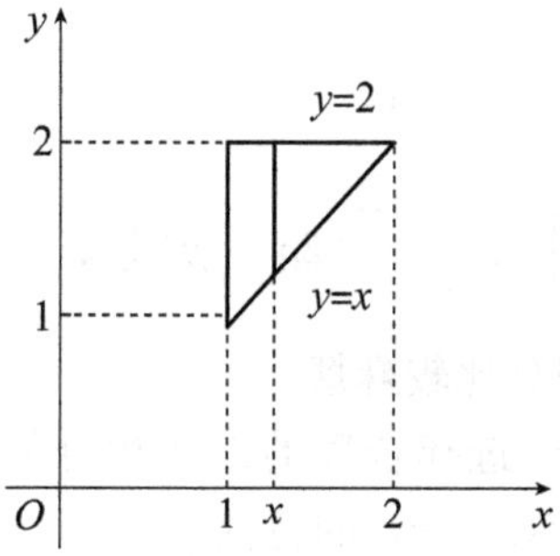

图 7.30

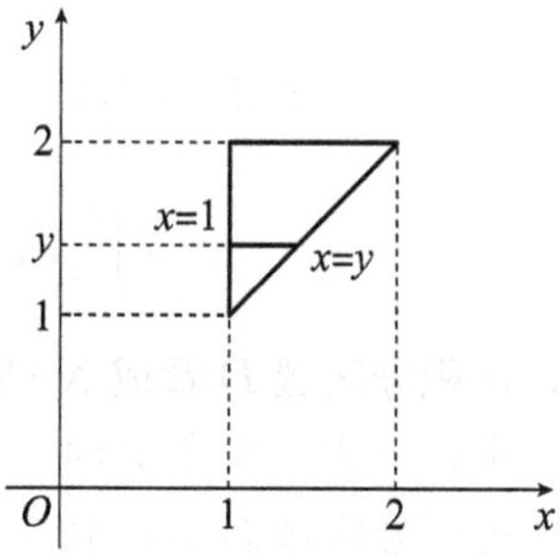

图 7.31

例 3 计算 $\iint\limits_D (2x-y)\,dx\,dy$，其中 D 是由直线 $y=1$，$x+y-3=0$ 及 $2x-y+3=0$ 所围成的闭区域.

解：画出积分区域 D，如图 7.32 所示.

如果将积分区域 D 看成 Y-型区域，利用式（7.33）得

$$\iint\limits_D (2x-y)\,dx\,dy=\int_1^3 dy\int_{\frac{1}{2}(y-3)}^{-y+3}(2x-y)\,dx$$
$$=\int_1^3\left[x^2-y\cdot x\right]_{\frac{1}{2}(y-3)}^{-y+3}dy$$
$$=\frac{9}{4}\int_1^3(y^2-4y+3)\,dy$$
$$=\frac{9}{4}\left[\frac{1}{3}y^3-2y^2+3y\right]_1^3=-3.$$

如果将积分区域 D 看成 X-型区域，则需用直线 $x=0$（y 轴）把区域 D 分成 D_1 和 D_2 两部分，如图 7.33 所示，

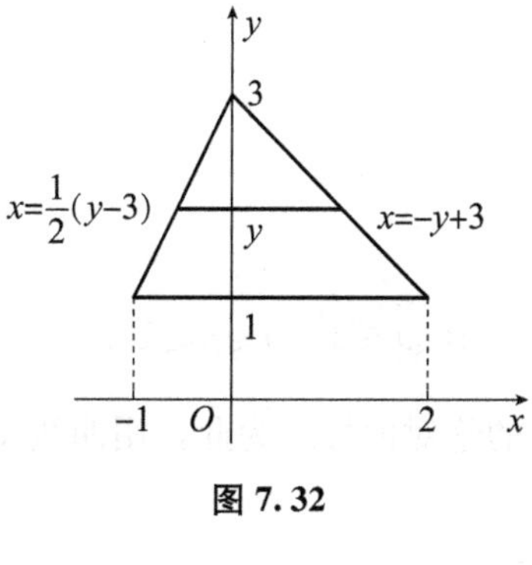

图 7.32

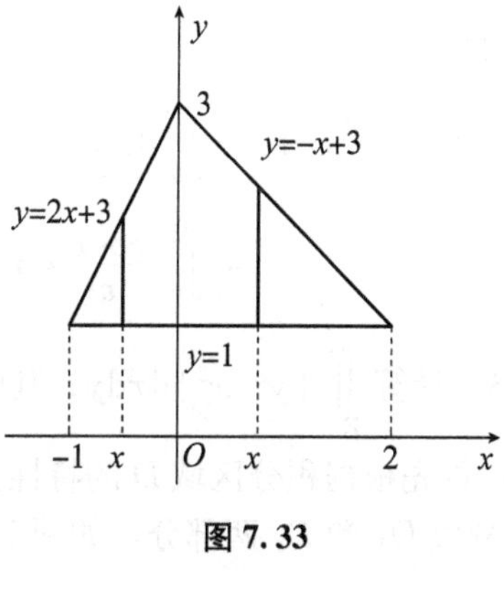

图 7.33

其中

$$D_1=\{(x,\ y)\mid -1\leqslant x\leqslant 0,\ 1\leqslant y\leqslant 2x+3\},$$
$$D_2=\{(x,\ y)\mid 0\leqslant x\leqslant 2,\ 1\leqslant y\leqslant -x+3\}.$$

于是，根据二重积分的性质 2，有

$$\begin{aligned}\iint\limits_D (2x-y)\mathrm{d}x\mathrm{d}y &= \iint\limits_{D_1}(2x-y)\mathrm{d}x\mathrm{d}y+\iint\limits_{D_2}(2x-y)\mathrm{d}x\mathrm{d}y\\ &=\int_{-1}^{0}\mathrm{d}x\int_{1}^{2x+3}(2x-y)\mathrm{d}y+\int_{0}^{2}\mathrm{d}x\int_{1}^{-x+3}(2x-y)\mathrm{d}y.\end{aligned}$$

由此可见，把积分区域 D 看成 X-型区域来计算二重积分比较麻烦.

在化二重积分为二次积分时，为了计算简便，需要选择合理的二次积分的次序. 此时，既要考虑积分区域 D 的形状，又要考虑被积函数 $f(x,\ y)$ 的特性.

例 4 计算 $\iint\limits_D \frac{\cos x}{x}\mathrm{d}x\mathrm{d}y$，其中 D 是直线 $x=\frac{\pi}{6}$，$y=0$ 及 $y=x$ 所围成的闭区域.

解： 积分区域 D 如图 7.34 所示.

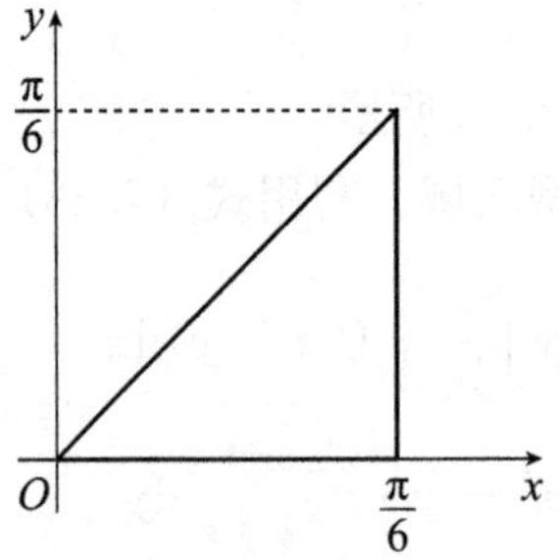

图 7.34

如果把积分区域 D 看成 Y-型区域，得

$$\iint\limits_D \frac{\cos x}{x}\mathrm{d}x\mathrm{d}y=\int_0^{\frac{\pi}{6}}\mathrm{d}y\int_y^{\frac{\pi}{6}}\frac{\cos x}{x}\mathrm{d}x.$$

因为$\frac{\cos x}{x}$的原函数不是初等函数，所以应该选择另一种积分次序. 现在把积分区域看成 X-型区域，得

$$\begin{aligned}\iint\limits_D \frac{\cos x}{x}\mathrm{d}x\mathrm{d}y&=\int_0^{\frac{\pi}{6}}\mathrm{d}x\int_0^{x}\frac{\cos x}{x}\mathrm{d}y\\ &=\int_0^{\frac{\pi}{6}}\frac{\cos x}{x}\cdot x\mathrm{d}x=\frac{1}{2}.\end{aligned}$$

例 5 计算 $\iint\limits_D |y-x^2|\mathrm{d}x\mathrm{d}y$，其中 $D=\{(x,\ y)\mid -1\leqslant x\leqslant 1,\ 0\leqslant y\leqslant 1\}$.

解： 首先根据积分区域 D 的特性去掉被积函数中的绝对值号. 为此，用曲线 $y=x^2$ 将区域 D 分成 D_1 和 D_2 两部分，如图 7.35 所示.

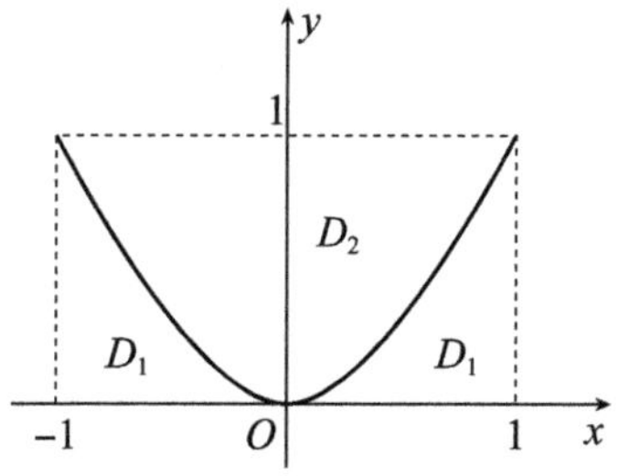

图 7.35

在 D_1 上 $y\leqslant x^2$，在 D_2 上 $y\geqslant x^2$，且

$$D_1=\{(x,y)\mid -1\leqslant x\leqslant 1,\ 0\leqslant y\leqslant x^2\},$$
$$D_2=\{(x,y)\mid -1\leqslant x\leqslant 1,\ x^2\leqslant y\leqslant 1\},$$

因此

$$\begin{aligned}\iint_D |y-x^2|\,\mathrm{d}x\mathrm{d}y&=\iint_{D_1}|y-x^2|\,\mathrm{d}x\mathrm{d}y+\iint_{D_2}|y-x^2|\,\mathrm{d}x\mathrm{d}y\\&=\int_{-1}^{1}\mathrm{d}x\int_0^{x^2}(x^2-y)\mathrm{d}y+\int_{-1}^{1}\mathrm{d}x\int_{x^2}^{1}(y-x^2)\mathrm{d}y\\&=\int_{-1}^{1}\frac{1}{2}x^4\mathrm{d}x+\int_{-1}^{1}\left(\frac{1}{2}-x^2+\frac{1}{2}x^4\right)\mathrm{d}x=\frac{11}{15}.\end{aligned}$$

例 6 求两个底圆半径都等于 R 的直交圆柱面所围成的立体的体积.

解： 设两个圆柱面的方程分别为

$$x^2+y^2=R^2 \quad 及 \quad x^2+z^2=R^2.$$

利用立体关于坐标平面的对称性，只要计算出它在第Ⅰ卦限部分（见图 7.36）的体积 V_1，然后乘以 8 就是所求的体积.

所求立体在第Ⅰ卦限部分可以看成是一个曲顶柱体，它的底为

$$D=\{(x,y)\mid 0\leqslant x\leqslant R,\quad 0\leqslant y\leqslant \sqrt{R^2-x^2}\},$$

如图 7.37 所示. 它的顶是柱面 $z=\sqrt{R^2-x^2}$. 所以

$$\begin{aligned}V_1&=\iint_D\sqrt{R^2-x^2}\,\mathrm{d}\sigma=\int_0^R\left[\int_0^{\sqrt{R^2-x^2}}\sqrt{R^2-x^2}\,\mathrm{d}y\right]\mathrm{d}x\\&=\int_0^R\left[\sqrt{R^2-x^2}\,y\right]_0^{\sqrt{R^2-x^2}}\mathrm{d}x=\int_0^R(R^2-x^2)\mathrm{d}x=\frac{2}{3}R^3.\end{aligned}$$

从而所求立体的体积为

$$V=8V_1=\frac{16}{3}R^3.$$

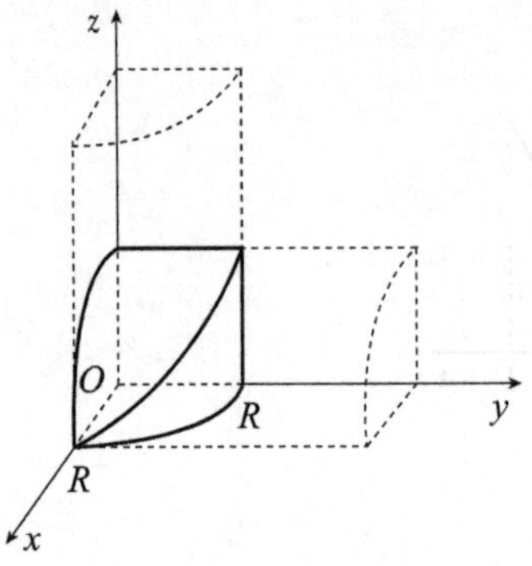

图 7.36

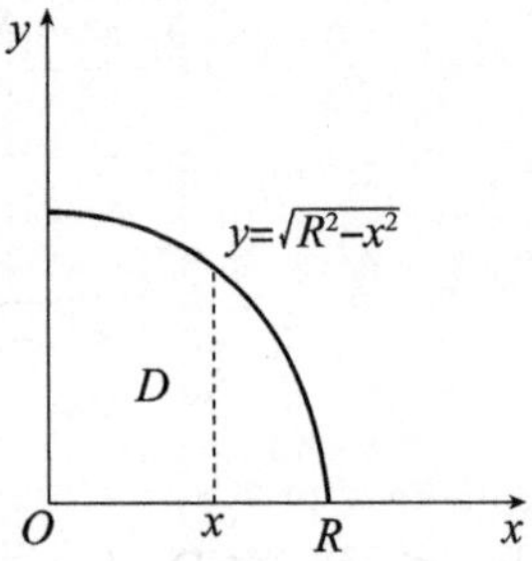

图 7.37

2. 在极坐标系下计算二重积分

有些二重积分的积分区域 D 的边界曲线用极坐标方程表示比较方便，且被积函数用极坐标变量 ρ，θ 表达比较简单．此时，就可以考虑在极坐标系下计算二重积分．下面，按二重积分的定义

$$\iint_D f(x, y)\mathrm{d}\sigma = \lim_{d\to 0}\sum_{i=1}^{n} f(\xi_i, \eta_i)\Delta\sigma_i$$

来讨论这个和的极限在极坐标系下的形式．

以直角坐标系的原点为极点，正 x 轴为极轴建立极坐标系，如图 7.38 所示，则点 P 的直角坐标 (x, y) 与极坐标 (ρ, θ) 之间有关系式

$$x=\rho\cos\theta,\quad y=\rho\sin\theta.$$

假定从极点 O 出发且穿过闭区域 D 内部的射线与 D 的边界曲线的交点不多于两个．我们采用以极点为中心的一族同心圆：$\rho=$常数，以及从极点出发的一族射线：$\theta=$常数，把闭区域 D 分成 n 个小区域，如图 7.39 所示．第 i 个小区域 D_i 的面积为

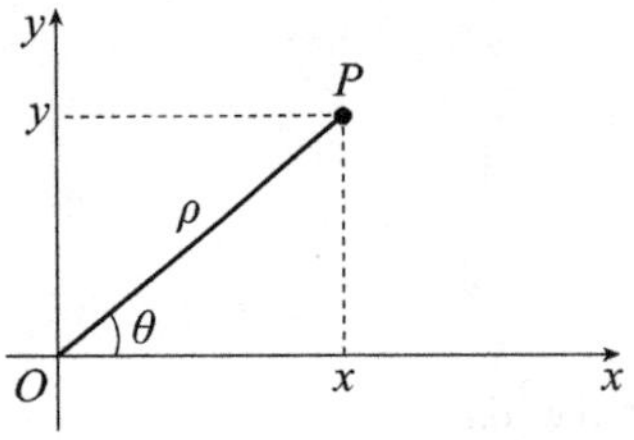

图 7.38

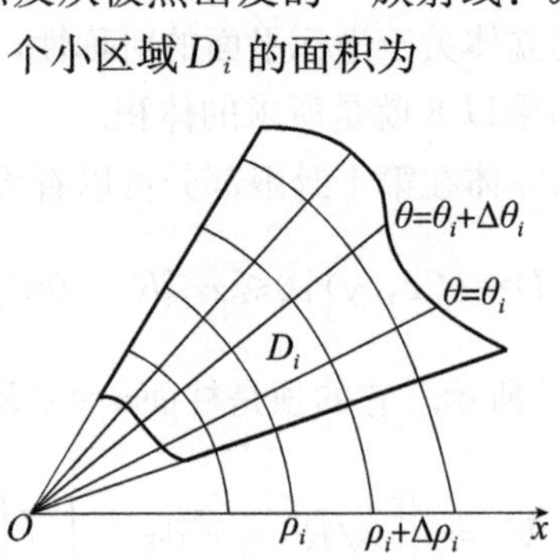

图 7.39

$$\begin{aligned}\Delta\sigma_i &= \frac{1}{2}(\rho_i+\Delta\rho_i)^2\Delta\theta_i - \frac{1}{2}\rho_i^2\Delta\theta_i \\ &= \frac{1}{2}(2\rho_i+\Delta\rho_i)\Delta\rho_i\Delta\theta_i\end{aligned}$$

$$=\frac{\rho_i+(\rho_i+\Delta\rho_i)}{2}\Delta\rho_i\Delta\theta_i$$
$$\approx\rho_i\Delta\rho_i\Delta\theta_i.$$

这里略去了比 $\Delta\rho_i\Delta\theta_i$ 更高阶的部分 $\frac{1}{2}(\Delta\rho_i)^2\Delta\theta_i$. 在第 i 个小区域 D_i 内取点 (ρ_i, θ_i)，该点的直角坐标设为 (ξ_i, η_i)，则有 $\xi_i=\rho_i\cos\theta_i$，$\eta_i=\rho_i\sin\theta_i$，于是

$$\lim_{d\to0}\sum_{i=1}^{n}f(\xi_i, \eta_i)\Delta\sigma_i=\lim_{d\to0}\sum_{i=1}^{n}f(\rho_i\cos\theta_i, \rho_i\sin\theta_i)\rho_i\Delta\rho_i\Delta\theta_i,$$

即

$$\iint\limits_{D}f(x, y)\mathrm{d}\sigma=\iint\limits_{D}f(\rho\cos\theta, \rho\sin\theta)\rho\mathrm{d}\rho\mathrm{d}\theta. \tag{7.35}$$

极坐标系下的二重积分同样可以化为二次积分来计算. 下面分三种情况进行讨论.

(1) 极点 O 在积分区域 D 外，且区域 D 由两条射线 $\theta=\alpha$，$\theta=\beta$，以及两条曲线 $\rho=\rho_1(\theta)$，$\rho=\rho_2(\theta)$ 围成，如图 7.40 所示，则

$$D=\{(\rho, \theta)\mid\alpha\leqslant\theta\leqslant\beta, \quad \rho_1(\theta)\leqslant\rho\leqslant\rho_2(\theta)\},$$

于是

$$\iint\limits_{D}f(\rho\cos\theta, \rho\sin\theta)\rho\mathrm{d}\rho\mathrm{d}\theta=\int_{\alpha}^{\beta}\mathrm{d}\theta\int_{\rho_1(\theta)}^{\rho_2(\theta)}f(\rho\cos\theta, \rho\sin\theta)\rho\mathrm{d}\rho. \tag{7.36}$$

(2) 极点 O 在积分区域 D 的边界上，如图 7.41 所示，则有

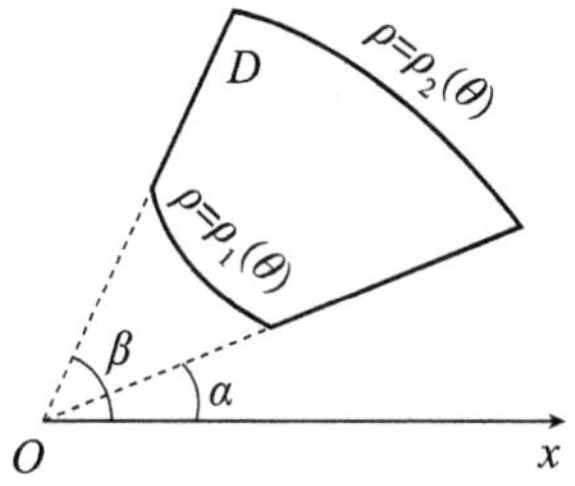

图 7.40

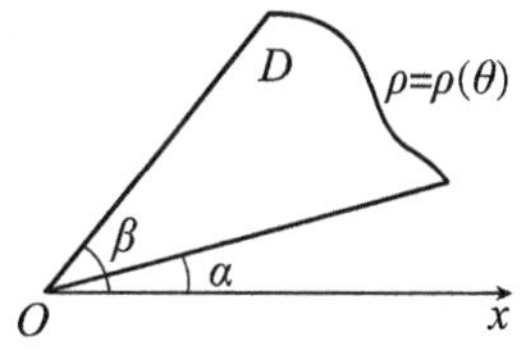

图 7.41

$$\iint\limits_{D}f(\rho\cos\theta, \rho\sin\theta)\rho\mathrm{d}\rho\mathrm{d}\theta=\int_{\alpha}^{\beta}\mathrm{d}\theta\int_{0}^{\rho(\theta)}f(\rho\cos\theta, \rho\sin\theta)\rho\mathrm{d}\rho. \tag{7.37}$$

(3) 极点 O 在积分区域 D 的边界内，且区域 D 的边界是闭曲线 $\rho=\rho(\theta)$，如图 7.42 所示，则有

$$\iint\limits_{D}f(\rho\cos\theta, \rho\sin\theta)\rho\mathrm{d}\rho\mathrm{d}\theta=\int_{0}^{2\pi}\mathrm{d}\theta\int_{0}^{\rho(\theta)}f(\rho\cos\theta, \rho\sin\theta)\rho\mathrm{d}\rho. \tag{7.38}$$

例 7 计算 $\iint\limits_{D}\frac{\mathrm{d}x\mathrm{d}y}{1+x^2+y^2}$，其中 D 是圆 $x^2+y^2=1$ 所围成的闭区域.

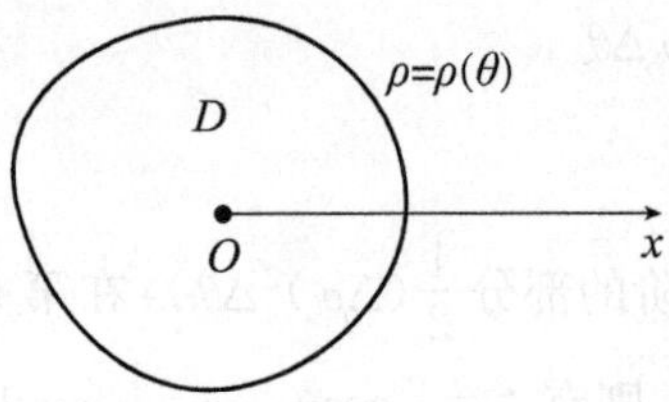

图 7.42

解：在极坐标系下，闭区域 D（如图 7.43 所示）表示为

$$0\leqslant\theta\leqslant2\pi,\ 0\leqslant\rho\leqslant1.$$

由式（7.38）得

$$\begin{aligned}\iint\limits_D\frac{\mathrm{d}x\mathrm{d}y}{1+x^2+y^2}&=\iint\limits_D\frac{1}{1+\rho^2}\rho\mathrm{d}\rho\mathrm{d}\theta\\&=\int_0^{2\pi}\mathrm{d}\theta\int_0^1\frac{1}{1+\rho^2}\rho\mathrm{d}\rho\\&=\int_0^{2\pi}\left[\frac{1}{2}\ln(1+\rho^2)\right]_0^1\mathrm{d}\theta\\&=\int_0^{2\pi}\frac{1}{2}\ln2\mathrm{d}\theta=\pi\ln2\,.\end{aligned}$$

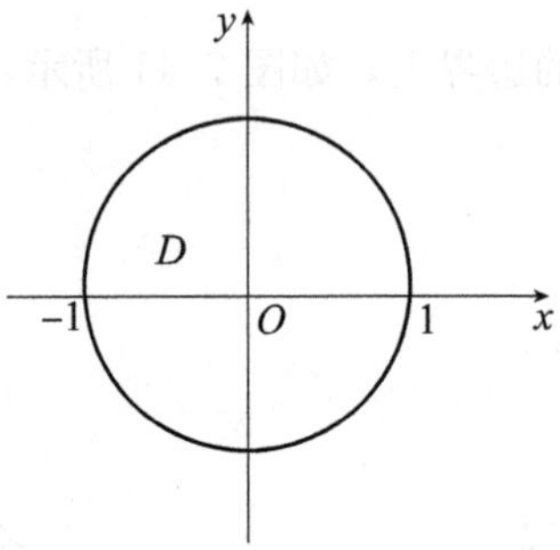

图 7.43

例 8　计算 $I=\iint\limits_D\sqrt{x^2+y^2}\,\mathrm{d}x\mathrm{d}y$，其中 D 是圆 $x^2+y^2=2x$ 所围成的闭区域.

解：圆 $x^2+y^2=2x$ 的极坐标方程为 $\rho^2=2\rho\cos\theta$ 或 $\rho=2\cos\theta$，因此，在极坐标下，闭区域 D（如图 7.44 所示）表示为

$$-\frac{\pi}{2}\leqslant\theta\leqslant\frac{\pi}{2},\quad0\leqslant\rho\leqslant2\cos\theta.$$

$$\begin{aligned}I&=\iint\limits_D\rho\cdot\rho\mathrm{d}\rho\mathrm{d}\theta=\int_{-\frac{\pi}{2}}^{\frac{\pi}{2}}\mathrm{d}\theta\int_0^{2\cos\theta}\rho^2\mathrm{d}\rho\\&=\frac{1}{3}\int_{-\frac{\pi}{2}}^{\frac{\pi}{2}}\rho^3\Big|_0^{2\cos\theta}\mathrm{d}\theta=\frac{8}{3}\int_{-\frac{\pi}{2}}^{\frac{\pi}{2}}\cos^3\theta\mathrm{d}\theta\end{aligned}$$

$$=\frac{16}{3}\int_0^{\frac{\pi}{2}}(1-\sin^2\theta)\mathrm{d}(\sin\theta)$$

$$=\frac{16}{3}\left[\sin\theta-\frac{1}{3}\sin^3\theta\right]_0^{\frac{\pi}{2}}=\frac{32}{9}.$$

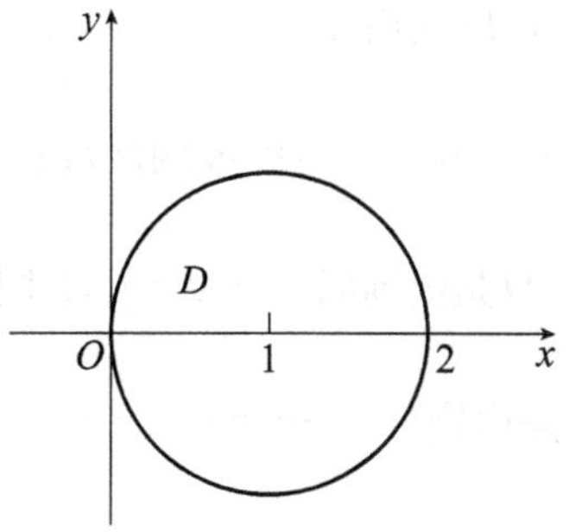

图 7.44

习题 7.6

1. 化二重积分 $\iint\limits_D f(x, y)\mathrm{d}x\mathrm{d}y$ 为二次积分（写出两种积分次序），其中 D 是由下列曲线或直线围成的区域：

（1）$x=0$，$y=1$，$y=x$；（2）$y=0$，$y=\ln x$，$x=\mathrm{e}$；

（3）$x=0$，$x+y=1$，$x-y=1$；（4）$y=x$，$y=3x$，$x=1$，$x=3$；

（5）$y=x^2$，$y=4-x^2$；（6）$y=x$，$x=2$，$y=\dfrac{1}{x}(x>0)$.

2. 交换下列二次积分的积分次序：

（1）$\int_0^1\mathrm{d}y\int_y^{\sqrt{y}}f(x, y)\mathrm{d}x$；

（2）$\int_0^1\mathrm{d}x\int_0^x f(x, y)\mathrm{d}y+\int_1^2\mathrm{d}x\int_0^{2-x}f(x, y)\mathrm{d}y$；

（3）$\int_{-1}^0\mathrm{d}y\int_{-\sqrt{1-y^2}}^{\sqrt{1-y^2}}f(x, y)\mathrm{d}x+\int_0^1\mathrm{d}y\int_{-\sqrt{1-y}}^{\sqrt{1-y}}f(x, y)\mathrm{d}x$；

（4）$\int_0^{2a}\mathrm{d}x\int_{\sqrt{2ax-x^2}}^{\sqrt{2ax}}f(x, y)\mathrm{d}y(a>0)$.

3. 计算下列二重积分：

（1）$\iint\limits_D(x+6y)\mathrm{d}x\mathrm{d}y$，$D$ 是由 $y=x$，$y=5x$，$x=1$ 所围成的区域；

（2）$\iint\limits_D xy^2\mathrm{d}x\mathrm{d}y$，$D$ 是由 $y^2=2px$，$x=\dfrac{p}{2}$（$p>0$）所围成的区域；

（3）$\iint\limits_D y\mathrm{e}^{xy}\mathrm{d}x\mathrm{d}y$，$D$ 是由 $x=2$，$y=2$，$xy=1$ 所围成的区域；

（4）$\iint\limits_D\dfrac{x}{y+1}\mathrm{d}x\mathrm{d}y$，$D$ 是由 $y=x^2+1$，$y=2x$，$x=0$ 所围成的区域；

(5) $\iint\limits_{D} 4y^2\sin(xy)\mathrm{d}x\mathrm{d}y$，$D$ 是由 $x=0$，$y=\sqrt{\frac{\pi}{2}}$，$y=x$ 所围成的区域；

(6) $\iint\limits_{D} \mathrm{e}^{-y^2}\mathrm{d}x\mathrm{d}y$，$D$ 是由 $x=0$，$y=1$，$y=x$ 所围成的区域；

(7) $\iint\limits_{D} |\cos(x+y)|\mathrm{d}x\mathrm{d}y$，$D$ 是由 $y=x$，$y=0$，$x=\frac{\pi}{2}$ 所围成的区域；

(8) $\iint\limits_{D} \mathrm{e}^{x^2+y^2}\mathrm{d}x\mathrm{d}y$，$D$ 是由 $x^2+y^2=9$ 所围成的区域；

(9) $\iint\limits_{D} \ln(1+x^2+y^2)\mathrm{d}x\mathrm{d}y$，$D$ 是由圆周 $x^2+y^2=4$ 及坐标轴所围成的在第一象限的区域；

(10) $\iint\limits_{D} \arctan\frac{y}{x}\mathrm{d}x\mathrm{d}y$，$D$ 是由圆 $x^2+y^2=4$，$x^2+y^2=1$ 及直线 $y=x$，$y=0$ 所围成的在第一象限的区域；

(11) $\iint\limits_{D} \sqrt{R^2-x^2-y^2}\mathrm{d}x\mathrm{d}y$，$D$ 是由 $x^2+y^2=Rx$ 所围成的区域；

(12) $\iint\limits_{D} (x^2-2\sin x+3y+2)\mathrm{d}x\mathrm{d}y$，$D$ 是由 $x^2+y^2=a^2$ 所围成的区域.

4. 设 $f(x, y)$ 是区域 D：$x^2+y^2\leqslant 4$ 上的连续函数，且 $f(x, y)=x^2+y^2+x\ln(x^2+y^2+1)+\frac{1}{\pi}\iint\limits_{D} f(u, v)\mathrm{d}u\mathrm{d}v$. 求 $f(x, y)$.

5. 证明 $\int_a^b \mathrm{d}x\int_a^x (x-y)^{n-2}f(y)\mathrm{d}y=\frac{1}{n-1}\int_a^b (b-y)^{n-1}f(y)\mathrm{d}y$.

6. 设函数 $f(x)$ 在区间 $[a, b]$ 上连续，且 $f(x)>0$，证明

$$\int_a^b f(x)\mathrm{d}x\int_a^b \frac{\mathrm{d}x}{f(x)}\geqslant(b-a)^2.$$

7. 计算下列曲线所围成的区域的面积.

(1) $y=x^2$，$y=x+2$；

(2) $y^2=2x+1$，$y^2=-2x+1$.

8. 计算下列曲面所围成的立体的体积.

(1) $z=1+x+y$，$z=0$，$x+y=1$，$x=0$，$y=0$；

(2) $x+y+z=3$，$x^2+y^2=1$，$z=0$；

(3) $z=1-x^2-y^2$，$y=x$，$y=\sqrt{3}x$，$z=0$；

(4) $z=\sqrt{x^2+y^2}$，$z=0$，$x^2+y^2=2y$.

第七章总习题

(A)

1. 点 $M(-2, 1, -3)$ 关于 xOy 面的对称点 N 是（　　）.

(A) $N(-2, 1, 3)$　(B) $N(2, 1, -3)$

(C) $N(-2, -1, -3)$　(D) $N(2, -1, 3)$

2. 经过 $P(1, 2, 3)$ 与 xOz 面平行的平面方程是（　　）.

(A) $x=1$　(B) $y=2$

(C) $z=3$　(D) $x+z=4$

3. 设函数 $z=f(x, y)$ 的定义域为 $D=\{(x, y)\mid 0\leqslant x\leqslant 1, 0\leqslant y\leqslant 1\}$，则函数 $z=f(x^2, y^2)$ 的定义域为（　　）.

(A) $D=\{(x, y)\mid 0\leqslant x\leqslant 1, 0\leqslant y\leqslant 1\}$

(B) $D=\{(x, y)\mid -1\leqslant x\leqslant 1, 0\leqslant y\leqslant 1\}$

(C) $D=\{(x, y)\mid 0\leqslant x\leqslant 1, -1\leqslant y\leqslant 1\}$

(D) $D=\{(x, y)\mid -1\leqslant x\leqslant 1, -1\leqslant y\leqslant 1\}$

4. 设函数 $f(x, y)=\dfrac{xy}{x^2+y^2}$，则下列结论不正确的是（　　）.

(A) $f\left(1, \dfrac{y}{x}\right)=\dfrac{xy}{x^2+y^2}$　(B) $f\left(1, \dfrac{x}{y}\right)=\dfrac{xy}{x^2+y^2}$

(C) $f\left(\dfrac{1}{x}, \dfrac{1}{y}\right)=\dfrac{xy}{x^2+y^2}$　(D) $f(x+y, x-y)=\dfrac{xy}{x^2+y^2}$

5. 函数 $f(x, y)=\dfrac{1}{\sin x\cos y}$的间断点是（　　）.

(A) (x, y)，其中 $x=y=2n\pi$，$n=0, \pm 1, \pm 2, \cdots$

(B) (x, y)，其中 $x=y=2n\pi+\dfrac{\pi}{2}$，$n=0, \pm 1, \pm 2, \cdots$

(C) (x, y)，其中 $x=y=n\pi$，$n=0, \pm 1, \pm 2, \cdots$

(D) (x, y)，其中 $x=n\pi$，$y=n\pi+\dfrac{\pi}{2}$，$n=0, \pm 1, \pm 2, \cdots$

6. 下列结论正确的是（　　）.

(A) $\lim\limits_{\substack{x\to 0\\ y\to 0}}\dfrac{xy}{x^2+y^2}=0$　(B) $\lim\limits_{\substack{x\to 0\\ y\to 0}}\dfrac{xy}{x+y}=0$

(C) $\lim\limits_{\substack{x\to 0\\ y\to 0}}\dfrac{x^2y}{x^4+y^2}=0$　(D) $\lim\limits_{\substack{x\to 0\\ y\to 0}}\dfrac{x^2+y^2}{x^4+y^4}=0$

7. 设 $f(x, y)$ 在点 (x_0, y_0) 处偏导数存在，则 $\lim\limits_{\Delta x\to 0}\dfrac{f(x_0+\Delta x, y_0)-f(x_0-\Delta x, y_0)}{\Delta x}=$（　　）.

(A) $f'_x(x_0, y_0)$　(B) $f'_x(2x_0, y_0)$

(C) $2f'_x(x_0, y_0)$　(D) $\dfrac{1}{2}f'_x(x_0, y_0)$

8. 设函数 $f(x, y)=\sqrt{x^2+y^4}$，则（　　）.

(A) $f'_x(0, 0)$，$f'_y(0, 0)$ 都存在

(B) $f'_x(0, 0)$ 不存在，$f'_y(0, 0)$ 存在

(C) $f'_x(0, 0)$ 存在，$f'_y(0, 0)$ 不存在

(D) $f'_x(0, 0)$，$f'_y(0, 0)$ 都不存在

9. 设函数 $z=f(x,y)$ 满足 $\frac{\partial^2 f}{\partial y^2}=2$，且 $f(x,0)=1$，$f'_y(x,0)=x$，则 $f(x,y)=$ (　　).

(A) $1+xy+y^2$　　(B) $1-xy+y^2$

(C) $1+x^2y+y^2$　　(D) $1-x^2y+y^2$

10. 如果 $f(x,2x)=x^2+3x$，$f'_x(x,2x)=6x+1$，则 $f'_y(x,2x)=$ (　　).

(A) $-2x+1$　　(B) $2x+1$

(C) $x+\frac{3}{2}$　　(D) $x-\frac{3}{2}$

11. 如果函数 $u=xyf\left(\frac{x+y}{xy}\right)$，$f$ 为可微函数，且 $x^2\frac{\partial u}{\partial x}-y^2\frac{\partial u}{\partial y}=uG(x,y)$，则 $G(x,y)=$ (　　).

(A) $x-y$　　(B) $x+y$

(C) x^2y-xy^2　　(D) x^2y+xy^2

12. 设函数 $f(x,y)$ 在点 $P(x_0,y_0)$ 的两个偏导数 $f'_x(x_0,y_0)$ 和 $f'_y(x_0,y_0)$ 都存在，则 (　　).

(A) $\lim\limits_{\substack{x\to x_0\\ y\to y_0}}f(x,y)$ 存在　　(B) $\lim\limits_{x\to x_0}f(x,y)$，$\lim\limits_{y\to y_0}f(x,y)$ 都存在

(C) $f(x,y)$ 在点 P 连续　　(D) $f(x,y)$ 在点 P 可微

13. 设函数 $u(x,y)=f(x+y)+f(x-y)+\int_{x-y}^{x+y}g(t)\mathrm{d}t$，其中函数 f 具有二阶导数，g 具有一阶导数，则有 (　　).

(A) $\frac{\partial^2 u}{\partial x^2}=\frac{\partial^2 u}{\partial y^2}$　　(B) $\frac{\partial^2 u}{\partial x^2}=-\frac{\partial^2 u}{\partial y^2}$

(C) $\frac{\partial^2 u}{\partial y\partial x}=\frac{\partial^2 u}{\partial x^2}$　　(D) $\frac{\partial^2 u}{\partial y\partial x}=\frac{\partial^2 u}{\partial y^2}$

14. 设方程 $xyz+\sqrt{x^2+y^2+z^2}=\sqrt{2}$ 确定了函数 $z=z(x,y)$，则函数 $z(x,y)$ 在点 $(1,0,-1)$ 处的全微分 $\mathrm{d}z=$ (　　).

(A) $\mathrm{d}x+\sqrt{2}\mathrm{d}y$　　(B) $\mathrm{d}x-\sqrt{2}\mathrm{d}y$

(C) $-\mathrm{d}x+\sqrt{2}\mathrm{d}y$　　(D) $-\mathrm{d}x-\sqrt{2}\mathrm{d}y$

15. 设可微函数 $f(x,y)$ 在点 (x_0,y_0) 处取得极小值，则下列结论正确的是 (　　).

(A) $f(x_0,y)$ 在点 $y=y_0$ 处的导数大于 0

(B) $f(x_0,y)$ 在点 $y=y_0$ 处的导数小于 0

(C) $f(x_0,y)$ 在点 $y=y_0$ 处的导数等于 0

(D) $f(x_0,y)$ 在点 $y=y_0$ 处的导数不存在

16. 设函数 $f(x)$ 具有二阶连续导数，且 $f(x)>0$，$f'(x)=0$，则函数 $z=f(x)\ln f(y)$ 在点 $(0,0)$ 处取得极小值的一个充分条件是 (　　).

(A) $f(0)<1$，$f''(0)<0$　　(B) $f(0)<1$，$f''(0)>0$

(C) $f(0)>1$，$f''(0)<0$　　(D) $f(0)>1$，$f''(0)>0$

17. 设函数 $u(x,y)$ 在平面有界闭区域 D 上有二阶连续偏导数，在 D 内有 $\frac{\partial^2 u}{\partial x^2}+\frac{\partial^2 u}{\partial y^2}=0$，

$\frac{\partial^2 u}{\partial y\,\partial x}\neq 0$，则（　　）.

（A）函数 $u(x,\ y)$ 的最大值点和最小值点都在 D 的内部

（B）函数 $u(x,\ y)$ 的最大值点和最小值点都在 D 的边界上

（C）函数 $u(x,\ y)$ 的最大值点在 D 的内部，最小值点在 D 的边界上

（D）函数 $u(x,\ y)$ 的最大值点在 D 的边界上，最小值点在 D 的内部

18. 设 $I_1=\iint\limits_D yx^3\mathrm{d}x\mathrm{d}y$，$I_2=\iint\limits_D y^2x^3\mathrm{d}x\mathrm{d}y$，$I_3=\iint\limits_D y^{\frac{1}{2}}x^3\mathrm{d}x\mathrm{d}y$，其中 $D=\{(x,\ y)\mid -3\leqslant x\leqslant -1,\ 0\leqslant y\leqslant 1\}$，则下列不等式成立的是（　　）.

（A）$I_1<I_2<I_3$　　（B）$I_3<I_2<I_1$

（C）$I_2<I_1<I_3$　　（D）$I_3<I_1<I_2$

19. 设函数 $f(x,\ y)$ 连续，则 $\int_1^2\mathrm{d}x\int_x^2 f(x,\ y)\mathrm{d}y+\int_1^2\mathrm{d}y\int_y^{4-y}f(x,\ y)\mathrm{d}x=$（　　）.

（A）$\int_1^2\mathrm{d}x\int_1^{4-x}f(x,\ y)\mathrm{d}y$　　（B）$\int_1^2\mathrm{d}x\int_x^{4-x}f(x,\ y)\mathrm{d}y$

（C）$\int_1^2\mathrm{d}y\int_1^{4-y}f(x,\ y)\mathrm{d}x$　　（D）$\int_1^2\mathrm{d}y\int_y^2 f(x,\ y)\mathrm{d}x$

20. 设 $D=\{(x,\ y)\mid x^2+y^2\leqslant 2x,\ -1\leqslant x^2+y^2\leqslant 2y\}$，且函数 $f(x,\ y)$ 在 D 上连续，则 $\iint\limits_D f(x,\ y)\mathrm{d}x\mathrm{d}y=$（　　）.

（A）$2\int_0^1\mathrm{d}x\int_{1-\sqrt{1-x^2}}^{x}f(x,\ y)\mathrm{d}y$

（B）$2\int_0^1\mathrm{d}x\int_x^{\sqrt{2x-x^2}}f(x,\ y)\mathrm{d}y$

（C）$\int_0^{\frac{\pi}{4}}\mathrm{d}\theta\int_0^{2\sin\theta}f(\rho\cos\theta,\ \rho\sin\theta)\rho\mathrm{d}\rho+\int_{\frac{\pi}{4}}^{\frac{\pi}{2}}\mathrm{d}\theta\int_0^{2\cos\theta}f(\rho\cos\theta,\ \rho\sin\theta)\rho\mathrm{d}\rho$

（D）$\int_0^{\frac{\pi}{4}}\mathrm{d}\theta\int_0^{2\cos\theta}f(\rho\cos\theta,\ \rho\sin\theta)\rho\mathrm{d}\rho+\int_{\frac{\pi}{4}}^{\frac{\pi}{2}}\mathrm{d}\theta\int_0^{2\sin\theta}f(\rho\cos\theta,\ \rho\sin\theta)\rho\mathrm{d}\rho$

21. 设函数 $f(x,\ y)$ 连续，且 $f(x,\ y)=\mathrm{e}^{x^2+y^2}+xy\iint\limits_D xyf(x,\ y)\mathrm{d}x\mathrm{d}y$，其中 $D=\{(x,\ y)\mid 0\leqslant x\leqslant 1,\ 0\leqslant y\leqslant 1\}$，则 $\frac{\partial^2 f(x,\ y)}{\partial x\,\partial y}=$（　　）.

（A）$2xy\mathrm{e}^{x^2+y^2}+\frac{9}{32}(\mathrm{e}-1)$　　（B）$4xy\mathrm{e}^{x^2+y^2}+\frac{9}{16}(\mathrm{e}-1)^2$

（C）$4xy\mathrm{e}^{x^2+y^2}+\frac{9}{16}(\mathrm{e}-1)$　　（D）$4xy\mathrm{e}^{x^2+y^2}+\frac{9}{32}(\mathrm{e}-1)^2$

22. 设 $f(u)$ 为可微函数，且 $f(0)=0$，则 $\lim\limits_{t\to 0^+}\frac{1}{\pi t^3}\iint\limits_{x^2+y^2\leqslant t^2}f(\sqrt{x^2+y^2})\mathrm{d}\sigma=$（　　）.

（A）$f(0)$　　（B）$f'(0)$

（C）$\frac{2}{3}f'(0)$　　（D）$-\frac{2}{3}f'(0)$

（B）

1. 设 $f\left(\ln x,\ \dfrac{y}{x}\right)=\dfrac{x^2+x(\ln y-\ln x)}{y+x\ln x}$，求 $f(x,\ y)$.

2. 求下列极限.

(1) $\lim\limits_{\substack{x\to 0\\ y\to 0}}(1+\sin xy)^{\frac{1}{xy}}$；　　(2) $\lim\limits_{\substack{x\to\infty\\ y\to\infty}}\dfrac{x+y}{x^2-xy+y^2}$.

3. 设 $f(x,\ y)$ 具有一阶连续偏导数，且 $f(x,\ x^2)=1$，$f'_x(x,\ x^2)=x$，求 $f'_y(x,\ x^2)$.

4. 设 $f(x,\ y)=\begin{cases} xy\dfrac{x^2-y^2}{x^2+y^2}, & x^2+y^2\neq 0 \\ 0, & x^2+y^2=0 \end{cases}$，求 $f''_{xy}(0,\ 0)$，$f''_{yx}(0,\ 0)$.

5. 设 $z=f(2x-y)+g(x,\ xy)$，其中 f 有二阶导数，g 有二阶连续偏导数，求 $\dfrac{\partial^2 z}{\partial x\partial y}$.

6. 设 $f(u,\ v)$ 有二阶连续偏导数，且满足 $f''_{uu}(u,\ v)+f''_{vv}(u,\ v)=1$，$g(x,\ y)=f\left(xy,\ \dfrac{1}{2}(x^2-y^2)\right)$，证明 $g''_{xx}(x,\ y)+g''_{yy}(x,\ y)=x^2+y^2$.

7. 设 $f(x,\ y)=\dfrac{x|x-y|}{x+y+1}$，讨论 $f(x,\ y)$ 在点 $(0,\ 0)$ 处的可微性.

8. 求函数 $f(x,\ y)=3x^2+3y^2-2x^3$ 在区域 D：$x^2+y^2\leqslant 2$ 上的最大值与最小值.

9. 设函数 $f(x,\ y)$ 在点 $(0,\ 0)$ 及其邻域内连续，且

$$\lim_{\substack{x\to 0\\ y\to 0}}\frac{f(x,\ y)-f(0,\ 0)}{x^2+1-x\sin y-\cos^2 y}=A<0.$$

讨论 $f(x,\ y)$ 在点 $(0,\ 0)$ 处是否有极限. 如果有，是极大值还是极小值？

10. 一帐篷的下部为圆柱形，上部覆以圆锥形的篷顶. 设帐篷的容积 V 为一定数 k，今要使篷布最少，试证帐篷尺度间应有关系式：$R=\sqrt{5}H$，$h=2H$，其中 R，H 分别为圆柱形的底半径及高，h 为圆锥形的高.

11. 某公司可通过电台与报纸两种方式做销售某种商品的广告. 根据统计资料，销售收入 R（万元）与电台广告费用 X_1（万元）及报纸广告费用 X_2（万元）之间的关系有如下的经验公式：

$$R=15+14X_1+32X_2-8X_1X_2-2X_1^2-10X_2^2.$$

(1) 在广告费用不限的情况下，求最优广告策略；

(2) 若广告费用为 1.5 万元，求相应的最优广告策略.

12. 证明：

$$\pi e^{-\sqrt{2}}\leqslant\iint\limits_{x^2+y^2\leqslant 1}e^{-(x+y)}\,dx\,dy\leqslant\pi e^{\sqrt{2}}.$$

13. 计算二重积分 $\iint\limits_D e^{-(x^2+y^2-\pi)}\sin(x^2+y^2)\,dx\,dy$，其中 $D=\{(x,\ y)\mid x^2+y^2\leqslant\pi\}$.

14. 计算

$$I=\int_0^a dx\int_{-x}^{-a+\sqrt{a^2-x^2}}\frac{dy}{\sqrt{x^2+y^2}\cdot\sqrt{4a^2-x^2-y^2}}\quad (a>0).$$

15. 设 $f(x)$ 在 $[0,1]$ 上连续，且 $\int_0^1 f(x)dx=1$，求 $\int_0^1 dx\int_x^1 f(x)f(y)dy$.

16. 设 $f(x)$ 在 $[0,1]$ 上单调减少，且 $f(x)>0$，证明：

$$\frac{\int_0^1 xf^2(x)dx}{\int_0^1 xf(x)dx}\leqslant\frac{\int_0^1 f^2(x)dx}{\int_0^1 f(x)dx}.$$

第八章　无穷级数

8.1　无穷级数的定义

有这样一个悖论：只要乌龟领先兔子一段距离 S_0，当兔子跑完距离 S_0，乌龟又向前爬了 S_1……这个过程可以无穷尽地延续下去．这显然是荒谬的，我们都知道兔子追上乌龟的时间为：$\frac{S_0}{\text{速度差}}$. 荒谬的原因在于：把这段时间分割成无穷多个时间段，造成始终"一爬一追"的过程这一假象.

问题的实质是：把乌龟爬的无穷多段路程加起来，看结果是否为一个有限数．如果是一个有限数，则兔子能追上乌龟.

由此引出新的数学概念——无穷级数．

定义 1　给定一无穷数列 a_1，a_2，…，a_n，…，称 $a_1+a_2+\cdots a_n+\cdots$ 为无穷级数，简称级数．式中各数叫作级数的项．利用累加记号 $\sum$ 可把上式表示为 $\sum\limits_{n=1}^{\infty} a_n$.

依次把级数的各项加起来，作和：

$$S_1=a_1,$$
$$S_2=a_1+a_2,$$
$$\cdots\cdots$$
$$S_n=a_1+a_2+\cdots+a_n,$$
$$\cdots\cdots$$

这些和就叫作级数的部分和.

部分和形成一个无穷数列 $\{S_n\}$.

定义 2　如果$\lim\limits_{n\to\infty}S_n=A$（$A$ 为常数），则称 A 就是级数 $\sum\limits_{n=1}^{\infty}a_n$ 的和，即

$$\lim_{n\to\infty}S_n=A=\sum_{n=1}^{\infty}a_n\ .$$

如果$\lim\limits_{n\to\infty}S_n$ 不存在，则称级数 $\sum\limits_{n=1}^{\infty}a_n$ 发散.

因此，$\sum\limits_{n=1}^{\infty}a_n$ 的敛散性与部分和数列 $\{S_n\}$ 的敛散性是一致的，讨论 $\sum\limits_{n=1}^{\infty}a_n$ 的敛散性就是讨论$\lim\limits_{n\to\infty}S_n$ 存在与否.

我们主要研究级数的两个问题：

（1）级数的敛散性；

（2）收敛级数的求和.

例 1　关于几何级数（等比级数）

$$a+aq+\cdots+aq^{n-1}+\cdots\quad (a\neq 0).$$

①当 $q\neq 1$ 时，部分和 $S_n=\dfrac{a(1-q^n)}{1-q}$.

如果$|q|<1$，那么$\lim\limits_{n\to\infty}q^n=0$，从而$\lim\limits_{n\to\infty}S_n=\dfrac{a}{1-q}$.

如果$|q|>1$，那么$\lim\limits_{n\to\infty}q^n=\infty$，从而$\lim\limits_{n\to\infty}S_n=\infty$.

②当 $q=1$ 时，部分和 $S_n=an\to\infty(n\to\infty)$.

当 $q=-1$ 时，$S_n=\begin{cases}a, & n=2k+1\\ 0, & n=2k\end{cases}$，此时$\lim\limits_{n\to\infty}S_n$ 不存在.

因此，关于几何级数 $\sum\limits_{n=1}^{\infty}aq^n$ 有如下结论：

当$|q|<1$ 时，$\sum\limits_{n=1}^{\infty}aq^n=\dfrac{a}{1-q}$.

当$|q|\geqslant 1$ 时，$\sum\limits_{n=1}^{\infty}aq^n$ 发散 .

例 2　调和级数 $\sum\limits_{n=1}^{\infty}\dfrac{1}{n}=1+\dfrac{1}{2}+\dfrac{1}{3}+\cdots+\dfrac{1}{n}+\cdots$发散 .

由数列的极限知识可知：$\left(1+\dfrac{1}{n}\right)^n<\mathrm{e}<\left(1+\dfrac{1}{n}\right)^{n+1}$，取对数后，整理，得

$$\frac{1}{n+1}<\ln\left(1+\frac{1}{n}\right)<\frac{1}{n}\ (n=1,\ 2,\ \cdots),$$

因此级数 $\sum\limits_{n=1}^{\infty}\dfrac{1}{n}$的部分和数列

$$S_n = 1+\frac{1}{2}+\cdots+\frac{1}{n}$$
$$>\ln(1+1)+\ln\left(1+\frac{1}{2}\right)+\cdots+\ln\left(1+\frac{1}{n}\right)$$
$$=\ln 2+(\ln 3-\ln 2)+\cdots+[\ln(n+1)-\ln(n)]$$
$$=\ln(n+1).$$

而 $\ln(n+1)\to+\infty(n\to\infty)$，从而 $\lim\limits_{n\to\infty}S_n=+\infty$.

因此 $\sum\limits_{n=1}^{\infty}\frac{1}{n}$ 发散．

例 3 级数 $\sum\limits_{n=1}^{\infty}(-1)^n=1-1+1-1+1+\cdots+(-1)^n+\cdots$ 发散．

部分和 $S_{2n}=0$，$S_{2n+1}=1$. 因此 $\lim\limits_{n\to\infty}S_n$ 不存在．

所以 $\sum\limits_{n=1}^{\infty}(-1)^n$ 发散．

例 4 级数 $\sum\limits_{n=1}^{\infty}\frac{\sqrt{n+1}-\sqrt{n}}{\sqrt{n(n+1)}}$ 收敛．

注意到 $a_n=\frac{\sqrt{n+1}-\sqrt{n}}{\sqrt{n(n+1)}}=\frac{1}{\sqrt{n}}-\frac{1}{\sqrt{n+1}}$.

$$\text{部分和 } S_n=\left(\frac{1}{1}-\frac{1}{\sqrt{2}}\right)+\left(\frac{1}{\sqrt{2}}-\frac{1}{\sqrt{3}}\right)+\cdots+\left(\frac{1}{\sqrt{n}}-\frac{1}{\sqrt{n+1}}\right)$$
$$=1-\frac{1}{\sqrt{n+1}},$$
$$\lim_{n\to\infty}S_n=1-\lim_{n\to\infty}\frac{1}{\sqrt{n+1}}=1,$$

因此 $\sum\limits_{n=1}^{\infty}\frac{\sqrt{n+1}-\sqrt{n}}{\sqrt{n(n+1)}}$ 收敛于 1.

例 5 对 $\sum\limits_{n=1}^{\infty}2^n$ 作如下推导：

设 $S=\sum\limits_{n=0}^{\infty}2^n$，于是

$$S=1+2+4+8+\cdots+2^n+\cdots$$
$$=1+2(1+2+4+\cdots+2^n+\cdots)$$
$$=1+2S,$$

得 $S=-1$.

判断推导是否正确．

解：不正确．

原因在于 $\sum\limits_{n=1}^{\infty}2^n$ 是几何级数且公比 $2>1$，级数发散到 $+\infty$，也就是 S 不是有限数.

在 $S=1+2S$ 中把 S 作为有限数来计算导致了错误．

例 6 已知：$\sum\limits_{n=1}^{\infty}a_n$ 收敛于 S，$\lim\limits_{n\to\infty}na_n=0$. 证明：$\sum\limits_{n=1}^{\infty}n(a_n-a_{n+1})$ 收敛，且 $\sum\limits_{n=1}^{\infty}n(a_n-a_{n+1})=\sum\limits_{n=1}^{\infty}a_n$．

证明：记 $S_n=a_1+a_2+\cdots+a_n$.

$\sum\limits_{n=1}^{\infty}n(a_n-a_{n+1})$ 的部分和为

$$\begin{aligned}\sigma_n&=(a_1-a_2)+2(a_2-a_3)+\cdots+n(a_n-a_{n+1})\\&=a_1+a_2+\cdots+a_n-na_{n+1}\\&=S_n-(n+1)a_{n+1}+a_{n+1},\end{aligned}$$

由 $\sum\limits_{n=1}^{\infty}a_n$ 收敛知，$a_n\to0$，$a_{n+1}\to0(n\to\infty)$.

由 $na_n\to0\Rightarrow(n+1)a_{n+1}\to0$，故

$$\lim_{n\to\infty}\sigma_n=\lim_{n\to\infty}S_n=S.$$

所以 $\sum\limits_{n=1}^{\infty}n(a_n-a_{n+1})$ 收敛，且 $\sum\limits_{n=1}^{\infty}n(a_n-a_{n+1})=\sum\limits_{n=1}^{\infty}a_n$. 证毕.

回到龟兔问题：设乌龟、兔子的速度比为 $q(q<1)$. 那么，乌龟的路程是一个无穷级数：

$$S_0+qS_0+\cdots+q^{n-1}S_0+\cdots,$$

由例 1 知：由于 $q<1$，故其和 $=\dfrac{S_0}{1-q}$.

这就表明龟兔无穷多段的路程总和是一个有限数 $\dfrac{S_0}{1-q}$，乌龟被兔子追上就是不可避免的事实.

习题 8.1

1. 求下列级数的和.

(1) $\sum\limits_{n=1}^{\infty}\dfrac{1}{(2n-1)；(2n+1)}$；　　(2) $\sum\limits_{n=1}^{\infty}\dfrac{2}{n(n+2)}$；

(3) $\sum\limits_{n=1}^{\infty}\left(\dfrac{1}{n+1}-\dfrac{2}{n+2}+\dfrac{1}{n+3}\right)$；　　(4) $\sum\limits_{n=1}^{\infty}(\sqrt{n+2}-2\sqrt{n+1}+\sqrt{n})$；

(5) $\sum\limits_{n=1}^{\infty}\dfrac{n}{(n+1)!}$.

2. 利用定义证明 $\sum\limits_{n=1}^{\infty}\dfrac{1}{n^2}$ 收敛.（提示：考虑 S_n 的单调有界性.）

3. 证明：级数 $\sum\limits_{n=1}^{\infty}(a_{n+1}-a_n)$ 收敛的充要条件是数列 $\{a_n\}$ 收敛.

8.2 级数的基本性质

性质1 去掉级数前面的有限项或在级数前面添加有限项不改变级数的敛散性，即 $\sum_{n=1}^{\infty} a_{k+n}$ 与 $\sum_{n=1}^{\infty} a_n$ 同敛散.

比较下面两个级数：

$$a_1+a_2+\cdots+a_k+a_{k+1}+\cdots+a_{k+n}+\cdots \tag{1}$$

与

$$a_{k+1}+\cdots+a_{k+n}+\cdots. \tag{2}$$

(2) 相当于 (1) 去掉前 k 项，(1) 相当于 (2) 前添加 k 项.

记 $C=a_1+a_2+\cdots+a_k$（是一个常数），S_n 是 (1) 的前 n 项和，σ_n 是 (2) 的前 n 项和.

当 n 足够大时，$\sigma_n=S_{k+n}-C$，因此当 $n\to\infty$ 时，σ_n 与 S_{n+k} 要么都收敛，要么都发散，即级数 $\sum_{n=1}^{\infty} a_n$ 与 $\sum_{n=k+1}^{\infty} a_n$ 同敛散.

性质2 设 c 为不为 0 的常数，则 $\sum_{n=1}^{\infty} a_n$ 与 $\sum_{n=1}^{\infty} ca_n$ 同敛散，且 $\sum_{n=1}^{\infty} a_n$ 收敛时，$\sum_{n=1}^{\infty} ca_n = c\sum_{n=1}^{\infty} a_n$.

证明： 记 $\sum_{n=1}^{\infty} a_n$ 的部分和为 S_n，$\sum_{n=1}^{\infty} ca_n$ 的部分和

$$\sigma_n=ca_1+ca_2+\cdots+ca_n=c(a_1+a_2+\cdots+a_n)=cS_n,$$

由于 $c\neq 0$，因此 σ_n 与 S_n 同敛散.

且当 $\lim\limits_{n\to\infty} S_n$ 存在时，$\lim\limits_{n\to\infty}\sigma_n=c\lim\limits_{n\to\infty}S_n$，即 $\sum_{n=1}^{\infty} ca_n=c\sum_{n=1}^{\infty} a_n$.

性质3 设级数 $\sum_{n=1}^{\infty} a_n$ 与 $\sum_{n=1}^{\infty} b_n$ 分别收敛于 A，B，则新的级数 $\sum_{n=1}^{\infty}(a_n\pm b_n)$ 收敛于 $A\pm B$.

证明： 设 $\sum_{n=1}^{\infty} a_n$、$\sum_{n=1}^{\infty} b_n$ 及 $\sum_{n=1}^{\infty}(a_n\pm b_n)$ 的部分和分别为 A_n，B_n，C_n. 那么

$$\begin{aligned}C_n&=(a_1\pm b_1)+(a_2\pm b_2)+\cdots+(a_n\pm b_n)\\&=(a_1+a_2+\cdots+a_n)\pm(b_1+b_2+\cdots+b_n)\\&=A_n\pm B_n.\end{aligned}$$

因此 $\lim\limits_{n\to\infty}C_n=\lim\limits_{n\to\infty}A_n\pm\lim\limits_{n\to\infty}B_n=A\pm B$.

推论 如果 $\sum_{n=1}^{\infty} a_n$ 收敛，$\sum_{n=1}^{\infty} b_n$ 发散，则 $\sum_{n=1}^{\infty}(a_n\pm b_n)$ 发散.

（该推论留作练习.）

对于两个发散级数，合并对应的项之后形成的新级数可能收敛，也可能发散. 例如，

合并两个发散级数 $\sum_{n=1}^{\infty}\frac{1}{n}$ 与 $\sum_{n=1}^{\infty}-\frac{1}{n}$ 对应的项，形成级数

$$0+0+\cdots+0+\cdots=0,$$

而合并 $\sum_{n=1}^{\infty}\frac{1}{n}$ 与 $\sum_{n=1}^{\infty}\frac{1}{n}$ 对应的项，形成的级数 $\sum_{n=1}^{\infty}\frac{2}{n}$ 发散.

性质 4 在收敛级数的任意位置加括号，形成的新级数仍然收敛且与原级数有相同的和.

证明： 记 $\sum_{n=1}^{\infty}a_n$ 的部分和为 S_n，且 $\lim\limits_{n\to\infty}S_n=A$. 则任意加括号后的级数的部分和为

$$(a_1+a_2+\cdots+a_{k_1})+(a_{k_1+1}+\cdots+a_{k_2})+\cdots+(a_{k_{n-1}+1}+\cdots+a_{k_n})=S_{k_n},$$

显然，$k_n\geqslant n$.

当 $n\to\infty$ 时，$\lim\limits_{n\to\infty}S_n=A$.

因为 $k_n\to\infty$，所以 $\lim\limits_{n\to\infty}S_{k_n}=\lim\limits_{k_n\to\infty}S_{k_n}=A$，即新级数收敛且与原级数的和相等.

注意 对于发散级数，加括号可改变级数的敛散性.

如对 $\sum_{n=1}^{\infty}(-1)^n$ 的相邻两项加括号，形成 $(-1+1)+(-1+1)+\cdots+(-1+1)+\cdots=0$.

推论 如果以某种方式加括号，得到的新级数发散，则原级数发散.

性质 5 级数 $\sum_{n=1}^{\infty}a_n$ 收敛的必要条件是：$\lim\limits_{n\to\infty}a_n=0$.

证明： 由于 $\sum_{n=1}^{\infty}a_n$ 收敛，因此 $\lim\limits_{n\to\infty}S_n=\lim\limits_{n\to\infty}S_{n-1}=c$，

$$\lim_{n\to\infty}a_n=\lim_{n\to\infty}(S_n-S_{n-1})=\lim_{n\to\infty}S_n-\lim_{n\to\infty}S_{n-1}=0.$$

注意，条件：$\lim\limits_{n\to\infty}a_n\neq 0$ 可以判定 $\sum_{n=1}^{\infty}a_n$ 发散，但是当 $\lim\limits_{n\to\infty}a_n=0$ 时，$\sum_{n=1}^{\infty}a_n$ 未必收敛.

例如：调和级数 $\sum_{n=1}^{\infty}\frac{1}{n}$，$\lim\limits_{n\to\infty}\frac{1}{n}=0$，但 $\sum_{n=1}^{\infty}\frac{1}{n}$ 发散.

我们再给出一个 $\sum_{n=1}^{\infty}a_n$ 收敛的充要条件：

性质 6 如果

(1) $\sum_{n=1}^{\infty}(a_{2n-1}+a_{2n})$ 收敛于 C，

(2) $\lim\limits_{n\to\infty}a_n=0$，

则 $\sum_{n=1}^{\infty}a_n$ 收敛，且 $\sum_{n=1}^{\infty}a_n=C$.

证明：（必要性）设 $\sum_{n=1}^{\infty}a_n$ 收敛于 C，即其部分和 S_n 收敛于 C，且 $\lim\limits_{n\to\infty}a_n=0$.

而 $\sum_{n=1}^{\infty}(a_{2n-1}+a_{2n})$ 的部分和为 S_{2n}，是 $\{S_n\}$ 的子数列，因此 S_{2n} 收敛于 C，即

$$\sum_{n=1}^{\infty}(a_{2n-1}+a_{2n})=\lim_{n\to\infty}S_{2n}=C.$$

（充分性）$\sum_{n=1}^{\infty}(a_{2n-1}+a_{2n})$ 收敛于 C，相当于 $\sum_{n=1}^{\infty}a_n$ 的前 $2n$ 项之和收敛于 C，即

$$\lim_{n\to\infty}S_{2n}=C.$$

$$\lim_{n\to\infty}S_{2n-1}=\lim_{n\to\infty}(S_{2n}-a_{2n})=\lim_{n\to\infty}S_{2n}-\lim_{n\to\infty}a_{2n}=C,$$

式中，$\{a_{2n}\}$ 是 $\{a_n\}$ 的子数列，由 $\lim_{n\to\infty}a_n=0\Rightarrow\lim_{n\to\infty}a_{2n}=0$.

$$\lim_{n\to\infty}S_{2n-1}=\lim_{n\to\infty}S_{2n}=C,$$

表明了无论 n 为奇数还是偶数，$\{S_n\}$ 的前 n 项和都收敛于 C，即

$$\lim_{n\to\infty}S_n=C.$$

从而 $\sum_{n=1}^{\infty}a_n=\lim_{n\to\infty}S_n=C$.

最后指出，性质 6 中条件（1）中的 $\sum_{n=1}^{\infty}(a_{2n-1}+a_{2n})$ 改为 $\sum_{n=1}^{\infty}(a_{p(n-1)+1}+a_{p(n-1)+2}+\cdots+a_{p(n-1)+p})$，结论仍然成立.

例 1 证明：级数 $\sum_{n=1}^{\infty}\frac{n}{100n+1}$ 发散.

证明： 因为 $\lim_{n\to\infty}a_n=\lim_{n\to\infty}\frac{n}{100n+1}=\frac{1}{100}\neq0$，所以根据收敛的必要条件知，级数发散.

例 2 如果级数 $\sum_{n=1}^{\infty}a_n$ 的部分和 $S_n=\frac{n}{100n+1}$，求 $\sum_{n=1}^{\infty}a_{n+2}$.

解： 由于 $\lim_{n\to\infty}S_n=\lim_{n\to\infty}\frac{n}{100n+1}=\frac{1}{100}$，所以

$$\sum_{n=1}^{\infty}a_n=\lim_{n\to\infty}S_n=\frac{1}{100},$$

由性质 1 知 $\sum_{n=1}^{\infty}a_{n+2}$ 收敛.

而 $\sum_{n=1}^{\infty}a_{n+2}=\sum_{n=1}^{\infty}a_n-a_1-a_2=\sum_{n=1}^{\infty}a_n-S_2$，故

$$\sum_{n=1}^{\infty}a_{n+2}=\frac{1}{100}-\frac{2}{201}=\frac{1}{20\,100}.$$

例 3 已知：$\sum_{n=1}^{\infty}(-1)^{n-1}a_n=2$，$\sum_{n=1}^{\infty}a_{2n}=3$，求 $\sum_{n=1}^{\infty}a_n$.

解： $\sum_{n=1}^{\infty}(-1)^{n-1}a_n=a_1-a_2+a_3-a_4+\cdots+(-1)^{n-1}a_n+\cdots=2$，

合并相邻两项，由性质 4 得

$$\sum_{n=1}^{\infty}(a_{2n-1}-a_{2n})=2.$$

$$\sum_{n=1}^{\infty}(a_{2n-1}+a_{2n})=\sum_{n=1}^{\infty}(a_{2n-1}-a_{2n})+2\sum_{n=1}^{\infty}a_{2n}=8.$$

又 $\sum_{n=1}^{\infty}(-1)^{n-1}a_n$ 收敛，由性质 5 知：$\lim_{n\to\infty}a_n=0$.

所以根据收敛的充要条件，得

$$\sum_{n=1}^{\infty}a_n=\sum_{n=1}^{\infty}(a_{2n-1}+a_{2n})=8.$$

例 4 判别 $\sum_{n=1}^{\infty}\left[\left(\frac{-1}{3}\right)^n+\frac{1}{10^{10}n}\right]$的敛散性.

解： $\sum_{n=1}^{\infty}\left(-\frac{1}{3}\right)^n$ 是以$-\frac{1}{3}$为公比的等比级数，收敛.

$\sum_{n=1}^{\infty}\frac{1}{10^{10}n}$与 $\sum_{n=1}^{\infty}\frac{1}{n}$同发散.

根据性质 3 的推论知，级数 $\sum_{n=1}^{\infty}\left[\left(\frac{-1}{3}\right)^n+\frac{1}{10^{10}n}\right]$发散.

习题 8.2

1. 已知 $\sum_{n=1}^{\infty}a_n$ 的部分和数列 $S_n=\frac{2n-1}{3n+1}$，求 $\sum_{n=1}^{\infty}a_{n+3}$.

2. 判别下列级数的敛散性.

(1) $\sum_{n=1}^{\infty}\frac{2n-1}{3n+1}$;　　(2) $\sum_{n=1}^{\infty}\frac{(-1)^n\cdot 3^{\frac{n}{2}}}{100\cdot 2^n}$;

(3) $\sum_{n=1}^{\infty}\frac{1}{n+10^{10}}$;　　(4) $\sum_{n=1}^{\infty}\left[\left(\frac{2}{3}\right)^n-\frac{2}{n}\right]$;

(5) $\sum_{n=1}^{\infty}\frac{-2}{n+2}$;　　(6) $\sum_{n=1}^{\infty}\frac{-2n+1}{n(n+1)}$.

3. 若级数 $\sum_{n=1}^{\infty}u_n$ 收敛，则发散级数是（　　）.

(A) $\sum_{n=1}^{\infty}100u_n$　　(B) $100+\sum_{n=1}^{\infty}u_n$

(C) $\sum_{n=1}^{\infty}u_{n+100}$　　(D) $\sum_{n=1}^{\infty}(100+u_n)$

4. 若级数 $\sum_{n=1}^{\infty}u_n$ 收敛，则下列结论不正确的是（　　）.

(A) $\lim_{n\to\infty}u_n=0$　　(B) $\sum_{n=1}^{\infty}ku_n$ 收敛

(C) $\sum_{n=1}^{\infty}(u_{2n-1}+u_{2n})$ 收敛　　(D) $\sum_{n=1}^{\infty}(u_{2n-1}-u_{2n})$ 收敛

8.3 正项级数

设 $a_n \geqslant 0(n=1, 2, \cdots)$，称级数 $\sum_{n=1}^{\infty} a_n = a_1 + a_2 + \cdots + a_n + \cdots$ 为正项级数.

正项级数的部分和数列 $\{S_n\}$ 显然满足：

$$S_{n+1} = S_n + a_{n+1} \geqslant S_n,$$

即 $\{S_n\}$ 是单调增加数列.

回忆数列极限的存在准则，我们就直接得到关于正项级数敛散性的基本定理：

(1) 如果 S_n 有上界，则 $\{S_n\}$ 收敛，即 $\sum_{n=1}^{\infty} a_n$ 收敛.

(2) 如果 S_n 无上界，则 $\sum_{n=1}^{\infty} a_n$ 发散到 $+\infty$.

下面讨论一下 p—级数 $\sum_{n=1}^{\infty} \frac{1}{n^p}$ 的敛散性（p 是任意实数）.

(1) 当 $p=1$ 时，$\sum_{n=1}^{\infty} \frac{1}{n}$ 为调和级数，

$$\begin{aligned} S_{2^n} &= 1 + \frac{1}{2} + \frac{1}{3} + \cdots + \frac{1}{2^n} \\ &= \left(1 + \frac{1}{2}\right) + \left(\frac{1}{3} + \frac{1}{4}\right) + \left(\frac{1}{5} + \frac{1}{6} + \frac{1}{7} + \frac{1}{8}\right) + \cdots + \left(\frac{1}{2^{n-1}+1} + \cdots + \frac{1}{2^n}\right) \\ &> \frac{1}{2} + \frac{1}{2} + \cdots + \frac{1}{2} \\ &= \frac{n}{2}, \end{aligned}$$

表明部分和 S_n 无上界且单调增加，因此 $\sum_{n=1}^{\infty} \frac{1}{n}$ 发散到 $+\infty$.

(2) 当 $p<1$ 时，$\sum_{n=1}^{\infty} \frac{1}{n^p}$ 比 $\sum_{n=1}^{\infty} \frac{1}{n}$ 的对应项大，即 $\frac{1}{n^p} > \frac{1}{n}$.

因此 $\sum_{n=1}^{\infty} \frac{1}{n^p}$ 更不可能有上界，只能发散到 $+\infty$.

(3) 当 $p>1$ 时，令 $\frac{1}{2^{p-1}} = r$，则 $0<r<1$.

由 $\frac{1}{2^p} + \frac{1}{3^p} < \frac{2}{2^p} = \frac{1}{2^{p-1}} = r$，得

$$\frac{1}{4^p} + \frac{1}{5^p} + \frac{1}{6^p} + \frac{1}{7^p} < \frac{4}{4^p} = \frac{1}{4^{p-1}} = \frac{1}{2^{2(p-1)}} = r^2,$$

……

$$\frac{1}{(2^{n-1})^p}+\frac{1}{(2^{n-1}+1)^p}+\cdots+\frac{1}{(2^n-1)^p}<\frac{2^{n-1}}{2^{(n-1)p}}=r^{n-1},$$

所以，$\forall n\in N^+$，$\{S_n\}$ 单调增加，且满足：

$$S_n\leqslant S_{2^n-1}<1+r+\cdots+r^{n-1}=\frac{1-r^n}{1-r}<\frac{1}{1-r},$$

即 $\{S_n\}$ 有上界，从而 $\{S_n\}$ 收敛，于是级数 $\sum\limits_{n=1}^{\infty}\frac{1}{n^p}$收敛.

因此，关于 p一级数 $\sum\limits_{n=1}^{\infty}\frac{1}{n^p}$有如下结论：

当 $p>1$ 时，级数收敛；

当 $p\leqslant 1$ 时，级数发散到$+\infty$.

定理 1（正项级数的比较定理） 设正项级数 $\sum\limits_{n=1}^{\infty}a_n$ 与 $\sum\limits_{n=1}^{\infty}b_n$ 满足 $a_n\leqslant b_n$（$n=1, 2, \cdots$）（也可以从第 N_0 项起）. 则 $\sum\limits_{n=1}^{\infty}b_n$ 收敛时，$\sum\limits_{n=1}^{\infty}a_n$ 收敛；$\sum\limits_{n=1}^{\infty}a_n$ 发散时，$\sum\limits_{n=1}^{\infty}b_n$ 发散.

证明：设 $\sum\limits_{n=1}^{\infty}a_n$ 与 $\sum\limits_{n=1}^{\infty}b_n$ 的部分和分别为 A_n，B_n.

由于 $a_n\leqslant b_n$，那么 $A_n\leqslant B_n$.

如果 $\sum\limits_{n=1}^{\infty}b_n$ 收敛，即 B_n 收敛，从而 B_n 有界，那么 A_n 有界，由正项级数敛散性的基本定理知：$\sum\limits_{n=1}^{\infty}a_n$ 收敛.

如果级数 $\sum\limits_{n=1}^{\infty}a_n$ 发散，那么 A_n 一定无上界，从而 B_n 无上界，因此 $\sum\limits_{n=1}^{\infty}b_n$ 发散. 证毕.

下述定理是比较定理的极限形式，在使用上更方便.

定理 2（比较定理的极限形式） 如果$\lim\limits_{n\to\infty}\frac{a_n}{b_n}=k$，则当 $0<k<\infty$时，$\sum\limits_{n=1}^{\infty}a_n$ 与 $\sum\limits_{n=1}^{\infty}b_n$ 同敛散；当 $k=0$ 且 $\sum\limits_{n=1}^{\infty}b_n$ 收敛时，$\sum\limits_{n=1}^{\infty}a_n$ 收敛；当 $k=+\infty$且 $\sum\limits_{n=1}^{\infty}b_n$ 发散时，$\sum\limits_{n=1}^{\infty}a_n$ 发散.

证明：当 $0<k<+\infty$时，由极限的定义：

$\forall\varepsilon>0$，$\exists N$，当 $n>N$ 时，$k-\varepsilon<\frac{a_n}{b_n}<k+\varepsilon$，即

$$(k-\varepsilon)b_n<a_n<(k+\varepsilon)b_n.$$

令 $\varepsilon=\frac{k}{2}$，则$\frac{k}{2}b_n<a_n<\frac{3k}{2}b_n$.

由比较定理知：若 $\sum\limits_{n=1}^{\infty}a_n$ 收敛，则 $\sum\limits_{n=1}^{\infty}\frac{k}{2}b_n$ 收敛，从而 $\sum\limits_{n=1}^{\infty}b_n$ 收敛；若 $\sum\limits_{n=1}^{\infty}a_n$ 发散，则 $\sum\limits_{n=1}^{\infty}\frac{3k}{2}b_n$ 发散，从而 $\sum\limits_{n=1}^{\infty}b_n$ 发散.

即 $\sum\limits_{n=1}^{\infty}a_n$ 与 $\sum\limits_{n=1}^{\infty}b_n$ 同敛散.

当 $k=0$ 时，由极限的定义：

$\forall\varepsilon>0$，$\exists N$，当 $n>N$ 时，$\frac{a_n}{b_n}<\varepsilon$.

取定 ε_0，则 $a_n<\varepsilon_0 b_n$.

由比较定理知，若 $\sum\limits_{n=1}^{\infty}b_n$ 收敛，则 $\sum\limits_{n=1}^{\infty}a_n$ 收敛.

当 $k=+\infty$ 时，由极限的定义：

$\forall G>0$，$\exists N$，当 $n>N$ 时，$\frac{a_n}{b_n}>G$.

取定 G_0，则 $a_n>G_0 b_n$.

由比较定理知，若 $\sum\limits_{n=1}^{\infty}b_n$ 发散，则 $\sum\limits_{n=1}^{\infty}a_n$ 发散. 证毕.

比较定理的极限形式实质上是两个无穷小 a_n 与 b_n 之间的比较（如果 a_n 与 b_n 不是无穷小，则 $\sum\limits_{n=1}^{\infty}a_n$ 与 $\sum\limits_{n=1}^{\infty}b_n$ 发散）.

$0<k<+\infty$ 表明 a_n 与 b_n 是同阶无穷小，形成的级数同敛散，即同阶同敛散.

$k=0$ 表明 a_n 是 b_n 的高阶无穷小. $\sum\limits_{n=1}^{\infty}b_n$ 收敛可保证 $\sum\limits_{n=1}^{\infty}a_n$ 收敛，即低阶收敛则高阶收敛.

$k=+\infty$ 表明 b_n 是 a_n 的高阶无穷小. $\sum\limits_{n=1}^{\infty}b_n$ 发散可保证 $\sum\limits_{n=1}^{\infty}a_n$ 发散，即高阶发散则低阶发散.

因此，在判断正项级数 $\sum\limits_{n=1}^{\infty}a_n$ 的敛散性时，尽可能地去找 a_n 的同阶无穷小或等价无穷小，不能确定其阶的（如 $\ln n$，a^n），可用高低阶原理去判别.

例 1 判断 $\sum\limits_{n=1}^{\infty}\frac{\sin^2 n}{2^n}$ 的敛散性.

解： 因为 $0<\frac{\sin^2 n}{2^n}\leqslant\frac{1}{2^n}$，而 $\sum\limits_{n=1}^{\infty}\frac{1}{2^n}=\frac{\frac{1}{2}}{1-\frac{1}{2}}=1$ 收敛，所以 $\sum\limits_{n=1}^{\infty}\frac{\sin^2 n}{2^n}$ 收敛.

例 2 判断 $\sum\limits_{n=1}^{\infty}\frac{1}{\sqrt{n(n+1)}}$ 的敛散性.

解： 因为 $\lim\limits_{n\to\infty}\frac{\frac{1}{\sqrt{n(n+1)}}}{\frac{1}{n}}=1$，即 $\frac{1}{\sqrt{n(n+1)}}\sim\frac{1}{n}$ $(n\to\infty)$，而 $\sum\limits_{n=1}^{\infty}\frac{1}{n}$ 发散，因此 $\sum\limits_{n=1}^{\infty}\frac{1}{\sqrt{n(n+1)}}$ 发散. 证毕.

例 3 判断 $\sum\limits_{n=1}^{\infty}\dfrac{1}{\sqrt{n(n^2-100)}}$ 的敛散性．

解：因为 $\dfrac{1}{\sqrt{n(n^2-100)}}\sim\dfrac{1}{\sqrt{n^3}}$ $(n\to\infty)$，而 $\sum\limits_{n=1}^{\infty}\dfrac{1}{n^{\frac{3}{2}}}$ 收敛，故 $\sum\limits_{n=1}^{\infty}\dfrac{1}{\sqrt{n(n^2-100)}}$ 收敛．

例 4 判断 $\sum\limits_{n=1}^{\infty}2^n\sin\dfrac{\pi}{3^n}$ 的敛散性．

解：因为 $2^n\sin\dfrac{\pi}{3^n}\sim 2^n\cdot\dfrac{\pi}{3^n}=\pi\cdot\left(\dfrac{2}{3}\right)^n$ $(n\to\infty)$，而 $\sum\limits_{n=1}^{\infty}\left(\dfrac{2}{3}\right)^n$ 是收敛的几何级数，故 $\sum\limits_{n=1}^{\infty}2^n\sin\dfrac{\pi}{3^n}$ 收敛．

例 5 判断 $\sum\limits_{n=1}^{\infty}\left(1-\cos\dfrac{\pi}{n}\right)$ 的敛散性．

解：因为 $1-\cos x\sim\dfrac{1}{2}x^2$ $(x\to0)$，$1-\cos\dfrac{\pi}{n}\sim\dfrac{1}{2}\cdot\dfrac{\pi^2}{n^2}$ $(n\to\infty)$，而 $\sum\limits_{n=1}^{\infty}\dfrac{1}{n^2}$ 是收敛的 p-级数，所以 $\sum\limits_{n=1}^{\infty}\left(1-\cos\dfrac{\pi}{n}\right)$ 收敛．

例 6 判断 $\sum\limits_{n=1}^{\infty}\dfrac{1}{1+a^n}(a>0)$ 的敛散性．

解：当 $a<1$ 时，$a^n\to0$，$\dfrac{1}{1+a^n}\to1$ $(n\to\infty)$，由级数收敛的必要条件知：$\sum\limits_{n=1}^{\infty}\dfrac{1}{1+a^n}$ 发散．

当 $a=1$ 时，$\dfrac{1}{1+a^n}=\dfrac{1}{2}$，同理，$\sum\limits_{n=1}^{\infty}\dfrac{1}{1+a^n}$ 发散．

当 $a>1$ 时，$\dfrac{\frac{1}{1+a^n}}{\frac{1}{a^n}}\to1$，即 $\dfrac{1}{1+a^n}\sim\dfrac{1}{a^n}$ $(n\to\infty)$，而 $\sum\limits_{n=1}^{\infty}\dfrac{1}{a^n}$ 是收敛的几何级数 $(a>1)$，故 $\sum\limits_{n=1}^{\infty}\dfrac{1}{1+a^n}$ 收敛．

总之，当 $0<a\leqslant1$ 时级数发散，当 $a>1$ 时，级数收敛．

例 7 判断 $\sum\limits_{n=1}^{\infty}\dfrac{\ln^{\beta}n}{n^{\alpha}}$ $(\alpha>0,\ \beta>0)$ 的敛散性．

解：当 $\alpha\leqslant1$ 时，$\dfrac{\ln^{\beta}n}{n^{\alpha}}\geqslant\dfrac{\ln^{\beta}n}{n}\geqslant\dfrac{1}{n}$（$n$ 足够大），而 $\sum\limits_{n=1}^{\infty}\dfrac{1}{n}$ 发散，故 $\sum\limits_{n=1}^{\infty}\dfrac{\ln^{\beta}n}{n^{\alpha}}$ 发散．

当 $\alpha>1$ 时，由于 $\ln^{\beta}n<n^r$（n 足够大）（因为 $\lim\limits_{n\to\infty}\dfrac{\ln^{\beta}n}{n^r}=0$，$r>0$），

$$\frac{\ln^{\beta}n}{n^{\alpha}}<\frac{1}{n^{\alpha-r}}.$$

由于 $\alpha>1$，可以选择 r 使 $\alpha-r>1$ $\left(\text{例如 } r=\dfrac{\alpha-1}{2}\right)$，当 $\alpha-r>1$ 时，$\sum\limits_{n=1}^{\infty}\dfrac{1}{n^{\alpha-r}}$ 是收敛的 p-级数．

故此时 $\sum_{n=1}^{\infty}\frac{\ln^{\beta}n}{n^{\alpha}}$收敛．

总之：当 $\alpha\leqslant1$ 时级数发散，当 $\alpha>1$ 时级数收敛．

注意，这里用到了极限$\lim\limits_{n\to\infty}\frac{\ln^{\beta}n}{n^{r}}=0$（$\forall\beta>0$，$r>0$）．

由极限定义知，当 n 足够大时，$\frac{\ln^{\beta}n}{n^{r}}<\varepsilon$. 特别地，取 $\varepsilon=1$，得 $\ln^{\beta}n<n^{r}$（n 足够大）对任意 $\beta>0$，$r>0$ 都是成立的．

因为 $\lim\limits_{x\to+\infty}\frac{\ln x}{x^{\frac{r}{\beta}}}\overset{\text{洛必达法则}}{=\!=\!=}\lim\limits_{x\to+\infty}\frac{\frac{1}{x}}{\frac{r}{\beta}\cdot x^{\frac{r}{\beta}-1}}=\lim\limits_{x\to+\infty}\frac{1}{\frac{r}{\beta}\cdot x^{\frac{r}{\beta}}}=0$，所以

$$\lim_{x\to+\infty}\frac{\ln^{\beta}x}{x^{r}}=\lim_{x\to+\infty}\left(\frac{\ln x}{x^{\frac{r}{\beta}}}\right)^{\beta}=0,$$

从而$\lim\limits_{n\to\infty}\frac{\ln^{\beta}n}{n^{r}}=0$.

例 8 判断 $\sum_{n=1}^{\infty}\frac{1}{n^{1+\frac{1}{n}}}$的敛散性．

解：因为$\frac{\frac{1}{n^{1+\frac{1}{n}}}}{\frac{1}{n}}\to1$，即$\frac{1}{n^{1+\frac{1}{n}}}\sim\frac{1}{n}$（$n\to\infty$），而 $\sum_{n=1}^{\infty}\frac{1}{n}$发散，故 $\sum_{n=1}^{\infty}\frac{1}{n^{1+\frac{1}{n}}}$发散．

例 9 判断 $\sum_{n=1}^{\infty}\frac{1}{(\ln n)^{p}}$（$p>0$）的敛散性．

解：因为$\frac{(\ln n)^{p}}{n}\to0$，从而$(\ln n)^{p}<n$（$n$ 足够大），即$\frac{1}{(\ln n)^{p}}>\frac{1}{n}$，所以 $\sum_{n=1}^{\infty}\frac{1}{(\ln n)^{p}}$发散．

例 10 判断 $\sum_{n=2}^{\infty}\frac{1}{(\ln n)^{n}}$的敛散性．

解：当 n 足够大时，$\ln n>2$，$\frac{1}{(\ln n)^{n}}<\frac{1}{2^{n}}$，而 $\sum_{n=1}^{\infty}\frac{1}{2^{n}}$收敛，故 $\sum_{n=2}^{\infty}\frac{1}{(\ln n)^{n}}$收敛．

例 11 判断 $\sum_{n=2}^{\infty}\frac{1}{(\ln n)^{\ln n}}$的敛散性．

解：因为$(\ln n)^{\ln n}=e^{\ln n\cdot\ln(\ln n)}=(e^{\ln n})^{\ln(\ln n)}=n^{\ln(\ln n)}$，而 $\ln(\ln n)\to+\infty$，当 n 足够大时，$\ln(\ln n)>2$. 从而$\frac{1}{(\ln n)^{\ln n}}<\frac{1}{n^{2}}$，故 $\sum_{n=2}^{\infty}\frac{1}{(\ln n)^{\ln n}}$ 收敛．

例 12 讨论级数 $\sum_{n=2}^{\infty}\frac{1}{n^{p}\ln n}$的敛散性．

（1）当 $p<1$ 时，$\lim\limits_{n\to\infty}\frac{n}{n^{p}\ln n}=+\infty$，故当 n 足够大时，$\frac{1}{n^{p}\ln n}>\frac{1}{n}$，而 $\sum_{n=1}^{\infty}\frac{1}{n}$发散，故

$\sum\limits_{n=2}^{\infty}\frac{1}{n^p\ln n}$发散.

(2) 当 $p>1$ 时，$\frac{1}{n^p\ln n}<\frac{1}{n^p}$ $(n\to\infty)$，而 $\sum\limits_{n=1}^{\infty}\frac{1}{n^p}$收敛，故 $\sum\limits_{n=2}^{\infty}\frac{1}{n^p\ln n}$收敛.

(3) 当 $p=1$ 时，根据积分中值定理知，$\frac{1}{n\ln n}>\int_n^{n+1}\frac{\mathrm{d}x}{x\ln x}$，级数 $\sum\limits_{n=2}^{\infty}\frac{1}{n\ln n}$的部分和 S_n：

$$\frac{1}{2\ln 2}+\frac{1}{3\ln 3}+\cdots+\frac{1}{n\ln n}>\int_2^{n+1}\frac{\mathrm{d}x}{x\ln x}=\ln\ln(n+1)-\ln\ln 2\to\infty,$$

即 S_n 无界，所以级数 $\sum\limits_{n=1}^{\infty}\frac{1}{n\ln n}$发散.

例 13　判别 $\sum\limits_{n=1}^{\infty}\left(\frac{1}{n}-\sin\frac{1}{n}\right)$的敛散性.

解：当 $0<x<\frac{\pi}{2}$时，$x>\sin x$. 因此$\frac{1}{n}>\sin\frac{1}{n}$.

介绍两种方法来寻找通项的阶：

方法一　令$\frac{1}{n}=x$，当 $n\to\infty$时，$x\to 0$. 令 $x-\sin x\sim cx^k$，则

$$1=\lim_{x\to 0}\frac{x-\sin x}{cx^k}\xlongequal{\text{洛必达法则}}\lim_{x\to 0}\frac{1-\cos x}{c\cdot k\cdot x^{k-1}}=\lim_{x\to 0}\frac{\frac{1}{2}x^2}{c\cdot k\cdot x^{k-1}}$$
$$=\lim_{x\to 0}\frac{1}{2ck\cdot x^{k-3}},$$

当且仅当 $k=3$ 时，上式极限成立. 此时，$c=\frac{1}{6}$，即 $x-\sin x\sim\frac{1}{6}x^3$，从而

$$\frac{1}{n}-\sin\frac{1}{n}\sim\frac{1}{6}\cdot\frac{1}{n^3}.$$

故 $\sum\limits_{n=1}^{\infty}\left(\frac{1}{n}-\sin\frac{1}{n}\right)$收敛.

方法二　利用 $\sin x$ 的麦克劳林展开式：

$$\sin x=x-\frac{x^3}{6}+o(x^3)$$

从而　$\sin\frac{1}{n}=\frac{1}{n}-\frac{1}{6}\cdot\frac{1}{n^3}+o\left(\frac{1}{n^3}\right)$，$\frac{1}{n}-\sin\frac{1}{n}=\frac{1}{6}\cdot\frac{1}{n^3}-o\left(\frac{1}{n^3}\right)$，

$$\frac{1}{n}-\sin\frac{1}{n}\sim\frac{1}{6}\cdot\frac{1}{n^3}.$$

以下解法同方法一.

例 14　给定三个级数 $\sum\limits_{n=1}^{\infty}a_n$，$\sum\limits_{n=1}^{\infty}b_n$，$\sum\limits_{n=1}^{\infty}c_n$，满足 $a_n\leqslant b_n\leqslant c_n$.

(1) 若 $\sum_{n=1}^{\infty} a_n$ 与 $\sum_{n=1}^{\infty} c_n$ 都发散，判断 $\sum_{n=1}^{\infty} b_n$ 的敛散性．

(2) 若 $\sum_{n=1}^{\infty} a_n$ 与 $\sum_{n=1}^{\infty} c_n$ 都收敛，判断 $\sum_{n=1}^{\infty} b_n$ 的敛散性．

解：(1) 令 $a_n=-\frac{1}{n}$，$c_n=\frac{1}{n}$，$-\frac{1}{n}\leqslant b_n\leqslant\frac{1}{n}$.

$\sum_{n=1}^{\infty} a_n$ 与 $\sum_{n=1}^{\infty} c_n$ 都发散，而 $\sum_{n=1}^{\infty} b_n$ 可能收敛，也可能发散．例如：

当 $b_n=\frac{1}{n^2}$时，满足$-\frac{1}{n}<\frac{1}{n^2}<\frac{1}{n}$，$\sum_{n=1}^{\infty} b_n$ 收敛；

当 $b_n=\frac{1}{n+1}$时，满足$-\frac{1}{n}<\frac{1}{n+1}<\frac{1}{n}$，$\sum_{n=1}^{\infty} b_n$ 发散．

(2) 由 $a_n\leqslant b_n\leqslant c_n$ 可得：$0\leqslant b_n-a_n\leqslant c_n-a_n$.

从而 $\sum_{n=1}^{\infty}(b_n-a_n)$ 与 $\sum_{n=1}^{\infty}(c_n-a_n)$ 都是正项级数，且 $\sum_{n=1}^{\infty}(c_n-a_n)=\sum_{n=1}^{\infty} c_n-\sum_{n=1}^{\infty} a_n$ 收敛．

由比较定理，得：$\sum_{n=1}^{\infty}(b_n-a_n)$ 收敛．

所以，$\sum_{n=1}^{\infty} b_n=\sum_{n=1}^{\infty}[(b_n-a_n)+a_n]=\sum_{n=1}^{\infty}(b_n-a_n)+\sum_{n=1}^{\infty} a_n$ 收敛．

例 15 已知正项级数 $\sum_{n=1}^{\infty} a_n$ 收敛，证明：级数 $\sum_{n=1}^{\infty}\frac{\sqrt{a_n}}{n}$收敛．

证明：由于 $\sum_{n=1}^{\infty} a_n$ 收敛，$\sum_{n=1}^{\infty}\frac{1}{n^2}$收敛，所以 $\sum_{n=1}^{\infty}\left(a_n+\frac{1}{n^2}\right)$收敛．因为

$$a_n+\frac{1}{n^2}\geqslant 2\sqrt{\frac{a_n}{n^2}}=\frac{2\sqrt{a_n}}{n}\text{（均值不等式）},$$

由比较定理可得：$\sum_{n=1}^{\infty}\frac{\sqrt{a_n}}{n}$收敛．证毕.

例 16 已知级数 $\sum_{n=1}^{\infty}|a_n|$收敛，$\lim\limits_{n\to\infty} b_n$ 存在，证明：$\sum_{n=1}^{\infty}|a_nb_n|$收敛．

证明：由于$\lim\limits_{n\to\infty} b_n$ 存在，所以 b_n 有界，即$\exists M>0$，使$|b_n|<M$.

从而$|a_nb_n|<M|a_n|$．而 $\sum_{n=1}^{\infty}|a_n|$收敛，从而$M\sum_{n=1}^{\infty}|a_n|$收敛．

由比较定理知级数 $\sum_{n=1}^{\infty}|a_nb_n|$收敛．证毕.

对于负项级数，它与对应的正项级数具有相同的敛散性．因此常常转化为正项级数来讨论敛散性．正项级数与负项级数统称保号级数．

需要注意的是，比较判别法只能用于正项级数，对于非保号级数一般不适用. 如例 14 中的问题（1）．

下面再介绍两个关于正项级数的敛散性的判别方法．

1．比值判别法（达朗贝尔判别法）

设 $\sum_{n=1}^{\infty} a_n$ 是正项级数，若 $\lim_{n\to\infty}\frac{a_{n+1}}{a_n}=\rho$，则当 $\rho<1$ 时 $\sum_{n=1}^{\infty} a_n$ 收敛，当 $\rho>1$ 时 $\sum_{n=1}^{\infty} a_n$ 发散，当 $\rho=1$ 时 $\sum_{n=1}^{\infty} a_n$ 的敛散性不定．

证明：（1）如果 $\rho<1$，由极限的定义，取小于 $1-\rho$ 的 ε，如 $\varepsilon=\frac{1-\rho}{2}$. $\exists N$，当 $n>N$ 时，有

$$\rho-\varepsilon<\frac{a_{n+1}}{a_n}<\rho+\varepsilon \quad 或 \quad \frac{3\rho-1}{2}<\frac{a_{n+1}}{a_n}<\frac{1+\rho}{2}<1.$$

由 $a_{n+1}<\frac{1+\rho}{2}a_n$，得

$$a_n<\frac{1+\rho}{2}a_{n-1},$$

……

$$a_{N+2}<\frac{1+\rho}{2}a_{N+1},$$

$$\Rightarrow a_{n+1}<\left(\frac{1+\rho}{2}\right)^{n-N}a_{N+1}.$$

由于 N 是固定数，所以 a_{N+1} 也是常数，且 $\frac{1+\rho}{2}<1$. 那么

$$\sum_{n=N+1}^{\infty}\left(\frac{1+\rho}{2}\right)^{n-N}a_{N+1}=a_{N+1}\sum_{n=N+1}^{\infty}\left(\frac{1+\rho}{2}\right)^{n-N}$$

是公比小于 1 的几何级数，是收敛的．

于是由比较定理，得 $\sum_{n=N+1}^{\infty} a_n$ 收敛，由级数的敛散性质知：$\sum_{n=1}^{\infty} a_n$ 收敛．

（2）如果 $\rho>1$，令 $\varepsilon=\frac{\rho-1}{2}$，则 $\exists N$，$\forall n>N$，使得 $\frac{a_{n+1}}{a_n}>\rho-\varepsilon=\frac{\rho+1}{2}>1$，即

$$0<a_N<a_{N+1}<\cdots<a_n<a_{n+1}<\cdots,$$

当 $n\to\infty$ 时，级数通项 a_n 不趋于 0，从而级数 $\sum_{n=1}^{\infty} a_n$ 发散.

（3）如果 $\rho=1$，则级数敛散性不定. 例如，级数 $\sum_{n=1}^{\infty}\frac{1}{n}$ 与 $\sum_{n=1}^{\infty}\frac{1}{n^2}$，前者发散，后者收敛，但都满足 $\lim_{n\to\infty}\frac{a_{n+1}}{a_n}=1$. 证毕.

2．根值判别法（柯西判别法）

设 $\sum_{n=1}^{\infty} a_n$ 是正项级数，若 $\lim_{n\to\infty}\sqrt[n]{a_n}=\rho$，则当 $\rho<1$ 时 $\sum_{n=1}^{\infty} a_n$ 收敛，当 $\rho>1$ 时 $\sum_{n=1}^{\infty} a_n$ 发散，

当 $\rho=1$ 时 $\sum\limits_{n=1}^{\infty} a_n$ 的敛散性不定．

证明方法与比值判别法一样．（留作练习.）

在两种判别法中，$\rho=1$ 时级数的敛散性不定．

对于发散级数 $\sum\limits_{n=1}^{\infty}\frac{1}{n}$，

$$\lim_{n\to\infty}\frac{\frac{1}{n+1}}{\frac{1}{n}}=1,\quad \lim_{n\to\infty}\sqrt[n]{\frac{1}{n}}=1;$$

对于收敛级数 $\sum\limits_{n=1}^{\infty}\frac{1}{n^2}$，

$$\lim_{n\to\infty}\frac{\frac{1}{(n+1)^2}}{\frac{1}{n^2}}=1,\quad \lim_{n\to\infty}\sqrt[n]{\frac{1}{n^2}}=1.$$

例 17 判断 $\sum\limits_{n=2}^{\infty}\frac{1}{(\ln n)^n}$ 的敛散性．

解： 因为 $\rho=\lim\limits_{n\to\infty}\sqrt[n]{\frac{1}{(\ln n)^n}}=\lim\limits_{n\to\infty}\frac{1}{\ln n}=0$，故 $\sum\limits_{n=2}^{\infty}\frac{1}{(\ln n)^n}$ 收敛．

例 18 判断 $\sum\limits_{n=1}^{\infty}\frac{x^n}{n!}$（$x>0$）的敛散性．

解： 因为 $\rho=\lim\limits_{n\to\infty}\frac{\frac{x^{n+1}}{(n+1)!}}{\frac{x^n}{n!}}=\lim\limits_{n\to\infty}\frac{x}{n+1}=0$，故 $\sum\limits_{n=1}^{\infty}\frac{x^n}{n!}(x>0)$ 收敛．

例 19 已知：$x>0$，$\lim\limits_{n\to\infty}a_n=a(a\geqslant 0)$，判别 $\sum\limits_{n=2}^{\infty}\left(\frac{x}{a_n}\right)^n$ 的敛散性．

解： $\rho=\lim\limits_{n\to\infty}\sqrt[n]{\left(\frac{x}{a_n}\right)^n}=\lim\limits_{n\to\infty}\frac{x}{a_n}$.

当 $\lim\limits_{n\to\infty}a_n=a=0$ 时，$\rho=+\infty$，级数发散．

当 $\lim\limits_{n\to\infty}a_n=a=+\infty$ 时，$\rho=0$，级数收敛．

当 $0<a<+\infty$ 时，$\rho=\frac{x}{a}$，那么当 $x<a$ 时级数收敛，当 $x>a$ 时级数发散，当 $x=a$ 时级数的敛散性不定.

例 20 判别 $\sum\limits_{n=1}^{\infty}nx^{n-1}$（$x>0$）的敛散性．

解： $\rho=\lim\limits_{n\to\infty}\frac{(n+1)x^n}{nx^{n-1}}=x\lim\limits_{n\to\infty}\frac{n+1}{n}=x$.

当 $x<1$ 时，$\sum\limits_{n=1}^{\infty}nx^{n-1}$ 收敛；当 $x>1$ 时，$\sum\limits_{n=1}^{\infty}nx^{n-1}$ 发散；当 $x=1$ 时，$\sum\limits_{n=1}^{\infty}nx^{n-1}=\sum\limits_{n=1}^{\infty}n$

发散．

例 21 判别 $\sum_{n=1}^{\infty} n!\left(\frac{x}{n}\right)^n$ （$x>0$）的敛散性．

解： $\rho=\lim_{n\to\infty}\frac{(n+1)!\left(\frac{x}{n+1}\right)^{n+1}}{n!\left(\frac{x}{n}\right)^n}=\lim_{n\to\infty}\left(\frac{n}{1+n}\right)^n x=\lim_{n\to\infty}\frac{x}{\left(1+\frac{1}{n}\right)^n}=\frac{x}{\mathrm{e}}.$

当 $x<\mathrm{e}$ 时，级数收敛；当 $x>\mathrm{e}$ 时，级数发散；当 $x=\mathrm{e}$ 时，$\rho=1$.

但是当 $x=\mathrm{e}$ 时 $\frac{a_{n+1}}{a_n}=\frac{\mathrm{e}}{\left(1+\frac{1}{n}\right)^n}$，$\left(1+\frac{1}{n}\right)^n$ 单增地趋于 e，即 $\mathrm{e}>\left(1+\frac{1}{n}\right)^n$，故 $a_{n+1}>a_n$，亦即 $\{a_n\}$ 单调增加且 $a_n>0$. 因此 $\lim_{n\to\infty}a_n\neq0$，由收敛的必要条件知 $\sum_{n=1}^{\infty} n!\left(\frac{x}{n}\right)^n$ 发散．

例 22 设 $a_n>0$，且 $\lim_{n\to\infty}\frac{\ln\frac{1}{a_n}}{\ln n}=l>1$. 证明 $\sum_{n=1}^{\infty}a_n$ 收敛．

证明： 由极限的定义，$\forall\varepsilon>0$，$\exists N$，当 $n>N$ 时，$\frac{\ln\frac{1}{a_n}}{\ln n}>l-\varepsilon$.

特别地，当 $\varepsilon=\frac{l-1}{2}>0$ 时，有

$$\ln\frac{1}{a_n}>\frac{1+l}{2}\ln n\Rightarrow\frac{1}{a_n}>n^{\frac{1+l}{2}},$$

即 $a_n<\frac{1}{n^{\frac{1+l}{2}}}$，而 $\frac{1+l}{2}>1$，$\sum_{n=1}^{\infty}\frac{1}{n^{\frac{1+l}{2}}}$ 收敛．从而由正项级数的判别法知 $\sum_{n=1}^{\infty}a_n$ 收敛．证毕.

设 $a_n>0$，且 $\lim_{n\to\infty}\frac{\ln\frac{1}{a_n}}{\ln n}=l\leqslant1$，证明：$\sum_{n=1}^{\infty}a_n$ 发散．(留作练习.)

例 23 $\{a_n\}$ 是单调增加的有界数列，证明 $\sum_{n=1}^{\infty}\left(1-\frac{a_n}{a_{n+1}}\right)$ 收敛．

证明： 由于 $\{a_n\}$ 单调增加，因此 $1-\frac{a_n}{a_{n+1}}\geqslant0$. 故 $\sum_{n=1}^{\infty}\left(1-\frac{a_n}{a_{n+1}}\right)$ 是正项级数．

其部分和：
$$\begin{aligned}S_n&=\left(1-\frac{a_1}{a_2}\right)+\left(1-\frac{a_2}{a_3}\right)+\cdots+\left(1-\frac{a_n}{a_{n+1}}\right)\\&=\frac{a_2-a_1}{a_2}+\frac{a_3-a_2}{a_3}+\cdots+\frac{a_{n+1}-a_n}{a_{n+1}}\\&\leqslant\frac{(a_2-a_1)+(a_3-a_2)+\cdots+(a_{n+1}-a_n)}{a_2}\\&=\frac{a_{n+1}-a_1}{a_2}.\end{aligned}$$

由于 $\{a_n\}$ 有界，设 $|a_n|\leqslant M$ ($M>0$)，则

$$0\leqslant S_n\leqslant\frac{1}{|a_2|}(|a_{n+1}|+|a_1|)\leqslant\frac{2M}{|a_2|},$$

从而 $\{S_n\}$ 有界．由正项级数的基本定理知 $\{S_n\}$ 收敛，即 $\sum\limits_{n=1}^{\infty}\left(1-\frac{a_n}{a_{n+1}}\right)$收敛．

例 24 设 $a_n>0$，$\sum\limits_{n=1}^{\infty}a_n$ 发散．讨论 $\sum\limits_{n=1}^{\infty}\frac{a_n}{1+a_n}$的敛散性．

解：方法一 其通项 $b_n=\frac{a_n}{1+a_n}$，显然 $b_n>0$.

(1) 当 $a_n\geqslant 1$ 时，$b_n\geqslant\frac{1}{2}$，$\sum\limits_{n=1}^{\infty}\frac{1}{2}$发散，从而 $\sum\limits_{n=1}^{\infty}b_n$ 发散．

(2) 当 $a_n<1$ 时，$b_n=\frac{a_n}{1+a_n}>\frac{a_n}{2}$，$\sum\limits_{n=1}^{\infty}a_n$ 发散，从而 $\sum\limits_{n=1}^{\infty}b_n$ 发散．

方法二 (1) 如果 $a_n\not\to 0(n\to\infty)$，那么 $b_n=\frac{a_n}{1+a_n}=1-\frac{1}{1+a_n}\not\to 0$. 从而 $\sum\limits_{n=1}^{\infty}\frac{a_n}{1+a_n}$发散．

(2) 如果 $a_n\to 0\ (n\to\infty)$，由极限的定义：$\forall\varepsilon>0$，$\exists N$，当 $n>N$ 时，$a_n<\varepsilon$．

特别地，有：$a_n<1$，从而 $b_n=\frac{a_n}{1+a_n}>\frac{a_n}{2}$. 由 $\sum\limits_{n=1}^{\infty}a_n$ 发散知，$\sum\limits_{n=1}^{\infty}b_n$ 发散．

例 25 判断命题是否成立：

如果 $a_n\sim b_n\ (n\to\infty)$，则 $\sum\limits_{n=1}^{\infty}a_n$ 与 $\sum\limits_{n=1}^{\infty}b_n$ 同敛散．

解： 不成立．

等价判别仅适用于正项级数．

例如：$a_n=\frac{(-1)^n}{\sqrt{n}}$，$b_n=\frac{(-1)^n}{\sqrt{n}}+\frac{1}{n}$，则 $a_n\sim b_n\ (n\to\infty)$，但 $\sum\limits_{n=1}^{\infty}\frac{(-1)^n}{\sqrt{n}}$收敛，而 $\sum\limits_{n=1}^{\infty}\left(\frac{(-1)^n}{\sqrt{n}}+\frac{1}{n}\right)$发散．

习题 8.3

1. 判别级数的敛散性.

(1) $\sum\limits_{n=1}^{\infty}\ln\left(1+\frac{1}{n}\right)$；

(2) $\sum\limits_{n=1}^{\infty}(e^{\frac{1}{n^2}}-1)$；

(3) $\sum\limits_{n=1}^{\infty}\frac{\sin\frac{\pi}{n}}{\sqrt{n}}$；

(4) $\sum\limits_{n=1}^{\infty}\left[\sqrt[3]{1+\frac{1}{\sqrt{n}}}-1\right]$；

(5) $\sum\limits_{n=1}^{\infty}[\sqrt{n}-\sqrt[4]{n^2+1}]$；

(6) $\sum\limits_{n=1}^{\infty}\left[\frac{1}{n}-\ln\frac{n+1}{n}\right]$；

(7) $\sum\limits_{n=2}^{\infty}\frac{1}{\ln n}$；

(8) $\sum\limits_{n=1}^{\infty}\frac{(n!)^2}{(2n)!}$；

(9) $\sum\limits_{n=1}^{\infty}\frac{n^n}{(n+1)^{n+2}}$；

(10) $\sum\limits_{n=1}^{\infty}\left(\frac{3n+2}{2n+3}\right)^n$；

(11) $\sum\limits_{n=1}^{\infty}\frac{5}{(2\arctan n)^n}$； (12) $\sum\limits_{n=1}^{\infty}\frac{n^2}{\left(1+\frac{1}{n}\right)^{n^2}}$；

(13) $\sum\limits_{n=1}^{\infty}\int_0^{\frac{1}{n}}\frac{\sqrt{x}}{1+x}\mathrm{d}x$.

2. 讨论级数的敛散性.

(1) $\sum\limits_{n=1}^{\infty}\frac{b^n}{n^a}$ $(a>0,\ b>0)$； (2) $\sum\limits_{n=1}^{\infty}\frac{p^n\cdot n!}{n^n}$ $(p>0)$；

(3) $\sum\limits_{n=2}^{\infty}\frac{1}{n(\ln n)^p}$.

3. 已知 $\sum\limits_{n=1}^{\infty}u_n^2$ 与 $\sum\limits_{n=1}^{\infty}v_n^2$ 都收敛，证明：$\sum\limits_{n=1}^{\infty}(u_n+v_n)^2$ 收敛.

4. 已知 $a_n>0$，$b_n>0$，且满足$\frac{a_{n+1}}{a_n}\leqslant\frac{b_{n+1}}{b_n}$.

证明：若 $\sum\limits_{n=1}^{\infty}b_n$ 收敛，则 $\sum\limits_{n=1}^{\infty}a_n$ 收敛；若 $\sum\limits_{n=1}^{\infty}a_n$ 发散，则 $\sum\limits_{n=1}^{\infty}b_n$ 发散.

5. 设 $a_n=\int_0^{\frac{\pi}{4}}\tan^n x\,\mathrm{d}x$.

(1) 求级数 $\sum\limits_{n=1}^{\infty}\frac{a_n+a_{n+2}}{n}$的和.

(2) 证明：$\forall\lambda>0$，级数 $\sum\limits_{n=1}^{\infty}\frac{a_n}{n^\lambda}$收敛.

8.4 交错级数

形如，$a_1-a_2+a_3-a_4+\cdots+(-1)^{n-1}a_n+\cdots=\sum\limits_{n=1}^{\infty}(-1)^{n-1}a_n(a_n>0)$ 的级数称为交错级数 .

定理 1（莱布尼茨判别法）

如果交错级数 $\sum\limits_{n=1}^{\infty}(-1)^{n-1}a_n$ $(a_n>0,\ n=1,\ 2,\ 3,\ \cdots)$ 满足：

(1) $a_n\geqslant a_{n+1}$，

(2) $\lim\limits_{n\to\infty}a_n=0$，

则 $\sum\limits_{n=1}^{\infty}(-1)^{n-1}a_n$ 收敛，且其和 $S\leqslant a_1$，去掉前 n 项的余项 r_n 收敛，满足$|r_n|\leqslant a_{n+1}$.

证明：考虑合并相邻两项形成的级数 $\sum\limits_{n=1}^{\infty}(a_{2n-1}-a_{2n})$ 的敛散性即可 .

它的部分和 $S_n=(a_1-a_2)+(a_3-a_4)+\cdots+(a_{2n-1}-a_{2n})$，由条件 (1) 知，满足 $S_n\geqslant S_{n-1}\geqslant 0$，即 $\{S_n\}$ 单调增加 .

$S_n=a_1-(a_2-a_3)-(a_4-a_5)-\cdots-(a_{2n-2}-a_{2n-1})-a_{2n}\leqslant a_1$，即 $\{S_n\}$ 有上界．

因此由极限存在准则可知：$\lim\limits_{n\to\infty}S_n$ 存在，且 $\lim\limits_{n\to\infty}S_n=S\leqslant a_1$，即 $\sum\limits_{n=1}^{\infty}(a_{2n-1}-a_{2n})$ 收敛．

再由于 $\lim\limits_{n\to\infty}a_n=0$，由收敛的充要条件知：$\sum\limits_{n=1}^{\infty}(-1)^{n-1}a_n=\sum\limits_{n=1}^{\infty}(a_{2n-1}-a_{2n})$ 收敛.

去掉级数的前 n 项后，

$$r_n=(-1)^n a_{n+1}+(-1)^{n+1}a_{n+2}+\cdots+(-1)^{n+m}a_{n+m+1}+\cdots$$

仍然是一个交错级数，且满足上述两个条件．因此，r_n 收敛，且 $|r_n|\leqslant a_{n+1}$．证毕．

莱布尼茨判别条件只是级数收敛的充分不必要条件，当级数不满足莱布尼茨判别条件时，可考虑级数收敛的充要条件.

例 1　判断 $\sum\limits_{n=1}^{\infty}(-1)^{n-1}\dfrac{1}{n^p}$ 的敛散性（$p>0$）.

解：由于 $p>0$，故 $\lim\limits_{n\to\infty}\dfrac{1}{n^p}=0$，且 $\dfrac{1}{(n+1)^p}<\dfrac{1}{n^p}$，所以由莱布尼茨判别法知，原级数收敛．

例 2　判别交错级数：

$$\frac{1}{\sqrt{2}-1}-\frac{1}{\sqrt{2}+1}+\frac{1}{\sqrt{3}-1}-\frac{1}{\sqrt{3}+1}+\cdots+\frac{1}{\sqrt{n}-1}-\frac{1}{\sqrt{n}+1}+\cdots$$

的敛散性.

解：无论是 $\dfrac{1}{\sqrt{n}-1}$ 还是 $\dfrac{1}{\sqrt{n}+1}$，该级数的通项都趋于 0. 但是它不具有单调性，不能用莱布尼茨判别法．

合并相邻两项后的级数为

$$\sum_{n=2}^{\infty}\left(\frac{1}{\sqrt{n}-1}-\frac{1}{\sqrt{n}+1}\right)=\sum_{n=2}^{\infty}\frac{2}{n-1}$$

是发散级数．

由收敛的充要条件知：该级数发散．

例 3　证明级数 $\sum\limits_{n=1}^{\infty}\dfrac{(-1)^{n-1}}{n^{1+\frac{1}{n}}}$ 收敛．

证明：首先，$0<\dfrac{1}{n^{1+\frac{1}{n}}}<\dfrac{1}{n}$，由夹逼定理知：$\dfrac{1}{n^{1+\frac{1}{n}}}\to 0\ (n\to\infty)$.

下面考察函数 $\dfrac{1}{x^{1+\frac{1}{x}}}=x^{-\left(1+\frac{1}{x}\right)}$ （$x>1$）的单调性．

由于 $\ln f(x)=-\left(1+\dfrac{1}{x}\right)\ln x$ 与 $f(x)$ 具有相同的单调性，故可考察 $-\left(1+\dfrac{1}{x}\right)\ln x$ （$x>1$）的单调性．其导数为

$$\frac{\ln x-x-1}{x^2}.$$

上式分子的导数为

$$(\ln x-x-1)'=\frac{1}{x}-1<0(x>1),$$

所以 $\ln x-x-1$ 是（1，$+\infty$）内的单调减函数，满足

$$\ln x-x-1<\ln 1-1-1<0,$$

从而 $$\frac{\ln x-x-1}{x^2}<0\ (x>1),$$

即 $\ln f(x)$ 单调减少，从而 $f(x)$（$x>1$）单调减少，因此

$$\frac{1}{n^{1+\frac{1}{n}}}>\frac{1}{(n+1)^{1+\frac{1}{n+1}}}.$$

由莱布尼茨判别法知，级数收敛.

习题 8.4

1. 判别级数的敛散性.

(1) $\sum\limits_{n=1}^{\infty}\frac{(-1)^n}{\sqrt{n}}$；

(2) $\sum\limits_{n=1}^{\infty}\left[\frac{(-1)^n}{\sqrt{n}}+\frac{1}{n}\right]$；

(3) $\sum\limits_{n=1}^{\infty}\sin\left(n\pi+\frac{1}{n}\right)$；

(4) $\sum\limits_{n=2}^{\infty}(-1)^n\frac{\ln n}{n}$；

(5) $\sum\limits_{n=1}^{\infty}(-1)^{n-1}\frac{n^n}{(n+1)^{n+1}}$.

2. 证明级数 $\frac{1}{\sqrt{2}}-\frac{1}{2}+\frac{1}{\sqrt{3}}-\frac{1}{\sqrt{3}}+\cdots+\frac{(-1)^n}{\sqrt{n}}-\frac{1}{n}+\cdots$ 发散.

8.5 任意项级数

定理 1 如果 $\sum\limits_{n=1}^{\infty}|a_n|$ 收敛，则 $\sum\limits_{n=1}^{\infty}a_n$ 收敛.

证明：在级数 $a_1+a_2+\cdots+a_n+\cdots$ 中把所有负项变为 0，即成为一个正项级数，令

$$u_n=\frac{a_n+|a_n|}{2}=\begin{cases}a_n, & a_n>0\\ 0, & a_n<0\end{cases}.$$

同理

$$v_n=\frac{a_n-|a_n|}{2}=\begin{cases}a_n, & a_n<0\\ 0, & a_n>0\end{cases}$$

是负项级数，那么

$0 \leqslant u_n \leqslant |a_n|$ ，$0 \leqslant -v_n \leqslant |a_n|$.

由正项级数的比较定理知：如果 $\sum_{n=1}^{\infty} |a_n|$ 收敛，那么 $\sum_{n=1}^{\infty} u_n$ 与 $\sum_{n=1}^{\infty} -v_n$ 都收敛．

再由级数的性质知：$\sum_{n=1}^{\infty}(u_n+v_n)=\sum_{n=1}^{\infty} a_n$ 收敛．证毕．

如果记 $A=\sum_{n=1}^{\infty} a_n$ ，$B=\sum_{n=1}^{\infty} \frac{a_n+|a_n|}{2}$，$C=\sum_{n=1}^{\infty} \frac{a_n-|a_n|}{2}$，那么

$$A=B+C.$$

定义 1 如果 $\sum_{n=1}^{\infty} |a_n|$ 收敛，则称 $\sum_{n=1}^{\infty} a_n$ 绝对收敛．如果 $\sum_{n=1}^{\infty} |a_n|$ 发散，但 $\sum_{n=1}^{\infty} a_n$ 收敛，则称 $\sum_{n=1}^{\infty} a_n$ 条件收敛．

由定理 1 及定义 1 可知：

级数绝对收敛取决于它的正项级数与它的负项级数都收敛．

（1）当正项级数 $\sum_{n=1}^{\infty} \frac{a_n+|a_n|}{2}$ 与负项级数 $\sum_{n=1}^{\infty} \frac{a_n-|a_n|}{2}$ 都收敛时，则

$$\sum_{n=1}^{\infty} |a_n| = \sum_{n=1}^{\infty} \frac{a_n+|a_n|}{2} - \sum_{n=1}^{\infty} \frac{a_n-|a_n|}{2},$$

$$\sum_{n=1}^{\infty} a_n = \sum_{n=1}^{\infty} \frac{a_n+|a_n|}{2} + \sum_{n=1}^{\infty} \frac{a_n-|a_n|}{2}.$$

（2）当 $\sum_{n=1}^{\infty} \frac{a_n+|a_n|}{2}$ 与 $\sum_{n=1}^{\infty} \frac{a_n-|a_n|}{2}$ 中有一个收敛、一个发散时，$\sum_{n=1}^{\infty} |a_n|$ 与 $\sum_{n=1}^{\infty} a_n$ 都发散．

（3）当 $\sum_{n=1}^{\infty} \frac{a_n+|a_n|}{2}$ 与 $\sum_{n=1}^{\infty} \frac{a_n-|a_n|}{2}$ 都发散时，那么由正项级数的判别法：

$$|a_n| \geqslant \frac{a_n+|a_n|}{2}$$

知：$\sum_{n=1}^{\infty} |a_n|$ 发散．

因此，如果 $\sum_{n=1}^{\infty} a_n$ 条件收敛，那么 $\sum_{n=1}^{\infty} \frac{a_n+|a_n|}{2}$ 与 $\sum_{n=1}^{\infty} \frac{a_n-|a_n|}{2}$ 都发散.

$\sum_{n=1}^{\infty} a_n$ 绝对收敛的充要条件是：$\sum_{n=1}^{\infty} \frac{a_n+|a_n|}{2}$ 与 $\sum_{n=1}^{\infty} \frac{a_n-|a_n|}{2}$ 都收敛．

我们给出一个绝对收敛的判别定理：

对于任意项级数 $\sum_{n=1}^{\infty} a_n$ ，记 $\rho=\lim_{n\to\infty}\left|\frac{a_{n+1}}{a_n}\right|$．如果 $\rho<1$，则 $\sum_{n=1}^{\infty} a_n$ 绝对收敛；如果 $\rho>1$，则 $\sum_{n=1}^{\infty} a_n$ 发散．

证明：当 $\rho<1$ 时，由正项级数的比值判别法知：$\sum\limits_{n=1}^{\infty}|a_n|$ 收敛，即 $\sum\limits_{n=1}^{\infty}a_n$ 绝对收敛．

当 $\rho>1$ 时，由极限的保序性知：

$$\exists N，当 n>N 时，\left|\frac{a_{n+1}}{a_n}\right|>1.$$

说明 $\{|a_n|\}$ 单调增加，那么 $\lim\limits_{n\to\infty}|a_n|\neq 0$；从而 $\lim\limits_{n\to\infty}a_n\neq 0$，由收敛的必要条件，知：$\sum\limits_{n=1}^{\infty}a_n$ 发散．证毕．

需要指出，这个方法对根值判别法也是适用的.

例 1 判断级数 $\sum\limits_{n=1}^{\infty}\dfrac{(-1)^{n-1}}{n^p}$ 的敛散性．

解：级数的绝对值级数为 $\sum\limits_{n=1}^{\infty}\dfrac{1}{n^p}$.

当 $p>1$ 时，级数绝对收敛．

当 $0<p\leqslant 1$ 时，级数 $\sum\limits_{n=1}^{\infty}\dfrac{1}{n^p}$ 发散，但 $\sum\limits_{n=1}^{\infty}\dfrac{(-1)^{n-1}}{n^p}$ 收敛，因此 $\sum\limits_{n=1}^{\infty}\dfrac{(-1)^{n-1}}{n^p}$ 条件收敛．

当 $p\leqslant 0$ 时，通项不趋于 0，级数发散．

例 2 判别级数 $\sum\limits_{n=2}^{\infty}\sin\left(n\pi+\dfrac{1}{\ln n}\right)$ 的敛散性．

解：$\sin\left(n\pi+\dfrac{1}{\ln n}\right)=(-1)^n\sin\dfrac{1}{\ln n}$,

其绝对值级数为 $\sum\limits_{n=2}^{\infty}\sin\dfrac{1}{\ln n}$,

$$\sin\frac{1}{\ln n}\sim\frac{1}{\ln n}>\frac{1}{n}(n\to\infty).$$

由正项级数的比较判别法知：$\sum\limits_{n=2}^{\infty}\sin\dfrac{1}{\ln n}$ 发散．

另外，当 $n\to\infty$ 时，

$$\frac{1}{\ln n}>\frac{1}{\ln(n+1)},\ \sin\frac{1}{\ln n}>\sin\frac{1}{\ln(n+1)},$$

且 $$\lim_{n\to\infty}\sin\frac{1}{\ln n}=0,$$

由莱布尼茨判别法知：$\sum\limits_{n=2}^{\infty}(-1)^n\sin\dfrac{1}{\ln n}$ 收敛．

所以级数 $\sum\limits_{n=2}^{\infty}\sin\left(n\pi+\dfrac{1}{\ln n}\right)$ 条件收敛．

例 3 证明级数 $\sum\limits_{n=1}^{\infty}\dfrac{(-1)^{n+1}n!}{2^{n^2}}$ 绝对收敛．

证明：由比值判别法，

$$\lim_{n\to\infty}\left|\frac{\frac{(-1)^{n+2}(n+1)!}{2^{(n+1)^2}}}{\frac{(-1)^{n+1}n!}{2^{n^2}}}\right|$$

$$=\lim_{n\to\infty}\frac{n+1}{2^{(n+1)^2-n^2}}$$

$$=\lim_{n\to\infty}\frac{n+1}{2^{2n+1}}$$

$$=0,$$

故级数 $\sum\limits_{n=1}^{\infty}\frac{(-1)^{n+1}n!}{2n^2}$ 绝对收敛.

例 4　讨论级数 $\sum\limits_{n=1}^{\infty}\frac{a^n}{3^{\sqrt{n}}}$ 的敛散性.

解：方法一　利用比值判别法：

$$\frac{\left|\frac{a^{n+1}}{3^{\sqrt{n+1}}}\right|}{\left|\frac{a^n}{3^{\sqrt{n}}}\right|}=\frac{|a|}{3^{\sqrt{n+1}-\sqrt{n}}}\to|a|.$$

由于 $\sqrt{n+1}-\sqrt{n}=\frac{1}{\sqrt{n+1}+\sqrt{n}}\to0$ $(n\to\infty)$，故

$$3^{\sqrt{n+1}-\sqrt{n}}\to1\quad(n\to\infty).$$

当 $|a|<1$ 时，级数绝对收敛.

当 $|a|>1$ 时，级数发散.

当 $|a|=1$ 时，形成级数 $\sum\limits_{n=1}^{\infty}\frac{(-1)^n}{3^{\sqrt{n}}}$ 与 $\sum\limits_{n=1}^{\infty}\frac{1}{3^{\sqrt{n}}}$.

由于 $\lim\limits_{n\to\infty}\frac{\ln n}{\sqrt{n}}=0$，所以当 $n\to\infty$ 时，有

$$3^{\sqrt{n}}>3^{\ln n}=e^{\ln n\cdot\ln 3}=n^{\ln 3},$$

从而 $\frac{1}{3^{\sqrt{n}}}<\frac{1}{n^{\ln 3}}$.

由 $\sum\limits_{n=1}^{\infty}\frac{1}{n^{\ln 3}}$ 收敛知，$\sum\limits_{n=1}^{\infty}\frac{(-1)^n}{3^{\sqrt{n}}}$ 与 $\sum\limits_{n=1}^{\infty}\frac{1}{3^{\sqrt{n}}}$ 都绝对收敛.

综上可得：当 $|a|>1$ 时，级数发散；当 $|a|\leqslant1$ 时，级数收敛.

方法二　利用根值判别法：

$$\sqrt[n]{\frac{|a|^n}{3^{\sqrt{n}}}}=\left(\frac{1}{3}\right)^{\frac{\sqrt{n}}{n}}|a|\to|a|\ (n\to\infty)$$

式中，$\frac{\sqrt{n}}{n}\to 0$，$\left(\frac{1}{3}\right)^{\frac{\sqrt{n}}{n}}\to 1$（$n\to\infty$）.

当$|a|<1$时，级数绝对收敛.

当$|a|>1$时，级数发散.

当$|a|=1$时，分析同方法一.

例 5 讨论级数$\sum\limits_{n=1}^{\infty}\frac{(-1)^{n-1}}{n^{1+\frac{1}{n}}}$的敛散性.

解：一方面，其绝对值级数为$\sum\limits_{n=1}^{\infty}\frac{1}{n^{1+\frac{1}{n}}}$，与$\sum\limits_{n=1}^{\infty}\frac{1}{n}$同发散.

另一方面，$\sum\limits_{n=1}^{\infty}\frac{(-1)^{n-1}}{n^{1+\frac{1}{n}}}$满足莱布尼茨定理的条件，故收敛.

综上所述，级数条件收敛.

例 6 已知$\sum\limits_{n=1}^{\infty}u_n$绝对收敛，$\sum\limits_{n=1}^{\infty}v_n$条件收敛.

证明：$\sum\limits_{n=1}^{\infty}(u_n\pm v_n)$条件收敛.

证明：由于$\sum\limits_{n=1}^{\infty}u_n$与$\sum\limits_{n=1}^{\infty}v_n$都收敛，所以$\sum\limits_{n=1}^{\infty}(u_n\pm v_n)$收敛.

如果$\sum\limits_{n=1}^{\infty}(u_n+v_n)$绝对收敛，即$\sum\limits_{n=1}^{\infty}|u_n+v_n|$收敛. 从而$\sum\limits_{n=1}^{\infty}(|u_n+v_n|+|u_n|)$收敛.

由$0\leqslant|v_n|=|u_n+v_n-u_n|\leqslant|u_n+v_n|+|u_n|$且$\sum\limits_{n=1}^{\infty}(|u_n+v_n|+|u_n|)$收敛，可得：$\sum\limits_{n=1}^{\infty}|v_n|$绝对收敛，与$\sum\limits_{n=1}^{\infty}v_n$条件收敛矛盾. 故$\sum\limits_{n=1}^{\infty}(u_n+v_n)$条件收敛. 同理可证$\sum\limits_{n=1}^{\infty}(u_n-v_n)$条件收敛. 证毕.

例 7 判别$\sum\limits_{n=1}^{\infty}(-1)^n\left(e^{\frac{1}{\sqrt{n}}}-1-\frac{1}{\sqrt{n}}\right)$的敛散性.

解：由于$e^x=1+x+\frac{x^2}{2}+\frac{x^3}{6}+o(x^3)$，所以

$$e^{\frac{1}{\sqrt{n}}}=1+\frac{1}{\sqrt{n}}+\frac{1}{2n}+\frac{1}{6}\cdot\frac{1}{n^{\frac{3}{2}}}+o\left(\frac{1}{n^{\frac{3}{2}}}\right),$$

$$(-1)^n\left(e^{\frac{1}{\sqrt{n}}}-1-\frac{1}{\sqrt{n}}\right)=\frac{(-1)^n}{2n}+\frac{1}{6}\frac{(-1)^n}{n^{\frac{3}{2}}}+o\left(\frac{1}{n^{\frac{3}{2}}}\right),$$

$\sum\limits_{n=1}^{\infty}\frac{(-1)^n}{2n}$条件收敛，$\sum\limits_{n=1}^{\infty}\frac{(-1)^n}{n^{\frac{3}{2}}}$绝对收敛.

由$\frac{\left|o\left(\frac{1}{n^{\frac{3}{2}}}\right)\right|}{n^{\frac{3}{2}}}\to 0$，可得$\sum\limits_{n=1}^{\infty}o\left(\frac{1}{n^{\frac{3}{2}}}\right)$绝对收敛.

根据例 6，得级数 $\sum\limits_{n=1}^{\infty}(-1)^n\left(e^{\frac{1}{\sqrt{n}}}-1-\frac{1}{\sqrt{n}}\right)$条件收敛.

下面介绍收敛级数的性质.

性质 1 收敛级数具有可结合性.

如果 $a_1+a_2+\cdots+a_n+\cdots$收敛，那么新的级数：

$$(a_1+\cdots+a_{k_1})+(a_{k_1+1}+\cdots+a_{k_2})+\cdots+(a_{k_{n-1}+1}+\cdots+a_{k_n})+\cdots$$

收敛，且与原级数有相同的和.（证明见 8.2 节“级数的基本性质”.）

性质 2 绝对收敛级数具有可交换性.

如果 $a_1+a_2+\cdots+a_n+\cdots$绝对收敛，那么以任意方式交换级数的项的位置，形成的新级数 $a_1'+a_2'+\cdots+a_n'+\cdots$收敛，且与 $a_1+a_2+\cdots+a_n+\cdots$的和相同.

证明：分两个步骤来证明.

(1) 若 $\sum\limits_{n=1}^{\infty}a_n$ 是正项级数，且收敛，记 $\sum\limits_{n=1}^{\infty}a_n=S$，则重新分配级数的项后得 $\sum\limits_{n=1}^{\infty}a_n'$，记其部分和为 S_n'. 由于 $a_1'=a_{K_1}$，$a_2'=a_{K_2}$，…，$a_n'=a_{K_n}$，故取 $n'=\max\{K_1,K_2,\cdots,K_n\}$，那么

$$\begin{aligned}S_n'&=a_1'+a_2'+\cdots+a_n'\\&=a_{K_1}+a_{K_2}+\cdots+a_{K_n}\\&\leqslant a_1+a_2+\cdots+a_{n'}\\&=S_{n'}\\&\leqslant S,\end{aligned}$$

即 $\{S_n'\}$ 有界.

由正项级数敛散性的基本定理知：$\lim\limits_{n\to\infty}S_n'$收敛且$\lim\limits_{n\to\infty}S_n'=S'\leqslant S$.

反之，由 $\sum\limits_{n=1}^{\infty}a_n'=S'$，重新配置项使之回到 $\sum\limits_{n=1}^{\infty}a_n$.

同理有 $S\leqslant S'$.

所以，$S=S'$，即 $\sum\limits_{n=1}^{\infty}a_n=\sum\limits_{n=1}^{\infty}a_n'$.

(2) 设 $\sum\limits_{n=1}^{\infty}a_n$ 是任意项级数，且绝对收敛. 由于

$$\sum_{n=1}^{\infty}a_n=\sum_{n=1}^{\infty}\frac{a_n+|a_n|}{2}-\sum_{n=1}^{\infty}\frac{|a_n|-a_n}{2},$$

其中，$\sum\limits_{n=1}^{\infty}\frac{a_n+|a_n|}{2}$与$\sum\limits_{n=1}^{\infty}\frac{|a_n|-a_n}{2}$都是正项级数，所以重新配置 $\sum\limits_{n=1}^{\infty}a_n$ 中的项就是重新配置上述两个正项级数的项，由于 (1) 的证明，重新配置后不改变两个正项级数的和，所以重新配置后的级数 $\sum\limits_{n=1}^{\infty}a_n'=\sum\limits_{n=1}^{\infty}a_n$. 证毕.

习题 8.5

1. 下列级数中绝对收敛的是（　　）.

(A) $\sum_{n=1}^{\infty}\frac{(-1)^n n}{3n+2}$ (B) $\sum_{n=1}^{\infty}(-1)^{n-1}\frac{n!}{3^n}$

(C) $\sum_{n=1}^{\infty}(-1)^n\frac{n^3}{2^n}$ (D) $\sum_{n=1}^{\infty}\frac{(-1)^{n-1}\sqrt{n}}{n+1\,000}$

2. 下列级数中条件收敛的是（ ）.

(A) $\sum_{n=1}^{\infty}\frac{(-1)^n n}{3n^3+2}$ (B) $\sum_{n=1}^{\infty}(-1)^{n-1}\frac{n!}{3^n}$

(C) $\sum_{n=1}^{\infty}(-1)^n\frac{n^3}{a^n}$ (D) $\sum_{n=1}^{\infty}\frac{(-1)^{n-1}}{\sqrt{n}+1\,000}$

3. 设常数 $\lambda>0$ 且级数 $\sum_{n=1}^{\infty}a_n^2$ 收敛，则级数 $\sum_{n=1}^{\infty}(-1)^n\frac{a_n}{\sqrt{n^2+\lambda}}$（ ）.

(A) 发散 (B) 条件收敛

(C) 绝对收敛 (D) 不确定

4. 已知 $u_n=(-1)^n\ln\left(1+\frac{2}{\sqrt{n}}\right)$，判别级数 $\sum_{n=1}^{\infty}u_n$ 与 $\sum_{n=1}^{\infty}u_n^2$ 的敛散性（指明绝对收敛与条件收敛）.

5. 判别级数的敛散性（指明绝对收敛与条件收敛）.

(1) $\sum_{n=1}^{\infty}\sin\left(n\pi+\frac{1}{n}\right)$； (2) $\sum_{n=1}^{\infty}\frac{\cos(na)}{n^2+1}$；

(3) $\sum_{n=1}^{\infty}(-1)^{n-1}\frac{n^n}{(n+1)^{n+1}}$； (4) $\sum_{n=1}^{\infty}\ln\left(1+\frac{(-1)^{n-1}}{n}\right)$；

(5) $\sum(-1)^n\frac{\ln(n!)}{n^\lambda}$ $(\lambda>2)$.

8.6 幂级数

8.6.1 函数项级数的概念

设 $u_n(x)(n=0,1,2,\cdots)$ 为定义在某实数集 D 上的函数序列，称 $\sum_{n=0}^{\infty}u_n(x)=u_0(x)+u_1(x)+\cdots+u_n(x)+\cdots$ 为定义在 D 上的函数项级数.

对于给定的 $x_0\in D$，它对应一个常数项级数 $\sum_{n=0}^{\infty}u_n(x_0)$. 如果 $\sum_{n=0}^{\infty}u_n(x_0)$ 收敛，则称函数项级数 $\sum_{n=0}^{\infty}u_n(x)$ 在点 x_0 处收敛，称 x_0 为级数的收敛点；如果 $\sum_{n=0}^{\infty}u_n(x_0)$ 发散，则称函数项级数 $\sum_{n=0}^{\infty}u_n(x)$ 在点 x_0 处发散，称 x_0 为级数的发散点.

$\sum_{n=0}^{\infty}u_n(x)$ 的全体收敛点的集合称为 $\sum_{n=0}^{\infty}u_n(x)$ 的收敛域.

对于收敛域中的每个 x，函数项级数 $\sum\limits_{n=0}^{\infty} u_n(x)$ 都有唯一确定的和与之对应，称为 x 的和函数．记为 $S(x)$，有：$\sum\limits_{n=0}^{\infty} u_n(x)=S(x)$.

记函数项级数 $\sum\limits_{n=0}^{\infty} u_n(x)$ 的部分和为 $S_n(x)$，则

$$S_n(x)=u_0(x)+u_1(x)+\cdots+u_{n-1}(x),$$

那么，在收敛域内，$S(x)=\lim\limits_{n\to\infty}S_n(x)$．

例如，$\sum\limits_{n=0}^{\infty} x^n=1+x+x^2+\cdots+x^n+\cdots$，则

当 $|x|<1$ 时，$S_n(x)=1+x+x^2+\cdots+x^{n-1}=\dfrac{1-x^n}{1-x}\to\dfrac{1}{1-x}$ $(n\to\infty)$；

当 $|x|>1$ 时，$S_n(x)$ 发散；

当 $|x|=1$ 时，$\sum\limits_{n=1}^{\infty} 1$ 与 $\sum\limits_{n=1}^{\infty}(-1)^n$ 都发散．

因此，$\sum\limits_{n=0}^{\infty} x_n$ 的收敛域为 $(-1,\ 1)$．

$\forall x\in(-1,\ 1)$，和函数 $S(x)=\sum\limits_{n=0}^{\infty} x_n=\lim\limits_{n\to\infty}S_n=\dfrac{1}{1-x}$.

注意，在极限 $\lim\limits_{n\to\infty}S_n$ 中，n 是变量，x 是固定的数．

通过定义及例子我们可以知道，函数项级数 $\sum\limits_{n=1}^{\infty} u_n(x)$ 是一种非初等形式的函数．

和函数 $S(x)=\sum\limits_{n=0}^{\infty} x^n=\dfrac{1}{1-x}$，其定义域为 $x\in(-1,\ 1)$，而初等函数 $\dfrac{1}{1-x}$ 的定义域为 $x\neq1$. 因此，$\sum\limits_{n=0}^{\infty} x^n$ 与 $\dfrac{1}{1-x}$ 仅在 $x\in(-1,\ 1)$ 时相等，是不同的函数．

8.6.2　幂级数及幂级数的收敛区间

形如 $\sum\limits_{n=0}^{\infty} a_n x^n=a_0+a_1x+a_2x^2+\cdots+a_nx^n+\cdots$ 的无穷级数称为幂级数．

对于一般形 $\sum\limits_{n=0}^{\infty} a_n(x-x_0)^n=a_0+a_1(x-x_0)+a_2(x-x_0)^2+\cdots+a_n(x-x_0)^n+\cdots$ 可以通过换元 $t=x-x_0$ 化为标准形式 $\sum\limits_{n=0}^{\infty} a_n t^n$.

阿贝尔定理　如果幂级数 $\sum\limits_{n=0}^{\infty} a_n x^n$ 在异于 0 的点 x_0 处收敛，则 $\sum\limits_{n=0}^{\infty} a_n x^n$ 在 $|x|<|x_0|$ 的范围内绝对收敛；如果 $\sum\limits_{n=0}^{\infty} a_n x^n$ 在异于 0 的点 x_0 处发散，则 $\sum\limits_{n=0}^{\infty} a_n x^n$ 在 $|x|>|x_0|$ 的范围内发散．

证明：由于 $\sum_{n=0}^{\infty}a_nx^n$ 在点 x_0 处收敛，那么由收敛的必要条件，得：$\lim\limits_{n\to\infty}a_nx_0^n=0$，从而 $a_nx_0^n$ 有界．

设 $|a_nx_0^n|\leqslant M$，$M>0$（$n=1$，2，…），于是当 $|x|<|x_0|$ 时，

$$|a_nx^n|=|a_nx_0^n|\cdot\left|\frac{x^n}{x_0^n}\right|\leqslant M\left|\frac{x}{x_0}\right|^n.$$

而 $\sum_{n=0}^{\infty}M\left|\frac{x}{x_0}\right|^n$ 是一个公比为 $\left|\frac{x}{x_0}\right|<1$ 的几何级数，是收敛的．因此，由正项级数的比较判别法知：$\sum_{n=0}^{\infty}|a_nx^n|$ 收敛，即 $\sum_{n=0}^{\infty}a_nx^n$ 绝对收敛．

如果 $\sum_{n=0}^{\infty}a_nx^n$ 在点 x_0 处发散，那么对于一切 $|x|>|x_0|$，$\sum_{n=0}^{\infty}a_nx^n$ 发散．否则，$\exists x_1$，当 $|x_1|>|x_0|$ 时，$\sum_{n=0}^{\infty}a_nx_1^n$ 收敛，那么由上面的讨论知，$\sum_{n=0}^{\infty}a_nx_0^n$ 绝对收敛．

与已知矛盾．证毕.

由阿贝尔定理可知，幂级数 $\sum_{n=0}^{\infty}a_nx^n$ 的敛散区间如下：

$\sum_{n=0}^{\infty}a_nx^n$ 在 $(-|x_0|,\ |x_0|)$ 绝对收敛，在 $(-\infty,\ -|x_0|)$ 与 $(|x_0|,\ +\infty)$ 发散．

如果能找到这样的最大数 $|x_0|$，使 $\sum_{n=0}^{\infty}a_nx^n$ 在 $(-|x_0|,\ |x_0|)$ 内收敛，在 $(-\infty,\ -|x_0|)$ 与 $(|x_0|,\ +\infty)$ 内发散，则幂级数的敛散性就可以确定了．

称数 $|x_0|$ 为级数的收敛半径 R，$(-R,\ R)$ 称为收敛区间.

利用正项级数的比值判别法，有如下定理：

定理 1 设幂级数 $\sum_{n=0}^{\infty}a_nx^n$ 满足：

$$\lim_{n\to\infty}\left|\frac{a_{n+1}}{a_n}\right|=\rho,$$

则：(1) 当 $0<\rho<+\infty$ 时，有 $R=\frac{1}{\rho}$.

(2) 当 $\rho=0$ 时，有 $R=+\infty$.

(3) 当 $\rho=+\infty$ 时，有 $R=0$.

证明：取定 $x=x_0$，由比值判别法，得

$$\lim_{n\to\infty}\left|\frac{a_{n+1}x_0^{n+1}}{a_nx_0^n}\right|=\lim_{n\to\infty}\left|\frac{a_{n+1}}{a_n}\right||x_0|=\rho|x_0|.$$

(1) $0<\rho<+\infty$.

当 $\rho|x_0|<1$，即 $|x_0|<\frac{1}{\rho}$ 时，$\sum_{n=0}^{\infty}a_nx^n$ 收敛．当 $\rho|x_0|>1$，即 $|x_0|>\frac{1}{\rho}$ 时，$\sum_{n=0}^{\infty}a_nx^n$

发散. 因此，$R=\frac{1}{\rho}$.

（2）$\rho=0$.

$\rho|x_0|=0$，即 $\sum\limits_{n=0}^{\infty}a_nx^n$ 对任意 x_0 都绝对收敛. 因此，$R=+\infty$.

（3）$\rho=+\infty$.

仅当 $x_0=0$ 时，$\rho|x_0|=0$，$\sum\limits_{n=0}^{\infty}a_nx^n$ 收敛. 当 $x_0\neq 0$ 时，$\rho|x_0|\to+\infty$，$\sum\limits_{n=0}^{\infty}a_nx^n$ 发散. 因此，$R=0$. 证毕.

此方法也可用于根值判别法.

注意：$\sum\limits_{n=0}^{\infty}a_nx^n$ 在区间的端点 $\pm R$ 处的敛散性需单独确定.

例 1 求 $\sum\limits_{n=0}^{\infty}n!\,x^n$ 的收敛域.

解：因为 $\lim\limits_{n\to\infty}\frac{(n+1)!}{n!}=\lim\limits_{n\to\infty}(n+1)=+\infty$，所以 $R=0$，级数仅在 $x=0$ 处收敛.

例 2 求 $\sum\limits_{n=0}^{\infty}\frac{x^n}{n!}$ 的收敛域.

解：因为 $\lim\limits_{n\to\infty}\frac{\frac{1}{(n+1)!}}{\frac{1}{n!}}=\lim\limits_{n\to\infty}\frac{1}{n+1}=0$，所以 $R=+\infty$，级数对任意实数都绝对收敛.

例 3 求 $\sum\limits_{n=0}^{\infty}\frac{(-1)^nx^n}{n2^n}$ 的收敛域.

解：因为 $\lim\limits_{n\to\infty}\frac{\left|\frac{(-1)^{n+1}}{(n+1)2^{n+1}}\right|}{\left|\frac{(-1)^n}{n2^n}\right|}=\lim\limits_{n\to\infty}\frac{n}{n+1}\cdot\frac{1}{2}=\frac{1}{2}$，所以 $R=2$.

当 $x=2$ 时，级数为 $\sum\limits_{n=0}^{\infty}\frac{(-1)^n}{n}$，条件收敛.

当 $x=-2$ 时，级数为 $\sum\limits_{n=0}^{\infty}\frac{1}{n}$，发散.

故级数的收敛域为 $(-2, 2]$.

例 4 求 $\sum\limits_{n=1}^{\infty}\frac{(-1)^nx^{2n-1}}{n3^n}$ 的收敛域.

解：注意 $\sum\limits_{n=1}^{\infty}\frac{x^{2n-1}}{n3^n}$ 不是定理中的标准形式 $\sum\limits_{n=0}^{\infty}a_nx^n$，不能用此定理. 但可直接由正项级数的比值判别法来确定.

$$\lim_{n\to\infty}\frac{\left|\frac{x^{2n+1}}{(n+1)3^{n+1}}\right|}{\left|\frac{x^{2n-1}}{n3^n}\right|}=\lim_{n\to\infty}\frac{n}{n+1}\cdot\frac{x^2}{3}=\frac{x^2}{3}.$$

当 $x^2<3$，即 $-\sqrt{3}<x<\sqrt{3}$ 时，级数绝对收敛．

当 $x^2>3$，即 $x<-\sqrt{3}$ 或 $x>\sqrt{3}$ 时，级数发散．

当 $x=\sqrt{3}$ 时，级数为 $\sum\limits_{n=1}^{\infty}\dfrac{(-1)^n}{\sqrt{3}\cdot n}$，条件收敛．

当 $x=-\sqrt{3}$ 时，级数为 $\sum\limits_{n=1}^{\infty}\dfrac{(-1)^{n+1}}{\sqrt{3}\cdot n}$，条件收敛．

所以，收敛域为 $[-\sqrt{3},\sqrt{3}]$．

例 5　求 $\sum\limits_{n=1}^{\infty}\dfrac{(-1)^n}{2n+1}(3x-2)^n$ 的收敛半径及收敛域．

解：令 $3x-2=t$，原级数改写为 $\sum\limits_{n=1}^{\infty}\dfrac{(-1)^n}{2n+1}t^n$.

由 $\lim\limits_{n\to\infty}\dfrac{\left|\dfrac{(-1)^{n+1}}{2n+3}\right|}{\left|\dfrac{(-1)^n}{2n+1}\right|}=1$，知：

当 $|t|<1$，即 $|3x-2|<1\Rightarrow\dfrac{1}{3}<x<1$ 时，级数绝对收敛．

当 $|t|>1$，即 $x<\dfrac{1}{3}$ 或 $x>1$ 时，级数发散．

当 $x=\dfrac{1}{3}$ 时，级数为 $\sum\limits_{n=1}^{\infty}\dfrac{1}{2n+1}$，发散．

当 $x=1$ 时，级数为 $\sum\limits_{n=1}^{\infty}\dfrac{(-1)^n}{2n+1}$，条件收敛．

所以级数的收敛域为 $\left(\dfrac{1}{3},1\right]$，收敛半径为 $\dfrac{1}{3}$，收敛的中心点在 $x=\dfrac{2}{3}$.

8.6.3　幂级数的求和问题

幂级数的基本性质

定理 2　设幂级数 $\sum\limits_{n=0}^{\infty}a_nx^n$ 的收敛半径为 R（$R>0$），则在（$-R$，R）内，

（1）和函数 $S(x)$ 是连续函数，即 $\forall x_0\in(-R,R)$，

$$\lim_{x\to x_0}S(x)=S(x_0)$$

或

$$\lim_{x\to x_0}\sum_{n=0}^{\infty}a_nx^n=\sum_{n=0}^{\infty}(\lim_{x\to x_0}a_nx^n)=\sum_{n=0}^{\infty}a_nx_0^n.$$

（2）和函数 $S(x)$ 可以逐项积分，即 $\forall x\in(-R,R)$，

$$\int_0^x S(t)\mathrm{d}t=\int_0^x\sum_{n=0}^{\infty}(a_nt^n)\mathrm{d}t=\sum_{n=0}^{\infty}\left(\int_0^x a_nt^n\mathrm{d}t\right)=\sum_{n=0}^{\infty}\frac{a_n}{n+1}x^{n+1},$$

且新级数 $\sum_{n=0}^{\infty}\frac{a_n}{n+1}x^{n+1}$ 的收敛半径仍然为 R.

（3）和函数 $S(x)$ 可以逐项微分，即 $\forall x\in(-R, R)$，

$$S'(x)=\left(\sum_{n=0}^{\infty}a_nx^n\right)'=\sum_{n=0}^{\infty}(a_nx^n)'=\sum_{n=1}^{\infty}na_nx^{n-1},$$

且新级数 $\sum_{n=1}^{\infty}na_nx^{n-1}$ 的收敛半径仍然为 R.

定理的证明要用到一致收敛的数学概念，此处从略.

定理指明了幂级数 $\sum_{n=0}^{\infty}a_nx^n$ 的和函数 $S(x)$ 在收敛区间 $(-R, R)$ 的运算性质.

连续性表明：极限运算“$\lim\limits_{x\to x_0}$”与求和运算“$\sum\limits_{n=0}^{\infty}$”可交换.

逐项积分表明：积分运算“$\int_a^b$”与求和运算“$\sum\limits_{n=0}^{\infty}$”可交换.

逐项微分表明：微分运算“$\frac{\mathrm{d}}{\mathrm{d}x}$”与求和运算“$\sum\limits_{n=0}^{\infty}$”可交换.

需要注意的是，运算中“$\lim\limits_{x\to x_0}$”“$\int_a^b$”“$\frac{\mathrm{d}}{\mathrm{d}x}$”的变量是 x，而 n 是常量.

求和运算“$\sum\limits_{n=0}^{\infty}$”中的变量是 n，而 x 是常量.

两个常用幂级数的和函数是：

（1）$\sum_{n=0}^{\infty}x^n=1+x+\cdots+x^n+\cdots=\frac{1}{1-x}\ (-1<x<1)$；

（2）$\sum_{n=0}^{\infty}(-x)^n=1-x+\cdots+(-x)^n+\cdots=\frac{1}{1+x}\ (-1<x<1)$.

例 6 求 $\sum_{n=1}^{\infty}nx^{n-1}$ 的和函数.

解： 运用比值判别法，求出收敛半径 $R=1$，在点 $x=\pm1$ 处级数发散. 故收敛域为 $(-1, 1)$.

$\forall x\in(-1, 1)$，令 $S(x)=\sum_{n=1}^{\infty}nx^{n-1}$，注意到 $nx^{n-1}=(x^n)'$，所以 $S(x)=\sum_{n=1}^{\infty}(x^n)'$.

再利用求导与“$\sum\limits_{n=1}^{\infty}$”的可交换性，

$$S(x)=\left(\sum_{n=1}^{\infty}x^n\right)'$$

$$\sum_{n=1}^{\infty}x^n=x+x^2+\cdots+x^n+\cdots=\frac{x}{1-x},$$

故 $S(x)=\left(\frac{x}{1-x}\right)'=\frac{1}{(1-x)^2}$.

例 7 证明：$\sum\limits_{n=1}^{\infty} nx^n=\frac{x}{(1-x)^2}$，$x\in(-1, 1)$.

证明： $\sum\limits_{n=1}^{\infty} nx^n=x\sum\limits_{n=1}^{\infty} nx^{n-1}=\frac{x}{(1-x)^2}$.

注意，x 在"$\sum\limits_{n=1}^{\infty}$"中是常数．

例 8 证明：$\sum\limits_{n=1}^{\infty}\frac{n}{2^n}=2$.

证明： 由例 7 知，$\sum\limits_{n=1}^{\infty}\frac{n}{2^n}=\sum\limits_{n=1}^{\infty} nx^n\Big|_{x=\frac{1}{2}}=S\left(\frac{1}{2}\right)=2$.

该例表明求无穷和时除了用夹逼定理或定积分来计算，还可以利用幂级数的和函数来计算.

例 9 求 $\sum\limits_{n=1}^{\infty}\frac{(-1)^{n-1}x^{n-1}}{n}$的和函数．

解： 先求出收敛域 $x\in(-1, 1]$．

$\forall x\in(-1, 1]$，令 $S(x)=\sum\limits_{n=1}^{\infty}\frac{(-1)^{n-1}x^{n-1}}{n}$.

注意到 $\int_0^x (-1)^{n-1}t^{n-1}\mathrm{d}t=\frac{(-1)^{n-1}x^n}{n}$（$t$ 是变量，n 是常数），所以

$$xS(x)=\sum_{n=1}^{\infty}\frac{(-1)^{n-1}x^n}{n}=\sum_{n=1}^{\infty}\left(\int_0^x (-1)^{n-1}t^{n-1}\mathrm{d}t\right).$$

再利用"$\int_a^b$"与"$\sum\limits_{n=0}^{\infty}$"的交换性质，得

$$xS(x)=\int_0^x\left[\sum_{n=1}^{\infty}(-1)^{n-1}t^{n-1}\right]\mathrm{d}t,$$

而 $\sum\limits_{n=1}^{\infty}(-1)^{n-1}t^{n-1}=\sum\limits_{n=1}^{\infty}(-t)^{n-1}=1-t+t^2+\cdots+(-t)^{n-1}=\frac{1}{1+t}$，故

$$xS(x)=\int_0^x\frac{1}{1+t}\mathrm{d}t=\ln(1+t)\Big|_0^x=\ln(1+x).$$

当 $x\neq 0$ 时，$S(x)=\frac{\ln(1+x)}{x}$.

当 $x=0$ 时，$S(0)=\sum\limits_{n=1}^{\infty}\frac{(-1)^{n-1}}{n}\cdot 0^{n-1}=1$（在 $\sum\limits_{n=0}^{\infty}a_nx^n$ 中，第一项始终为常数 a_0，为方便计算，规定 $0^0=1$）．或利用 $S(x)$ 的连续性质：$S(0)=\lim\limits_{x\to 0}S(x)=\lim\limits_{x\to 0}\frac{\ln(1+x)}{x}=1$.

例 10 求 $\sum\limits_{n=2}^{\infty}n(n-1)x^n$ 的和函数．

解： 收敛域为 $(-1, 1)$.

注意到 $(x^n)''=n(n-1)x^{n-2}$，所以

$$\begin{aligned}S(x)&=\sum_{n=2}^{\infty}n(n-1)x^n\\&=x^2\sum_{n=2}^{\infty}n(n-1)x^{n-2}\\&=x^2\sum_{n=2}^{\infty}(x^n)''\\&=x^2\Big(\sum_{n=2}^{\infty}x^n\Big)''\\&=x^2\Big(\frac{x^2}{1-x}\Big)''\\&=\frac{2x^2}{(1-x)^3}.\end{aligned}$$

例 11　求 $\sum\limits_{n=1}^{\infty}\frac{(-1)^{n-1}x^n}{n(n+1)3^n}$的和函数．

解： 令$\frac{x}{3}=t$，原级数化为 $\sum\limits_{n=1}^{\infty}\frac{(-1)^{n-1}}{n(n+1)}t^n$.

收敛域为 $t\in[-1,\ 1]$.

注意到：$\int_0^v u^{n-1}\mathrm{d}u=\frac{v^n}{n}$，

$$\int_0^t\frac{v^n}{n}\mathrm{d}v=\frac{t^{n+1}}{n(n+1)},$$

因此，$\frac{(-1)^{n-1}\cdot t^{n+1}}{n(n+1)}=\int_0^t\Big[\int_0^v(-1)^{n-1}u^{n-1}\mathrm{d}u\Big]\mathrm{d}v$,

$$S(t)=\sum_{n=1}^{\infty}\frac{(-1)^{n-1}}{n(n+1)}t^n,$$

$$\begin{aligned}tS(t)&=\sum_{n=1}^{\infty}\frac{(-1)^{n-1}}{n(n+1)}t^{n+1}\\&=\sum_{n=1}^{\infty}\int_0^t\Big[\int_0^v(-1)^{n-1}u^{n-1}\mathrm{d}u\Big]\mathrm{d}v\\&=\sum_{n=1}^{\infty}\int_0^t\int_0^v(-1)^{n-1}u^{n-1}\mathrm{d}u\mathrm{d}v\\&=\int_0^t\Big[\int_0^v\sum_{n=1}^{\infty}(-1)^{n-1}u^{n-1}\Big]\mathrm{d}u\mathrm{d}v\\&=\int_0^t\int_0^v\frac{1}{1+u}\mathrm{d}u\mathrm{d}v\\&=\int_0^t\ln(1+v)\mathrm{d}v\\&=\int_0^t\ln(1+v)\mathrm{d}(1+v)\end{aligned}$$

$$=(1+v)\ln(1+v)\Big|_0^t-t.$$

当 $t\neq0$ 时，$S(t)=\dfrac{(1+t)}{t}\ln(1+t)-1$.

当 $t=0$ 时，$S(0)=\lim\limits_{t\to0}S(t)=\lim\limits_{t\to0}\dfrac{(1+t)\ln(1+t)}{t}-1=0.$

综上所述，

$$S(x)=\begin{cases}\dfrac{x+3}{x}\ln\left(1+\dfrac{x}{3}\right)-1, & x\neq0\\ 0, & x=0\end{cases}.$$

另外，也可将$\dfrac{(-1)^{n-1}t^n}{n(n+1)}$拆分为$\dfrac{(-1)^{n-1}t^n}{n}-\dfrac{(-1)^{n-1}t^n}{n+1}$，再分别求出 $\sum\limits_{n=1}^{\infty}\dfrac{(-1)^{n-1}t^n}{n}$与 $\sum\limits_{n=1}^{\infty}\dfrac{(-1)^{n-1}t^n}{n+1}$的和函数.

但要注意上述两个级数在 $t=-1$ 处发散（原级数在 $t=-1$ 处收敛)，需单独求出 $S(-1)=-\sum\limits_{n=1}^{\infty}\dfrac{1}{n(n+1)}=-1$（利用部分和 S_n 的极限).

习题 8.6

1. 若级数 $\sum\limits_{n=0}^{\infty}a_n(x-1)^n$ 在点 $x=-1$ 处收敛，则级数在点 $x=2$ 处（　　).

(A) 绝对收敛　　(B) 条件收敛

(C) 发散　　(D) 不能确定

2. 若级数 $\sum\limits_{n=1}^{\infty}\dfrac{(-1)^{n-1}}{3^n}(x-a)^n$ 在点 $x=1$ 处收敛，在点 $x>1$ 处发散，求常数 a 的值.

3. 求下列幂级数的收敛半径与收敛域.

(1) $\sum\limits_{n=1}^{\infty}\dfrac{x^{n-1}}{3^{n-1}n}$；　　(2) $\sum\limits_{n=1}^{\infty}\dfrac{x^n}{n(n+1)}$；

(3) $\sum\limits_{n=2}^{\infty}\dfrac{\ln n}{n}x^n$；　　(4) $\sum\limits_{n=1}^{\infty}\dfrac{(x+2)^n}{n^2}$；

(5) $\sum\limits_{n=0}^{\infty}\left[\dfrac{(-1)^n}{3}+2^n\right]x^n$；　　(6) $\sum\limits_{n=1}^{\infty}3^n(\sqrt{n+1}-\sqrt{n})x^{2n-1}$；

(7) $\sum\limits_{n=1}^{\infty}\dfrac{4^n+(-3)^n}{n}(2x-1)^{2n}$.

4. 求下列幂级数的和函数，并写出收敛域.

(1) $\sum\limits_{n=1}^{\infty}\dfrac{(-1)^{n-1}}{2n-1}x^{2n-1}$；　　(2) $\sum\limits_{n=1}^{\infty}nx^{2n}$；

(3) $\sum\limits_{n=2}^{\infty}\dfrac{(n-1)^2}{n}x^n$；　　(4) $\sum\limits_{n=1}^{\infty}n^2x^n$；

(5) $\sum\limits_{n=1}^{\infty}\dfrac{x^{2n-1}}{(2n-1)(2n+1)}$；　　(6) $\sum\limits_{n=0}^{\infty}\dfrac{(2x-1)^n}{2^n(n+1)}$.

8.7 初等函数的幂级数展式

由泰勒公式可知：

如果 $f(x)$ 在 $x=0$ 具有 $n+1$ 阶导数，那么，对其邻域中的任意 x，恒有

$$f(x)=P_n(x)+R_n(x),$$

其中 $P_n(x)=f(0)+f'(0)x+\cdots+\dfrac{f^{(n)}(0)}{n!}x^n$，余式 $R_n(x)=\dfrac{f^{(n+1)}(\theta x)}{(n+1)!}x^{n+1}$ $(0<\theta<1)$（拉格朗日余项），即

$$f(x)=\sum_{k=0}^{n}\frac{f^{(k)}(0)}{k!}x^k+\frac{f^{(n+1)}(\theta x)}{(n+1)!}x^{n+1}(0<\theta<1). \quad (*)$$

如果当 $n\to\infty$ 时，$R_n(x)\to 0$，那么

$$f(x)=\sum_{k=0}^{\infty}\frac{f^{(k)}(0)}{k!}x^k=\sum_{k=0}^{\infty}a_kx^k,$$

即 $f(x)$ 可表示成幂级数 $\sum\limits_{k=0}^{\infty}a_kx^k$，其中 $a_k=\dfrac{f^{(k)}(0)}{k!}$.

反之，如果 $f(x)=\sum\limits_{k=0}^{\infty}a_kx^k$，那么，在式（$*$）两边对 n 取极限，得

$$\lim_{n\to\infty}f(x)=\lim_{n\to\infty}\sum_{k=0}^{n}\frac{f^{(k)}(0)}{k!}x^k+\lim_{n\to\infty}\frac{f^{(n+1)}(\theta x)}{(n+1)!}x^{n+1},$$

即

$$\sum_{k=0}^{\infty}a_kx^k=\sum_{k=0}^{\infty}a_kx^k+\lim_{n\to\infty}R_n(x)$$
$$\Rightarrow \lim_{n\to\infty}R_n(x)=0.$$

由此，我们得到将 $f(x)$ 在 $x=0$ 表示成幂函数的充要条件：$f(x)$ 在 $x=0$ 的邻域具有任意阶导数且余式 $R_n(x)$ 趋于 0.

由泰勒系数 $a^k=\dfrac{f^{(k)}(0)}{k!}$ 的唯一性可知，这样的幂级数也是唯一的，称为泰勒级数.

也就是说，将 $f(x)$ 在 $x=0$ 表示成的幂级数一定是泰勒级数.

同理，$f(x)$ 在 $x=x_0$ 的幂级数展式为 $\sum\limits_{n=0}^{\infty}\dfrac{f^{(n)}(x_0)}{n!}(x-x_0)^n$，其充要条件仍然是 $R_n(x)\to 0$ $(n\to\infty)$.

例 1 求 e^x 在 $x=0$ 的幂级数展式.

解： $e^x=1+x+\dfrac{x^2}{2!}+\cdots+\dfrac{x^n}{n!}+R_n(x)$,

$R_n(x)=\dfrac{e^{\theta x}}{(n+1)!}x^{n+1}(0<\theta<1)$,

$$|R_n(x)|<\frac{e^{|x|}}{(n+1)!}|x|^{n+1},$$

正项级数 $\sum_{n=1}^{\infty}\frac{e^{|x|}}{(n+1)!}|x|^{n+1}$ 由比值判别法知是收敛的，所以其通项

$$\frac{e^{|x|}}{(n+1)!}|x|^{n+1}\to 0(n\to\infty),$$

从而由夹逼定理得：$R_n(x)\to 0$.

因此，函数 e^x 可表示成幂级数 $\sum_{n=1}^{\infty}\frac{x^n}{n!}$，其收敛域为（$-\infty$，$+\infty$).

例 2　求 $\sin x$ 在 $x=0$ 的幂级数展式.

解： $\sin x=x-\frac{x^3}{3!}+\frac{x^5}{5!}-\cdots+(-1)^{n-1}\cdot\frac{x^{2n-1}}{(2n-1)!}+R_n(x),$

$$R_n(x)=\frac{\sin\left(\theta x+\frac{n+1}{2}\pi\right)}{(n+1)!}x^{n+1},$$

$$|R_n(x)|<\frac{|x|^{n+1}}{(n+1)!},$$

同例 1 一样，由于 $\sum_{n=0}^{\infty}\frac{|x|^{n+1}}{(n+1)!}$ 收敛，故 $\frac{|x|^{n+1}}{(n+1)!}\to 0$，从而

$$R_n(x)\to 0\quad(n\to\infty),$$

因此，函数 $\sin x$ 可表示成幂级数 $\sum_{n=1}^{\infty}\frac{(-1)^{n-1}x^{2n-1}}{(2n-1)!}$，收敛域为 $x\in(-\infty,+\infty)$.

例 3　求 $(1+x)^2$ 在 $x=0$ 的幂级数展式.

解： $(1+x)^\alpha=1+\alpha x+\frac{\alpha(\alpha-1)}{2}x^2+\cdots+\frac{\alpha(\alpha-1)\cdots(\alpha-n+1)}{n!}x^n+R_n(x),$

$$R_n(x)=\frac{\alpha(\alpha-1)\cdots(\alpha-n+1)(1+\theta x)^{\alpha-n-1}}{(n+1)!}x^{n+1}\quad\text{（拉格朗日余项）}$$

$$=\frac{\alpha(\alpha-1)\cdots(\alpha-n)(1+\theta x)^{\alpha-n-1}}{n!}(1-\theta)^n\cdot x^{n+1}\quad\text{（柯西余项）}\quad(0<\theta<1).$$

（可参阅高等教育出版社出版的陈纪修等所著的《数学分析》.）

利用柯西余项可以证明：当 $|x|<1$ 时，$R_n(x)\to 0$. 从而 $(1+x)^\alpha=1+\alpha x+\frac{\alpha(\alpha-1)}{2}x^2+\cdots+\frac{\alpha(\alpha-1)\cdots(\alpha-n+1)}{n!}x^n+\cdots$.

当 $|x|>1$ 时，利用比值判别法可知，级数 $1+\alpha x+\frac{\alpha(\alpha-1)}{2}x^2+\cdots+\frac{\alpha(\alpha-1)\cdots(\alpha-n+1)}{n!}x^n+\cdots$ 发散.

在端点 ±1 处，级数的敛散与 α 的值有关，有如下结论：

当 $\alpha>0$ 时，级数的收敛域为 $[-1,\ 1]$；当 $-1<\alpha<0$ 时，级数的收敛域为 $(-1,\ 1]$；当 $\alpha\leqslant-1$ 时，级数的收敛域为 $(-1,\ 1)$.

讨论 $R_n(x)$ 是否趋于 0 的困难促使我们常用间接展开法求初等函数的幂级数展式.

例 4 求 $\cos x$ 在 $x=0$ 的幂级数展式.

解：$\cos x=(\sin x)'=\left[\sum\limits_{n=1}^{\infty}\dfrac{(-1)^{n-1}x^{2n-1}}{(2n-1)!}\right]'$.

再利用幂级数“$\sum\limits_{n=1}^{\infty}$”与导数的交换运算.

$$\begin{aligned}\cos x&=\sum_{n=1}^{\infty}\left[\frac{(-1)^{n-1}x^{2n-1}}{(2n-1)!}\right]'\\&=\sum_{n=1}^{\infty}\frac{(-1)^{n-1}x^{2n-2}}{(2n-2)!}\\&=\sum_{n=0}^{\infty}\frac{(-1)^{n}x^{2n}}{(2n)!},\end{aligned}$$

收敛域为 $x\in(-\infty,+\infty)$.

例 5 求 $\ln(1+x)$ 在 $x=0$ 的幂级数展式.

解：$[\ln(1+x)]'=\dfrac{1}{1+x}$,

$$\frac{1}{1+x}=\sum_{n=0}^{\infty}(-x)^n,\ x\in(-1,\ 1),$$

所以 $[\ln(1+x)]'=\sum\limits_{n=0}^{\infty}(-x)^n$.

两端在 $[0,\ x]$ 积分，得

$$\int_0^x[\ln(1+x)]'\mathrm{d}x=\int_0^x\sum_{n=0}^{\infty}(-x)^n\mathrm{d}x,$$

$$\begin{aligned}\ln(1+x)&=\int_0^x\sum_{n=0}^{\infty}(-x)^n\mathrm{d}x\\&=\sum_{n=0}^{\infty}\int_0^x(-x)^n\mathrm{d}x\\&=\sum_{n=0}^{\infty}\frac{(-1)^nx^{n+1}}{n+1}\\&=x-\frac{x^2}{2}+\frac{x^3}{3}+\cdots+(-1)^n\frac{x^{n+1}}{n+1}+\cdots,\end{aligned}$$

由于 $\sum\limits_{n=0}^{\infty}(-1)^n\dfrac{x^{n+1}}{n+1}$ 在 $x=1$ 收敛，在 $x=-1$ 发散，故级数的收敛域为 $x\in(-1,\ 1]$.

例 6 求 e^{2x} 在 $x=1$ 的幂级数展式.

解：令 $x-1=t$，则

$$e^{2x}=e^{2(1+t)}=e^2\cdot e^{2t}.$$

由 $e^t=\sum_{n=0}^{\infty}\frac{t^n}{n!}$，得

$$e^{2t}=\sum_{n=0}^{\infty}\frac{(2t)^n}{n!}$$
$$=\sum_{n=0}^{\infty}\frac{2^n}{n!}t^n,\ t\in(-\infty,+\infty),$$

从而 $e^{2x}=e^2\sum_{n=0}^{\infty}\frac{2^n}{n!}(x-1)^n,\ x\in(-\infty,+\infty)$.

例 7　求 $f(x)=\frac{1}{(1-x)(1+3x)}$ 在 $x=0$ 的幂级数展式.

解： $f(x)=\frac{1}{4}\left[\frac{1}{1-x}+\frac{3}{1+3x}\right]$.

而 $\frac{1}{1-x}=\sum_{n=0}^{\infty}x^n,\ -1<x<1,$

$$\frac{1}{1+3x}=\sum_{n=0}^{\infty}(-3x)^n,\ -1<-3x<1,$$

故
$$f(x)=\frac{1}{4}\sum_{n=0}^{\infty}x^n+\frac{3}{4}\sum_{n=0}^{\infty}(-3x)^n$$
$$=\sum_{n=0}^{\infty}\left(\frac{1}{4}+\frac{3}{4}(-3)^n\right)x^n,$$

收敛域为 $-\frac{1}{3}<x<\frac{1}{3}$.

注意，收敛域是两个区域的交集.

例 8　$f(x)=\begin{cases}\frac{e^x-1}{x}, & x\neq 0\\ 1, & x=0\end{cases}$，求 $f'(x)$ 在 $x=0$ 的幂级数展式.

解： 如果先求 $f'(x)$，再将 $f'(x)$ 表示成幂级数，则运算复杂.

利用幂级数的求和运算与求导运算的交换性质，可以先将 $f(x)$ 表示成幂级数，再对幂级数求导即可.

解　$e^x=1+x+\frac{x^2}{2!}+\cdots+\frac{x^n}{n!}+\cdots,\ x\in R,$

$$e^x-1=x+\frac{x^2}{2!}+\cdots+\frac{x^n}{n!}+\cdots=\sum_{n=1}^{\infty}\frac{x^n}{n!}.$$

当 $x\neq 0$ 时，$\frac{e^x-1}{x}=\sum_{n=1}^{\infty}\frac{x^{n-1}}{n!}$.

当 $x=0$ 时，$\sum_{n=1}^{\infty}\frac{x^{n-1}}{n!}=1$，即

$$f(x)=\sum_{n=1}^{\infty}\frac{x^{n-1}}{n!},\ x\in(-\infty,+\infty).$$

从而 $f'(x)=\left(\sum_{n=1}^{\infty}\frac{x^{n-1}}{n!}\right)'=\sum_{n=1}^{\infty}\left(\frac{x^{n-1}}{n!}\right)'=\sum_{n=2}^{\infty}\frac{(n-1)x^{n-2}}{n!}=\sum_{n=0}^{\infty}\frac{(n+1)x^{n}}{(n+2)!}$.

例 9 求 $f(x)=\sqrt{1+x}$在 $x=0$ 的幂级数展式，并求 $f^{(n)}(0)$.

解： 由于 $(1+x)^{\alpha}=1+\alpha x+\frac{\alpha(\alpha-1)}{2!}x^2+\cdots+\frac{\alpha(\alpha-1)\cdots(\alpha-n+1)}{n!}x^n+\cdots\ (-1<x<1)$，故

$$\begin{aligned}f(x)&=(1+x)^{\frac{1}{2}}\\&=1+\frac{1}{2}x+\sum_{n=2}^{\infty}\frac{\frac{1}{2}\left(\frac{1}{2}-1\right)\cdots\left(\frac{1}{2}-n+1\right)}{n!}x^n\\&=1+\frac{1}{2}x+\sum_{n=2}^{\infty}\frac{(-1)^{n-1}\frac{1}{2}\cdot\frac{1}{2}\cdot\cdots\cdot\left(\frac{2n-3}{2}\right)}{n!}x^n\\&=1+\frac{1}{2}x+\sum_{n=2}^{\infty}\frac{(-1)^{n-1}(2n-3)!!}{2^n\cdot n!}x^n\quad(-1\leqslant x\leqslant 1).\end{aligned}$$

由于泰勒级数的唯一性，$f(x)$ 表示成的幂级数就是 $\sum_{n=0}^{\infty}a_nx^n$，比较 $f(x)$ 与 $\sum_{n=0}^{\infty}a_nx^n$ 中的 x^n 项，得

$$a_n=\frac{f^{(n)}(0)}{n!}=\frac{(-1)^{n-1}\cdot(2n-3)!!}{2^n\cdot n!}\quad(n\geqslant 2),$$

解之，得

$$f^{(n)}(0)=\frac{(-1)^{n-1}(2n-3)!!}{2^n}\quad(n\geqslant 2).$$

当 $n=1$ 时，$f'(0)=\frac{1}{2}$.

式中：$(2n-3)!!=1\cdot 3\cdot 5\cdot\cdots\cdot(2n-3)$.

例 10 求 $f(x)=\int_0^x\frac{\sin t}{t}\mathrm{d}t$ 在 $x=0$ 的幂级数，并求 $f^{(n)}(0)$.

解： 因为 $\int_0^x\frac{\sin t}{t}\mathrm{d}t$ 不能用初等函数表示，故可将它用幂级数表示.

$$\sin t=\sum_{n=1}^{\infty}\frac{(-1)^{n-1}t^{2n-1}}{(2n-1)!},\ t\in(-\infty,+\infty),$$

$$\frac{\sin t}{t}=\sum_{n=1}^{\infty}\frac{(-1)^{n-1}t^{2n-2}}{(2n-1)!},$$

$$f(x)=\int_0^x\frac{\sin t}{t}\mathrm{d}t=\int_0^x\sum_{n=1}^{\infty}\frac{(-1)^{n-1}t^{2n-2}}{(2n-1)!}\mathrm{d}t=\sum_{n=1}^{\infty}\int_0^x\frac{(-1)^{n-1}t^{2n-2}}{(2n-1)!}\mathrm{d}t$$

$$= \sum_{n=1}^{\infty} \frac{(-1)^{n-1} x^{2n-1}}{(2n-1)!(2n-1)}.$$

由泰勒级数的唯一性：$a_n = \dfrac{f^{(n)}(0)}{n!}$，级数中 x^{2n} 的系数为零：

$$a_{2n}=0 \Rightarrow f^{(2n)}(0)=0.$$

x^{2n-1} 的系数

$$a_{2n-1}=\frac{(-1)^{n-1}}{(2n-1)(2n-1)!}=\frac{f^{(2n-1)}(0)}{(2n-1)!}.$$

所以 $f^{(2n-1)}(0) = \dfrac{(-1)^{n-1}}{2n-1}$.

习题 8.7

1. 利用幂级数展式近似计算下列各值（取展式的前三项）.

(1) $\sqrt[3]{e}$；　(2) $\sin\dfrac{\pi}{10}$；

(3) $\ln 2$；　(4) $\sqrt[5]{1.2}$；

(5) $\sqrt[5]{240}$；　(6) $\displaystyle\int_0^1 \frac{\sin x}{x}dx$；

(7) $\displaystyle\int_0^{0.1} \cos\sqrt{x}\,dx$.

2. 将下列函数展开为 x 的幂级数，写出收敛域，并求 $f^{(n)}(0)$.

(1) $f(x)=e^{x^2}$；　(2) $f(x)=xe^{-2x}$；

(3) $f(x)=\cos^2 x$；　(4) $f(x)=\dfrac{1}{\sqrt{1-x^2}}$；

(5) $f(x)=\dfrac{x}{(x-1)(x+2)}$；　(6) $f(x)=\begin{cases}\dfrac{\ln(1-x)}{x}, & x<1,\ x\neq 0 \\ -1, & x=0\end{cases}$.

3. 将下列函数展开为 $x-1$ 的幂级数，写出收敛域，并求 $f^{(n)}(1)$.

(1) $f(x)=\dfrac{1}{3-x}$；　(2) $f(x)=xe^{-x}$；

(3) $f(x)=\ln x$；　(4) $f(x)=\dfrac{1}{x^2}$.

第八章总习题

(A)

1. 已知级数 $\sum\limits_{n=1}^{\infty} u_n$ 发散，则（　　）.

(A) $\sum\limits_{n=1}^{\infty}\frac{1}{u_n}$收敛　　(B) $\sum\limits_{n=1}^{\infty}u_n^2$ 发散

(C) $\sum\limits_{n=1}^{\infty}|u_n|$ 发散　　(D) $\sum\limits_{n=1}^{\infty}\lambda u_n$ 发散

2. 已知级数 $\sum\limits_{n=1}^{\infty}u_n$（$u_n\neq 0$）收敛，则下列说法错误的是（　）.

(A) $\sum\limits_{n=1}^{\infty}\frac{1}{u_n}$发散　　(B) $\sum\limits_{n=1}^{\infty}(u_{2n-1}+u_{2n})$ 收敛

(C) $\sum\limits_{n=1}^{\infty}|u_n|$ 收敛　　(D) $\sum\limits_{n=1}^{\infty}(u_n-u_{n+1})$ 收敛

3. 下列说法正确的是（　）.

(A) 若 $\sum\limits_{n=1}^{\infty}u_n$ 收敛，且 $u_n\geqslant v_n$，则 $\sum\limits_{n=1}^{\infty}v_n$ 收敛

(B) 若 $\sum\limits_{n=1}^{\infty}u_n$ 收敛，且$\lim\limits_{n\to\infty}\frac{u_n}{v_n}=1$，则 $\sum\limits_{n=1}^{\infty}v_n$ 收敛

(C) 若 $\sum\limits_{n=1}^{\infty}u_n^2$ 收敛，且 $u_n^2\geqslant v_n$，则 $\sum\limits_{n=1}^{\infty}v_n$ 收敛

(D) 若 $\sum\limits_{n=1}^{\infty}u_n^2$ 收敛，且$\lim\limits_{n\to\infty}\frac{u_n^2}{v_n}=1$，则 $\sum\limits_{n=1}^{\infty}v_n$ 收敛

4. 下列说法正确的是（　）.

(A) 若正项级数 $\sum\limits_{n=1}^{\infty}u_n$ 发散，则 $u_n\geqslant\frac{1}{n}$

(B) 若 $u_n=o\left(\frac{1}{n}\right)$，则 $\sum\limits_{n=1}^{\infty}u_n$ 收敛

(C) 若 $\sum\limits_{n=1}^{\infty}\frac{u_n}{n}$收敛，则 $\sum\limits_{n=1}^{\infty}u_n^2$ 收敛

(D) 若 $\sum\limits_{n=1}^{\infty}u_n^2$ 收敛，则 $\sum\limits_{n=1}^{\infty}\frac{u_n}{n}$收敛

5. 若正项级数 $\sum\limits_{n=1}^{\infty}u_n$ 收敛，且$\lim\limits_{n\to\infty}\frac{u_{n+1}}{u_n}=r$ 存在，则（　）.

(A) $r<1$　　(B) $r>1$

(C) $r\leqslant 1$　　(D) $r\geqslant 1$

6. 设 $a_n^+=\frac{a_n+|a_n|}{2}$，$a_n^-=\frac{a_n-|a_n|}{2}$，则下列说法错误的是（　）.

(A) 若 $\sum\limits_{n=1}^{\infty}a_n$ 绝对收敛，则 $\sum\limits_{n=1}^{\infty}a_n^+$ 与 $\sum\limits_{n=1}^{\infty}a_n^-$ 都收敛

(B) 若 $\sum\limits_{n=1}^{\infty}a_n$ 条件收敛，则 $\sum\limits_{n=1}^{\infty}a_n^+$ 与 $\sum\limits_{n=1}^{\infty}a_n^-$ 都发散

(C) 若 $\sum\limits_{n=1}^{\infty}a_n^+$ 与 $\sum\limits_{n=1}^{\infty}a_n^-$ 都发散，则 $\sum\limits_{n=1}^{\infty}a_n$ 条件收敛

(D) 若 $\sum_{n=1}^{\infty} a_n^+$ 与 $\sum_{n=1}^{\infty} a_n^-$ 都收敛，则 $\sum_{n=1}^{\infty} a_n$ 绝对收敛

7. 级数 $\sum_{n=1}^{\infty}\left[\frac{\cos nx}{n^2}+\frac{(-1)^n}{n}\right]$为（　　）.

(A) 绝对收敛　　(B) 条件收敛

(C) 发散　　(D) 敛散性不确定

8. 级数 $\sum_{n=1}^{\infty}(-1)^n\frac{n+a}{n+1}\cdot\frac{1}{\sqrt{n}}$为（　　）.

(A) 绝对收敛　　(B) 条件收敛

(C) 发散　　(D) 敛散性不确定

9. 已知级数 $\sum_{n=1}^{\infty}\frac{\sqrt{n^2+n}-\sqrt{n^2-n}}{n^p}$收敛，则（　　）.

(A) $p\geqslant 1$　　(B) $p>1$

(C) $0<p<1$　　(D) $0<p\leqslant 1$

10. 级数 $\sum_{n=1}^{\infty}(-1)^n\frac{n^{n+\frac{1}{n}}}{\left(n+\frac{1}{n}\right)^n}$（　　）.

(A) 绝对收敛　　(B) 条件收敛

(C) 发散　　(D) 敛散性不确定

11. 级数 $\sum_{n=1}^{\infty}(-1)^n\frac{e^n n!}{n^n}$（　　）.

(A) 绝对收敛　　(B) 条件收敛

(C) 发散　　(D) 敛散性不确定

12. 已知 $a_n>0$，且 $\sum_{n=1}^{\infty}(-1)^{n-1}a_n$ 条件收敛，设 $b_n=2a_{2n-1}-a_{2n}$，则级数 $\sum_{n=1}^{\infty}b_n$（　　）.

(A) 绝对收敛　　(B) 条件收敛

(C) 发散　　(D) 敛散性不确定

13. 下列说法正确的是（　　）.

(A) 若 $\sum_{n=0}^{\infty}a_n x^n$ 的收敛半径 $R\neq 0$，则 $\lim_{n\to\infty}\left|\frac{a_{n+1}}{a_n}\right|=\frac{1}{R}$

(B) 若 $\lim_{n\to\infty}\left|\frac{a_{n+1}}{a_n}\right|$ 不存在，则 $\sum_{n=0}^{\infty}a_n x^n$ 无收敛半径

(C) 若 $\sum_{n=0}^{\infty}a_n x^n$ 的收敛域为 $[-R, R]$，则 $\sum_{n=1}^{\infty}na_n x^{n-1}$的收敛域为 $[-R, R]$

(D) 若 $\sum_{n=1}^{\infty}a_n x^n$ 的收敛域为 $(-R, R)$，则 $\sum_{n=0}^{\infty}\frac{a_n}{n+1}x^{n+1}$的收敛域可能为 $[-R, R]$

14. $\lim_{x\to\infty}\frac{2^n}{n!}x^n=$（　　）.

(A) 0　　(B) $\frac{x}{2}$

(C) $\frac{x}{e}$　　(D) 不确定

15. 若级数 $\sum_{n=0}^{\infty} a_n (x-3)^n$ 在 $x=-1$ 处收敛，则该级数在 $x=6$ 处（　　）.

(A) 绝对收敛　　(B) 条件收敛

(C) 发散　　(D) 敛散性不确定

16. 若级数 $\sum_{n=0}^{\infty} a_n (x-3)^n$ 在 $x=-1$ 处条件收敛，则该级数在 $x=8$ 处（　　）.

(A) 绝对收敛　　(B) 条件收敛

(C) 发散　　(D) 敛散性不确定

17. 若级数 $\sum_{n=0}^{\infty} \frac{(x-a)^n}{n}$ 在 $x=2$ 处条件收敛，则（　　）.

(A) $1<a<3$　　(B) $1\leqslant a\leqslant 3$

(C) $a\leqslant 1$ 或 $a\geqslant 3$　　(D) $a=1$ 或 $a=3$

18. $1-\frac{1}{2}+\frac{1}{4!}-\cdots+\frac{(-1)^n}{(2n)!}+\cdots=$（　　）.

(A) e^{-2}　　(B) $\sin 1$

(C) $\cos 1$　　(D) $\ln 2$

(B)

1. 下列命题正确的是（　　）.

(A) 若 $a_n\leqslant b_n$，且 $\sum_{n=1}^{\infty} b_n$ 收敛，则 $\sum_{n=1}^{\infty} a_n$ 收敛

(B) 若 $a_n\sim b_n$，且 $\sum_{n=1}^{\infty} b_n$ 收敛，则 $\sum_{n=1}^{\infty} a_n$ 收敛

(C) 若 $0<a_n<\frac{1}{n}$，则 $\sum_{n=1}^{\infty} a_n$ 收敛

(D) 若 $\lim_{n\to\infty} n^2 a_n=-2$，则 $\sum_{n=1}^{\infty} a_n$ 收敛

2. 已知 $\sum_{n=1}^{\infty} a_n$ 发散，下列结论正确的是（　　）.

(A) $\sum_{n=1}^{\infty} (a_{2n-1}+a_{2n})$ 发散　　(B) $\sum_{n=1}^{\infty} (a_{2n-1}+a_{2n})$ 收敛

(C) $\sum_{n=1}^{\infty} |a_n|$ 发散　　(D) 其部分和数列 $\{S_n\}$ 无界

3. 已知四个级数 (1) $\sum_{n=1}^{\infty} \frac{1}{n^{1+\frac{1}{n}}}$，(2) $\sum_{n=2}^{\infty} \frac{1}{n\ln n}$，(3) $\sum_{n=2}^{\infty} \frac{1}{n\ln^2 n}$，(4) $\sum_{n=2}^{\infty} \frac{1}{n^2\ln n}$，则收敛的是（　　）.

(A) (1)，(2)　　(B) (3)，(4)

(C) (1), (3) (D) (2), (4)

4. 判别级数的敛散性，指明条件收敛、绝对收敛或发散.

(1) $\sum_{n=1}^{\infty}\frac{(-1)^n}{n-\ln n}$； (2) $\sum_{n=2}^{\infty}\frac{(-1)^n}{\sqrt{n}+(-1)^n}$；

(3) $\sum_{n=2}^{\infty}\frac{(-1)^n}{\sqrt{n+(-1)^n}}$； (4) $\sum_{n=2}^{\infty}(-1)^n\frac{\ln(n!)}{n^{\lambda}}$ $(\lambda>2)$.

5. 已知 $u_n=\int_0^1 x(1-x)\sin^n x\,\mathrm{d}x$，判别 $\sum_{n=1}^{\infty}u_n$ 的敛散性.

6. 已知级数 $\sum_{n=1}^{\infty}\frac{(x-a)^n}{2^{n-1}n}$ 在 $x<-1$ 时发散，在 $x=-1$ 时收敛，求常数 a 的值.

7. 求级数的收敛域与和函数.

(1) $\sum_{n=1}^{\infty}2^{2n}(3x-4)^{2n-1}$； (2) $\sum_{n=1}^{\infty}\frac{(-1)^n x^{2n}}{n(2n+1)}$；

(3) $\sum_{n=1}^{\infty}\frac{(-2)^{n-1}x^n}{n}$； (4) $\sum_{n=1}^{\infty}\frac{n^2}{n!}x^n$.

8. 将 $f(x)=\frac{x-1}{3-x}$ 展开为 $x-2$ 的幂级数，写出收敛域，并求 $f^{(n)}(2)$.

9. 将 $f(x)=x\ln(x+\sqrt{1+x^2})$ 展开为 x 的幂级数，写出收敛域，并求 $f^{(n)}(0)$.

10. 设 $a_n=\int_0^1 t^2(1-t)^n\mathrm{d}t$，证明级数 $\sum_{n=1}^{\infty}a_n$ 收敛并求其和.

11. 设 $0<a_n<\frac{\pi}{2}$，$0<b_n<\frac{\pi}{2}$，$\cos a_n-a_n=\cos b_n$，并且级数 $\sum_{n=1}^{\infty}b_n$ 收敛，证明：

(1) $\lim_{n\to\infty}a_n=0$；

(2) 级数 $\sum_{n=1}^{\infty}\frac{a_n}{b_n}$ 收敛.

第九章　微分方程与差分方程简介

9.1　微分方程的一般概念

在研究社会经济现象与自然科学问题的过程中，经过分析和处理后，常常会得到含有未知函数及其导数的关系式，这种关系式称为微分方程. 微分方程建立后，对它进行研究，找出未知函数，这就是解微分方程.

下面通过几个例子来阐明微分方程的基本概念.

例 1　一曲线过点 (1, 3) 且在该曲线上任一点 $M(x, y)$ 处的切线的斜率为 $2x$，求此曲线的方程.

解：设所求的曲线方程为 $y=y(x)$，则

$$\frac{\mathrm{d}y}{\mathrm{d}x}=2x. \tag{9.1}$$

此外，未知函数 $y=y(x)$ 还满足下列条件

$$y(1)=3. \tag{9.2}$$

式 (9.1) 两端积分，得

$$y=x^2+C(C\text{ 为任意常数}). \tag{9.3}$$

把条件 $y(1)=3$ 代入式 (9.3)，得

$$3=1^2+C.$$

由此得出 $C=2$. 把 $C=2$ 代入式 (9.3)，得所求曲线方程为

$y=x^2+2.$

例 2　如果某商品在时刻 t 的售价为 P，社会对该商品的需求量和供给量分别是 P 的函数 $Q(P)$，$S(P)$. 我们可将问题简化为：在时刻 t 价格 P 的变化率与该商品在同一时刻的超额需求 $Q(P)-S(P)$ 成正比. 若已知需求函数 $Q(P)=4-P^2$，供给函数 $S(P)=2P+1$，则商品价格 P 满足的关系为

$$\frac{\mathrm{d}P}{\mathrm{d}t}=k[Q(P)-S(P)]=k(4-P^2-2P-1)=k(3+P)(1-P), \tag{9.4}$$

其中 k 为大于零的常数.

上面两个例子中的关系式 (9.1) 和关系式 (9.4) 都含有未知函数的导数，它们都是微分方程.

定义 1　表示未知函数、未知函数的导数与自变量之间的关系的方程称为**微分方程**. 未知函数是一元函数的方程称为**常微分方程**，未知函数是多元函数的方程称为**偏微分方程**. 微分方程中所出现的未知函数的最高阶导数的阶数，称为**微分方程的阶**.

本章只讨论常微分方程. n 阶常微分方程的一般形式为

$$F(x, y, y', \cdots, y^{(n)})=0. \tag{9.5}$$

例如，$x^2y'+y-5x=0$ 是一阶常微分方程；$\frac{\mathrm{d}^2s}{\mathrm{d}t^2}=g$ 是二阶常微分方程；$xy\frac{\partial z}{\partial x}+y^2\frac{\partial z}{\partial y}=0$ 是一阶偏微分方程. 例 1 和例 2 中的方程 (9.1) 和方程 (9.4) 都是一阶常微分方程.

定义 2　如果函数 $y=y(x)$ 满足方程 (9.5)，即把此函数代入微分方程使该方程成为恒等式，则称 $y=y(x)$ 为微分方程 (9.5) 的解.

在例 1 中，$y=x^2+C$ (C 为任意常数)，$y=x^2+2$ 都是方程 $y'=2x$ 的解.

定义 3　如果微分方程的解中所含相互独立的任意常数的个数等于微分方程的阶数，则此解称为微分方程的**通解**. 微分方程的不含任意常数的解称为微分方程的**特解**.

在例 1 中，$y=x^2+C$ 是方程 $y'=2x$ 的通解，而 $y=x^2+2$，$y=x^2+5$ 都是 $y'=2x$ 的特解.

许多实际问题都需要求满足某些附加条件的解，此时，这类附加条件就可以用来确定通解中的任意常数，这类附加条件称为**初始条件**. 例如，条件式 (9.2) 是微分方程 (9.1) 的初始条件.

数学上，把求微分方程满足初始条件的特解问题称为**初值问题**. 例如

$$\begin{cases}\frac{\mathrm{d}y}{\mathrm{d}x}=2x\\ y(1)=3\end{cases}; \qquad \begin{cases}\frac{\mathrm{d}^2s}{\mathrm{d}t^2}=g\\ s(0)=0,\ s'(0)=0\end{cases}.$$

习题 9.1

1. 指出下列微分方程的阶数.

(1) $x^2y'=2y$；　　(2) $(5x-4y+1)\mathrm{d}x+(x+y)\mathrm{d}y=0$；

(3) $xy'''+7y''+2y^2=0$；　　(4) $\frac{\mathrm{d}^2s}{\mathrm{d}t^2}+2\frac{\mathrm{d}s}{\mathrm{d}t}+s=0$.

2. 验证下列各给定函数是其对应微分方程的解.

(1) $y''-\frac{2}{x}y'+\frac{2y}{x^2}=0$，$y=c_1x+c_2x^2$；

(2) $xy''+2y'-xy=0$，$xy=c_1\mathrm{e}^x+c_2\mathrm{e}^{-x}$；

(3) $y''+2y'+y=0$，$y=(c_1+c_2x)\mathrm{e}^{-x}$；

(4) $\left(\frac{1}{y}y'\right)^2-\frac{1}{y}y''=x^2-\ln y$，$\ln y=c_1\mathrm{e}^{-x}+c_2\mathrm{e}^x+x^2+2$.

3. 设函数 $y=(1+x)^2u(x)$ 是方程 $y'-\frac{2}{x+1}y=(x+1)^3$ 的通解，求 $u(x)$.

4. 已知曲线上点 $P(x, y)$ 处的法线与 x 轴的交点为 Q，且线段 PQ 被 y 轴平分，求该曲线所满足的微分方程.

9.2　一阶微分方程

一阶微分方程的一般形式为

$$F(x, y, y')=0. \tag{9.6}$$

如果上式关于 y' 可解出，则方程可写成

$$y'=f(x, y). \tag{9.7}$$

一阶微分方程有时也可写成如下的对称形式

$$M(x, y)\mathrm{d}x+N(x, y)\mathrm{d}y=0. \tag{9.8}$$

本节介绍几种特殊类型的一阶微分方程及其解法.

9.2.1　可分离变量的一阶微分方程

设一阶微分方程

$$\frac{\mathrm{d}y}{\mathrm{d}x}=F(x, y),$$

右端函数能分解成 $F(x, y)=f(x)g(y)$，即有

$$\frac{\mathrm{d}y}{\mathrm{d}x}=f(x)g(y), \tag{9.9}$$

则称此方程为**可分离变量的微分方程**. 根据这种方程的特点，把一个变量及其微分移到等式的左端，另一个变量及其微分移到等式的右端，得

$$\frac{\mathrm{d}y}{g(y)}=f(x)\mathrm{d}x.$$

等式两边积分，得方程（9.9）的通解

$$\int\frac{\mathrm{d}y}{g(y)}=\int f(x)\mathrm{d}x+C,$$

其中 C 是任意常数，记号 $\int f(x)\mathrm{d}x$ 表示 $f(x)$ 的某个确定的原函数.

例 1 求微分方程 $\frac{\mathrm{d}y}{\mathrm{d}x}=3(x-1)^2(1+y^2)$ 的通解.

解：分离变量，得

$$\frac{\mathrm{d}y}{1+y^2}=3(x-1)^2\mathrm{d}x,$$

两边积分，得

$$\int\frac{\mathrm{d}y}{1+y^2}=\int 3(x-1)^2\mathrm{d}x+C.$$

微分方程的通解为

$$\arctan y=(x-1)^3+C \quad (C\text{ 为任意常数}).$$

例 2 设某产品的销售量 $Q(t)$ 是时间 t 的函数，如果商品的销售量对时间 t 的增长率 $\frac{\mathrm{d}Q}{\mathrm{d}t}$ 与销售量 $Q(t)$ 及销售量接近于饱和水平的程度 $N-Q(t)$ 之积成正比（N 为饱和水平），则有

$$\frac{\mathrm{d}Q(t)}{\mathrm{d}t}=kQ(t)[N-Q(t)], \tag{9.10}$$

其中 $k>0$ 是比例常数，称此方程为**逻辑斯蒂（Logistic）方程**. 它是可分离变量的一阶微分方程.

分离变量，得

$$\frac{\mathrm{d}Q}{Q(N-Q)}=k\mathrm{d}t,$$

等式两边积分，分别为

$$\int\frac{\mathrm{d}Q}{Q(N-Q)}=\frac{1}{N}\int\left(\frac{1}{Q}+\frac{1}{N-Q}\right)\mathrm{d}Q=\frac{1}{N}\ln\frac{Q}{N-Q},$$

$$\int k\mathrm{d}t=kt\ ,$$

得

$$\frac{1}{N}\ln\frac{Q}{N-Q}=kt+C_1,$$

或

$$\frac{Q}{N-Q}=\mathrm{e}^{kNt+C_1N}=C_2\mathrm{e}^{kNt}.$$

方程（9.10）的通解为

$$Q(t)=\frac{C_2Ne^{kNt}}{1+C_2e^{kNt}}=\frac{N}{1+Ce^{-kNt}},$$

其中 $C\left(C=\frac{1}{C_2}=e^{-C_1N}>0\right)$ 是正常数.

逻辑斯蒂方程是一种在经济学、生物学等学科中有着广泛应用的数学模型.

9.2.2　齐次微分方程

形如

$$\frac{dy}{dx}=f\left(\frac{y}{x}\right) \tag{9.11}$$

的一阶微分方程，称为**齐次微分方程**.

齐次方程（9.11）通过变量替换可化为可分离变量的方程求解. 令

$$u=\frac{y}{x}\quad 或\quad y=ux,$$

其中 $u=u(x)$ 是新的未知函数，则有

$$\frac{dy}{dx}=u+x\frac{du}{dx},$$

将其代入方程（9.11），得

$$u+x\frac{du}{dx}=f(u),$$

分离变量，得

$$\frac{du}{f(u)-u}=\frac{dx}{x},$$

两端积分，有

$$\int\frac{du}{f(u)-u}=\ln|x|+C.$$

求出右端的一个原函数后，再以 $\frac{y}{x}$ 代替 u，便得到所给齐次方程的通解.

例 3　求微分方程 $y^2+x^2\frac{dy}{dx}=xy\frac{dy}{dx}$ 的通解.

解： 原方程可改写为

$$\frac{dy}{dx}=\frac{y^2}{xy-x^2}=\frac{\left(\frac{y}{x}\right)^2}{\frac{y}{x}-1},$$

这是齐次微分方程. 令 $\frac{y}{x}=u$，有

$$y=xu \quad 或 \quad \frac{dy}{dx}=u+x\frac{du}{dx},$$

于是，原方程变为

$$u+x\frac{du}{dx}=\frac{u^2}{u-1} \quad 或 \quad x\frac{du}{dx}=\frac{u}{u-1},$$

分离变量，得

$$\left(1-\frac{1}{u}\right)du=\frac{dx}{x},$$

两端积分，有

$$u-\ln|u|=\ln|x|-C,$$

将 $u=\frac{y}{x}$ 代入上式，得

$$\ln|y|=\frac{y}{x}+C,$$

这就是所给微分方程的通解.

例 4　求微分方程 $\frac{dy}{dx}=\frac{y}{x}+n\tan\frac{y}{x}$ 在初始条件 $y|_{x=1}=\frac{\pi}{2}$ 下的特解，其中 n 为正整数.

解： 令 $\frac{y}{x}=u$，则有

$$\frac{dy}{dx}=u+x\frac{du}{dx}=u+n\tan u,$$

即

$$x\frac{du}{dx}=n\tan u,$$

分离变量，得

$$\cot u\,du=\frac{n}{x}dx,$$

积分，得

$$\ln|\sin u|=n\ln|x|+\ln|C_1|=\ln|C_1x^n|$$

或

$$\sin u=Cx^n \quad (C=\pm C_1).$$

将 $u=\frac{y}{x}$ 代入上式，得通解为

$$\sin\frac{y}{x}=Cx^n.$$

由 $y|_{x=1}=\frac{\pi}{2}$，得 $C=1$. 故所求特解为

$$\sin\frac{y}{x}=x^n.$$

9.2.3 一阶线性微分方程

形如

$$\frac{dy}{dx}+P(x)y=Q(x) \tag{9.12}$$

的方程称为**一阶线性微分方程**. 如果 $Q(x)\equiv 0$，则方程（9.12）变为

$$\frac{dy}{dx}+P(x)y=0, \tag{9.13}$$

此方程称为**一阶齐次线性微分方程**. 如果 $Q(x)\neq 0$，则方程（9.12）称为**一阶非齐次线性微分方程**.

一阶齐次线性方程（9.13）是可分离变量的方程，分离变量，得

$$\frac{dy}{y}=-P(x)dx,$$

两端积分，有

$$\ln|y|=-\int P(x)dx+C_1,$$

故方程（9.13）的通解为

$$y=Ce^{-\int P(x)dx}, \tag{9.14}$$

其中 $C(C=\pm e^{C_1})$ 为任意常数.

下面我们用**常数变易法**来求非齐次线性方程（9.12）的通解. 这种方法是把方程（9.13）的通解式（9.14）中的任意常数 C 换成 x 的未知函数 $u(x)$，即作变换

$$y=u(x)e^{-\int P(x)dx}. \tag{9.15}$$

假设式（9.15）是非齐次线性方程（9.12）的解. 因为

$$\frac{dy}{dx}=u'(x)e^{-\int P(x)dx}-u(x)P(x)e^{-\int P(x)dx}. \tag{9.16}$$

将式（9.15）与式（9.16）代入方程（9.12），得

$$u'(x)e^{-\int P(x)dx}-u(x)P(x)e^{-\int P(x)dx}+P(x)u(x)e^{-\int P(x)dx}=Q(x)$$

或

$$u'(x)=Q(x)e^{\int P(x)dx}.$$

积分后，得

$$u(x)=\int Q(x)e^{\int P(x)dx}dx+C.$$

将上式代入式（9.15），得到非齐次线性方程（9.12）的通解

$$y=e^{-\int P(x)dx}\left[\int Q(x)e^{\int P(x)dx}dx+C\right]. \tag{9.17}$$

例 5 求方程$\frac{dy}{dx}-\frac{2y}{x+1}=(x+1)^{\frac{5}{2}}$的通解.

解：题设方程是一阶非齐次线性方程. 先求对应的齐次方程的通解. 由方程

$$\frac{dy}{dx}-\frac{2y}{x+1}=0,$$

分离变量，得

$$\frac{dy}{y}=\frac{2dx}{x+1},$$

两端积分，得对应的齐次方程的通解为

$$y=C_1(x+1)^2.$$

利用常数变易法，设题设方程的通解为

$$y=u(x)(x+1)^2, \tag{9.18}$$

求导，得

$$\frac{dy}{dx}=u'(x)(x+1)^2+2u(x)(x+1),$$

代入题设方程，得

$$u'(x)=(x+1)^{\frac{1}{2}},$$

两端积分，得

$$u(x)=\frac{2}{3}(x+1)^{\frac{3}{2}}+C.$$

将上式代入式（9.18），得题设方程的通解为

$$y=(x+1)^2\left[\frac{2}{3}(x+1)^{\frac{3}{2}}+C\right].$$

例 6 求方程 $dx-(2x-y^2)dy=0$ 的通解.

解：将题设方程改写为

$$\frac{dy}{dx}=\frac{1}{2x-y^2},$$

这不是线性微分方程.

如果将题设方程改写为

$$\frac{dx}{dy}-2x=-y^2,$$

即将 x 看作 y 的函数，则它是形如

$$\frac{dx}{dy}+P(y)x=Q(y)$$

的线性微分方程. 运用式（9.17），得题设方程的通解为

$$x=e^{\int 2dy}\left[\int(-y^2)e^{\int(-2)dy}dy+C\right]$$

或

$$x=Ce^{2y}+\left(\frac{1}{2}y^2+\frac{1}{2}y+\frac{1}{4}\right)e^{-2y}.$$

习题 9.2

1. 求下列微分方程的通解或满足给定初始条件的特解.

(1) $xydx+\sqrt{1-x^2}dy=0$；　　(2) $xdy+dx=e^ydx$；

(3) $\tan x\dfrac{dy}{dx}=1+y$；　　(4) $(xy^2+x)dx+(y-x^2y)dy=0$；

(5) $\dfrac{dy}{dx}=10^{x+y}$；　　(6) $x^2ydx=(1-y^2+x^2-x^2y^2)dy$；

(7) $y'\sin x-y\cos x=0$，$y|_{x=\frac{\pi}{2}}=1$；

(8) $3e^x\tan ydx+(1+e^x)\sec^2ydy=0$，$y|_{x=0}=\dfrac{\pi}{4}$.

2. 求下列齐次方程的通解或满足给定初始条件的特解.

(1) $(x^2+y^2)dx-2xydy=0$；　　(2) $y'=\dfrac{y}{x}+\sin\dfrac{y}{x}$；

(3) $xy'-y-\sqrt{x^2+y^2}=0$；　　(4) $xy^2dy=(x^3+y^3)dx$；

(5) $y(x^2-xy+y^2)dx+x(x^2+xy+y^2)dy=0$；

(6) $(y^2-3x^2)dy-2xydx=0$，$y|_{x=0}=1$；

(7) $(y+xe^{\frac{y}{x}})dx=xdy$，$y|_{x=1}=0$.

3. 求下列微分方程的通解或满足给定初始条件的特解.

(1) $y'-3y=e^{2x}$；　　(2) $y'-y\sin x=\dfrac{1}{2}\sin 2x$；

(3) $y'-\dfrac{ny}{x}=e^xx^n$；　　(4) $y'-\dfrac{2y}{x+1}=(x+1)^3$；

(5) $(x^2+1)y'+2xy=4x^2$；　　(6) $y'-\dfrac{1}{x}y=-\dfrac{2}{x}\ln x$，$y|_{x=1}=1$；

(7) $y'-3x^2y=\frac{1}{3}x^2(1+x^3)$，$y|_{x=0}=-\frac{1}{9}$；

(8) $(x^2-1)\mathrm{d}y+(2xy-\cos x)\mathrm{d}x=0$，$y|_{x=0}=1$.

4. 求一曲线方程，该曲线过原点，且它在点 (x, y) 处的斜率等于 $2x+y$.

5. 某林区现有木材 10 万米^3，如果在每一瞬时木材的变化率与当时木材数成正比，假设 10 年内该林区能有木材 20 万米^3，试确定木材数 P 与时间 t 的关系.

9.3 可降阶的二阶微分方程

对于二阶微分方程，在有些情况下，可以通过适当的变量替换将其降为一阶微分方程，求解一阶微分方程后，再将变量回代，从而求得所给二阶微分方程的解.

9.3.1 $y''=f(x)$ 型

这是最简单的二阶微分方程，求解方法是逐次积分.

例 1 求方程 $y''=\mathrm{e}^{2x}-\cos x$ 满足初始条件 $y(0)=0$，$y'(0)=1$ 的特解.

解：对所给方程连续积分两次，得

$$y'=\frac{1}{2}\mathrm{e}^{2x}-\sin x+C_1, \tag{9.19}$$

$$y=\frac{1}{4}\mathrm{e}^{2x}+\cos x+C_1x+C_2, \tag{9.20}$$

在方程 (9.19) 中代入条件 $y'(0)=1$，得 $C_1=\frac{1}{2}$，在方程 (9.20) 中代入条件 $y(0)=0$，得 $C_2=-\frac{5}{4}$，故所给方程的特解为

$$y=\frac{1}{4}\mathrm{e}^{2x}+\cos x+\frac{1}{2}x-\frac{5}{4}.$$

9.3.2 $y''=f(x, y')$ 型

方程

$$y''=f(x, y') \tag{9.21}$$

的右端不显含未知函数 y. 令 $y'=p(x)$，则 $y''=p'(x)$，方程 (9.21) 化为以 $p(x)$ 为未知函数的一阶微分方程

$$p'=f(x, p).$$

设其通解为

$$p=\varphi(x, C_1).$$

再根据关系式 $y'=p$，又得到一个一阶微分方程

$$y'=\varphi(x, C_1).$$

对它进行积分，可得到方程（9.21）的通解

$$y=\int\varphi(x, C_1)\mathrm{d}x+C_2.$$

例 2 求方程 $(1+x^2)y''=2xy'$ 的通解.

解： 所给方程是 $y''=f(x, y')$ 型. 设 $y'=p$，代入原方程并分离变量后，得

$$\frac{\mathrm{d}p}{p}=\frac{2x}{1+x^2}\mathrm{d}x,$$

两端积分，得

$$\ln|p|=\ln(1+x^2)+C,$$

即

$$p=C_1(1+x^2)\quad(C_1=\pm\mathrm{e}^C)$$

或

$$\frac{\mathrm{d}y}{\mathrm{d}x}=C_1(1+x^2).$$

再积分一次，得原方程的通解为

$$y=C_1\left(x+\frac{x^3}{3}\right)+C_2.$$

9.3.3 $y''=f(y, y')$ 型

方程

$$y''=f(y, y') \tag{9.22}$$

的右端不显含自变量 x. 令 $y'=p(y)$，即把 y 暂时看作自变量，有

$$y''=\frac{\mathrm{d}p}{\mathrm{d}x}=\frac{\mathrm{d}p}{\mathrm{d}y}\cdot\frac{\mathrm{d}y}{\mathrm{d}x}=p\frac{\mathrm{d}p}{\mathrm{d}y}.$$

方程（9.22）化为

$$p\frac{\mathrm{d}p}{\mathrm{d}y}=f(y, p),$$

这是一个关于变量 y 和 p 的一阶微分方程. 设它的通解为

$$y'=p=\varphi(y, C_1),$$

这是一个可分离变量的方程，对其积分得到原方程（9.22）的通解

$$\int \frac{\mathrm{d}y}{\varphi(y, C_1)} = x + C_2.$$

例 3 求微分方程 $yy''-y'^2=0$ 的通解.

解: 所给方程是 $y''=f(y, y')$ 型. 令 $y'=p(y)$, 则 $y''=p\frac{\mathrm{d}p}{\mathrm{d}y}$, 原方程为

$$y \cdot p\frac{\mathrm{d}p}{\mathrm{d}y}-p^2=0.$$

当 $y\neq 0$, $p\neq 0$ 时, 约去 p 并分离变量, 得

$$\frac{\mathrm{d}p}{p}=\frac{\mathrm{d}y}{y},$$

两端积分, 得

$$\ln|p|=\ln|y|+C,$$

即 $p=C_1y$ 或 $y'=C_1y$ ($C_1=\pm \mathrm{e}^C$).

再分离变量并两端积分, 得原方程的通解为

$$\ln|y|=C_1x+C_2'$$

或

$$y=C_2\mathrm{e}^{C_1x}(C_2=\pm \mathrm{e}^{C_2'}).$$

习题 9.3

1. 求下列微分方程的通解或满足给定初始条件的特解.

(1) $y''=\mathrm{e}^{3x}+\sin x$;

(2) $y''=y'+x$;

(3) $xy''+y'=0$;

(4) $y''+\frac{y'^2}{1-y}=0$;

(5) $yy''-(y')^2-y'=0$;

(6) $y''+\sqrt{1-(y')^2}=0$;

(7) $y''=\frac{3}{2}y^2$, $y|_{x=0}=1$, $y'|_{x=0}=1$.

2. 试求 $y''=x$ 的经过点 $M(0, 1)$ 且在此点与直线 $y=\frac{x}{2}+1$ 相切的曲线.

9.4 二阶常系数线性微分方程

二阶常系数线性微分方程的一般形式是

$$y''+py'+qy=f(x), \tag{9.23}$$

其中 p, q 为 (实) 常数, $f(x)$ 是 x 的已知函数. 当 $f(x)\equiv 0$ 时, 方程叫作齐次的; 当

$f(x)\neq0$ 时，方程叫作**非齐次的**.

9.4.1　二阶常系数齐次线性微分方程

先讨论二阶常系数齐次线性微分方程

$$y''+py'+qy=0, \tag{9.24}$$

其中 p，q 为（实）常数.

定理 1　如果函数 $y_1(x)$ 与 $y_2(x)$ 是方程（9.24）的两个解，而且$\frac{y_1(x)}{y_2(x)}$不等于常数，则

$$y=C_1y_1(x)+C_2y_2(x) \tag{9.25}$$

为方程（9.24）的通解，其中 C_1 和 C_2 为任意常数.

证明：将式（9.25）代入方程（9.24）左端，得

$$\begin{aligned}&[C_1y_1''+C_2y_2'']+p[C_1y_1'+C_2y_2']+q[C_1y_1+C_2y_2]\\=&C_1[y_1''+py_1'+qy_1]+C_2[y_2''+py_2'+qy_2].\end{aligned}$$

由于 y_1 与 y_2 是方程（9.24）的解，上式右端方括号中的表达式都恒等于零，因而整个式子恒等于零，所以式（9.25）是方程（9.24）的解. 又由于$\frac{y_1(x)}{y_2(x)}$不等于常数，因而式（9.25）中含有两个任意常数，所以式（9.25）是方程（9.24）的通解.

定理中“$\frac{y_1(x)}{y_2(x)}$不等于常数”这一条件是重要的. 如果$\frac{y_1(x)}{y_2(x)}=k$（k 是常数），则 $y_1(x)=ky_2(x)$，于是

$$y=C_1y_1(x)+C_2y_2(x)=(C_1k+C_2)y_2(x)=Cy_2(x),$$

其中 $C=C_1k+C_2$，这显然不是方程（9.24）的通解.

一般地，对于两个函数 $y_1(x)$ 与 $y_2(x)$，如果它们的比为常数，则称它们是**线性相关的**，否则称它们是**线性无关的**.

于是，求方程（9.24）的通解可归结为求它的两个线性无关的特解.

下面先来分析方程（9.24）可能具有什么形式的特解. 从方程的形式来看，它的特点是 y，y'与 y''各乘以常数因子后相加等于零. 如果能找到一个函数 y，使得 y，y'与 y''之间只相差一个常数，这样的函数就有可能是方程（9.24）的特解. 易知函数 e^{rx} 符合上述要求，于是令

$$y=e^{rx},$$

其中 r 为待定常数. 将 $y=e^{rx}$，$y'=re^{rx}$，$y''=r^2e^{rx}$ 代入方程（9.24），得

$$(r^2+pr+q)e^{rx}=0.$$

由于 $e^{rx}\neq0$，因此有

$$r^2+pr+q=0. \tag{9.26}$$

由此可见，如果 r 是二次方程（9.26）的根，则 $y=e^{rx}$ 就是微分方程（9.24）的解，我们称方程（9.26）为微分方程（9.24）的**特征方程**，并称特征方程的两个根 r_1，r_2 为**特征根**. 下面根据特征根 r_1 与 r_2 是相异实根、重根和共轭复根三种情形分别讨论.

（1）相异实根 r_1，r_2.

此时 $p^2-4q>0$，而且

$$r_1=\frac{-p+\sqrt{p^2-4q}}{2},\quad r_2=\frac{-p-\sqrt{p^2-4q}}{2}$$

为两个相异实根. e^{r_1x}，e^{r_2x}是方程（9.24）的特解，因为

$$\frac{e^{r_1x}}{e^{r_2x}}=e^{(r_1-r_2)x}\neq\text{常数}$$

所以 e^{r_1x}，e^{r_2x}线性无关，故方程（9.24）的通解是

$$y=C_1e^{r_1x}+C_2e^{r_2x} \tag{9.27}$$

其中 C_1 和 C_2 为任意常数.

例 1　求方程 $y''-3y'-10y=0$ 的通解.

解：微分方程的特征方程为

$$r^2-3r-10=0.$$

它有两个不相等的实根 $r_1=-2$，$r_2=5$，故所求通解为

$$y=C_1e^{-2x}+C_2e^{5x}.$$

（2）相等的实根 $r_1=r_2$.

此时 $p^2-4q=0$，而且

$$r_1=r_2=-\frac{p}{2}$$

为两个相等的实根. 这样得到方程（9.24）的一个特解 $y_1=e^{r_1x}$. 可以证明 $y_2=xe^{r_1x}$是方程（9.24）的另一个特解，而且 y_1，y_2 线性无关，故方程（9.24）的通解为

$$y=C_1e^{r_1x}+C_2xe^{r_1x}=(C_1+C_2x)e^{r_1x}. \tag{9.28}$$

例 2　求方程 $y''+4y'+4y=0$ 的通解.

解：特征方程 $r^2+4r+4=0$ 有重根

$$r_1=r_2=-2,$$

故原方程的通解是

$$y=(C_1+C_2x)e^{-2x}.$$

(3) 共轭复根 r_1，r_2.

此时 $p^2-4q<0$，而且

$$r_1=\alpha+\mathrm{i}\beta,\quad r_2=\alpha-\mathrm{i}\beta$$

为一对共轭复根，其中 $\alpha=-\frac{p}{2}$，$\beta=\frac{\sqrt{4q-p^2}}{2}$. 可以证明 $y_1=\mathrm{e}^{\alpha x}\cos\beta x$，$y_2=\mathrm{e}^{\alpha x}\sin\beta x$ 是方程（9.24）的两个线性无关的特解，故方程（9.24）的通解为

$$y=\mathrm{e}^{\alpha x}(C_1\cos\beta x+C_2\sin\beta x). \tag{9.29}$$

例 3 求方程 $y''-4y'+13y=0$ 的通解.

解：特征方程 $r^2-4r+13=0$ 有一对共轭复根

$$r_1=2+3\mathrm{i},\quad r_2=2-3\mathrm{i},$$

故原方程的通解是

$$y=\mathrm{e}^{2x}(C_1\cos 3x+C_2\sin 3x).$$

综上所述，求二阶常系数齐次线性微分方程（9.24）的通解，只需先求出其特征方程（9.26）的根，再根据根的情况确定其通解，如表 9-1 所示：

表 9-1

特征方程 $r^2+pr+q=0$ 的根	微分方程 $y''+py'+qy=0$ 的通解
有两个相异实根 r_1，r_2	$y=C_1\mathrm{e}^{r_1x}+C_2\mathrm{e}^{r_2x}$
有重根 $r_1=r_2$	$y=(C_1+C_2x)\ \mathrm{e}^{r_1x}$
有一对共轭复根 $r_{1,2}=\alpha\pm\mathrm{i}\beta$	$y=\mathrm{e}^{\alpha x}(C_1\cos\beta x+C_2\sin\beta x)$

9.4.2 二阶常系数非齐次线性微分方程

这里，我们讨论二阶常系数非齐次线性微分方程

$$y''+py'+qy=f(x) \tag{9.30}$$

的解法，其中 p，q 为常数，$f(x)\neq 0$. 通常称方程（9.24）为方程（9.30）对应的齐次方程.

下面介绍方程（9.30）的解的结构定理.

定理 2 设 $y^*(x)$ 是二阶常系数非齐次线性微分方程（9.30）的一个特解，而 $Y(x)$ 是方程（9.30）对应的齐次方程（9.24）的通解，则二阶常系数非齐次线性微分方程（9.30）的通解为

$$y(x)=y^*(x)+Y(x). \tag{9.31}$$

证明：将式（9.31）代入方程（9.30）的左端，得

$$\begin{aligned}&[y^{*\prime\prime}(x)+Y''(x)]+p[y^{*\prime}(x)+Y'(x)]+q[y^{*}(x)+Y(x)]\\=&[Y''(x)+pY'(x)+qY(x)]+[y^{*\prime\prime}(x)+py^{*\prime}(x)+qy^{*}(x)]\\=&0+f(x)\\=&f(x).\end{aligned}$$

由于对应的齐次方程（9.24）的通解 $Y(x)$ 中含有两个任意常数，所以 $y(x)=Y(x)+y^{*}(x)$ 中也含有两个任意常数，从而 $y(x)=Y(x)+y^{*}(x)$ 是方程（9.30）的通解.

由此定理可知，求非齐次方程（9.30）的通解可归结为求它的一个特解 $y^{*}(x)$ 及对应的齐次方程（9.24）的通解 $Y(x)$. 两个解相加 $y(x)=Y(x)+y^{*}(x)$ 就得到了方程（9.30）的通解. 前面我们已经解决了求齐次方程（9.24）通解的方法，现在剩下的问题是如何求非齐次方程（9.30）的一个特解.

一般来说，方程（9.30）的特解与方程（9.30）中函数 $f(x)$ 的形式类似，因此可设特解 $y^{*}(x)$ 为形式与 $f(x)$ 相同但含有待定系数的函数（称为试解函数）. 将 $y^{*}(x)$ 代入方程（9.30），利用方程两端对于 x 的任意取值恒等的条件，确定待定系数的值，从而求出方程（9.30）的特解. 这种方法称为待定系数法.

对于几种常见类型的 $f(x)$，相应的特解（试解函数）的设定方法如表 9-2 所示：

表 9-2

$f(x)$ 的形式	取特解的条件	特解 y^{*} 的形式
$f(x)=e^{\alpha x}P_m(x)$ α 为已知常数 $P_m(x)$ 为已知的 m 次多项式	α 不是特征根	$y^{*}=e^{\alpha x}Q_m(x)$ $Q_m(x)$ 为待定的 m 次多项式
	α 是单特征根	$y^{*}=xe^{\alpha x}Q_m(x)$ $Q_m(x)$ 为待定的 m 次多项式
	α 是二重特征根	$y^{*}=x^2e^{\alpha x}Q_m(x)$ $Q_m(x)$ 为待定的 m 次多项式
$f(x)=e^{\alpha x}(a_1\cos\beta x+a_2\sin\beta x)$ α，β，a_1，a_2 为已知常数	$\alpha\pm i\beta$ 不是特征根	$y^{*}=e^{\alpha x}(A_1\cos\beta x+A_2\sin\beta x)$ A_1，A_2 为待定常数
	$\alpha\pm i\beta$ 是特征根	$y^{*}=xe^{\alpha x}(A_1\cos\beta x+A_2\sin\beta x)$ A_1，A_2 为待定常数

下面通过一些例题来熟悉求解二阶常系数非齐次线性微分方程的具体过程.

例 4 求微分方程 $y''-2y'-3y=2x+1$ 的通解.

解：所给方程是二阶常系数非齐次线性微分方程，且函数 $f(x)$ 是 $e^{\alpha x}P_m(x)$ 型（其中 $\alpha=0$，$P_m(x)=2x+1$）.

该方程对应的齐次方程为

$$y''-2y'-3y=0,$$

它的特征方程为

$$r^2-2r-3=0,$$

特征根为 $r_1=-1$，$r_2=3$，于是所给方程对应的齐次方程的通解为

$$Y=C_1\mathrm{e}^{-x}+C_2\mathrm{e}^{3x}.$$

由于 $\alpha=0$ 不是特征根，故应设所给方程的一个特解为

$$y^*=A_0x+A_1.$$

把它代入所给方程，得

$$-2A_0-3(A_0x+A_1)=2x+1.$$

比较两端 x 同次幂的系数，得

$$\begin{cases}-3A_0=2\\-2A_0-3A_1=1\end{cases}.$$

由此可得 $A_0=-\dfrac{2}{3}$，$A_1=\dfrac{1}{9}$，于是求得一个特解为

$$y^*=-\frac{2}{3}x+\frac{1}{9}.$$

故所给方程的通解为

$$y=C_1\mathrm{e}^{-x}+C_2\mathrm{e}^{3x}-\frac{2}{3}x+\frac{1}{9}.$$

例 5　求微分方程 $y''-2y'+y=12x\mathrm{e}^x$ 的通解.

解：特征方程为

$$r^2-2r+1=0.$$

所以有二重特征根 $r=1$，从而对应的齐次方程的通解为

$$Y=(C_1+C_2x)\mathrm{e}^x.$$

下面求所给方程的特解．由于 $f(x)=12x\mathrm{e}^x$，即 $\alpha=1$ 为二重特征根．$P_m(x)=12x$，故应设特解为

$$y^*=x^2(A_0x+A_1)\mathrm{e}^x,$$

把它代入所给方程，可得

$$(6A_0x+2A_1)\mathrm{e}^x=12x\mathrm{e}^x,$$

故有 $A_0=2$，$A_1=0$，于是 $y^*=2x^3\mathrm{e}^x$．因此所给方程的通解为

$$y=(C_1+C_2x)\mathrm{e}^x+2x^3\mathrm{e}^x.$$

例 6　求微分方程 $y''-4y'+13y=145\cos 2x$ 的通解.

解：例 3 已求出对应的齐次方程的特征根为

$$r_{1,2}=2\pm 3\mathrm{i},$$

于是，齐次方程的通解为

$$Y=\mathrm{e}^{2x}(C_1\cos 3x+C_2\sin 3x).$$

由于 $f(x)=145\cos 2x$，即 $\alpha=0$，$\beta=2$（$\alpha\pm\mathrm{i}\beta=\pm 2\mathrm{i}$ 不是特征根），$a_1=145$，$a_2=0$. 于是，设特解为

$$y^*=A_1\cos 2x+A_2\sin 2x.$$

把它代入所给方程，得

$$(9A_1-8A_2)\cos 2x+(8A_1+9A_2)\sin 2x=145\cos 2x,$$

比较系数，有

$$9A_1-8A_2=145,\quad 8A_1+9A_2=0,$$

解得 $A_1=9$，$A_2=-8$，于是 $y^*=9\cos 2x-8\sin 2x$. 因此，所给方程的通解为

$$y=\mathrm{e}^{2x}(C_1\cos 3x+C_2\sin 3x)+9\cos 2x-8\sin 2x.$$

习题 9.4

1. 求下列微分方程的通解或满足给定初始条件的特解.

(1) $y''-7y'+6y=0$；
(2) $y''-4y'+13y=0$；
(3) $y''-6y'-9y=0$；
(4) $y''+4y=0$；
(5) $y''-5y'+6y=0$，$y'|_{x=0}=1$，$y|_{x=0}=\frac{1}{2}$；
(6) $4y''+4y'+y=0$，$y'|_{x=0}=0$，$y|_{x=0}=2$；
(7) $y''+4y'+29y=0$，$y'|_{x=0}=15$，$y|_{x=0}=0$.

2. 求下列微分方程的通解或满足给定初始条件的特解.

(1) $y''+y=2x^2-3$；
(2) $y''+2y'-3y=\mathrm{e}^{2x}$；
(3) $y''+2y'+y=3x^2\mathrm{e}^{-x}$；
(4) $y''+y'-2y=\mathrm{e}^{-2x}\sin x$；
(5) $y''-6y'+9y=\mathrm{e}^{x}\cos x$；
(6) $y''-3y'+2y=5$，$y'|_{x=0}=2$，$y|_{x=0}=1$；
(7) $y''+4y=8x$，$y'|_{x=0}=4$，$y|_{x=0}=0$；
(8) $y''-y=4x\mathrm{e}^{x}$，$y'|_{x=0}=1$，$y|_{x=0}=0$.

3. 求微分方程 $y''-4y'+3y=0$ 的一条积分曲线，使以 $M(0,2)$ 为切点的切线方程为 $y=x+2$.（注：微分方程的解的图形是一条曲线，叫作微分方程的积分曲线.）

4. 设函数 $\varphi(x)$ 连续，且满足

$$\varphi(x)=\mathrm{e}^{x}+\int_0^x(t-x)\varphi(t)\mathrm{d}t,$$

求 $\varphi(x)$.

9.5 差分方程的基本概念

9.5.1 差分

在经济管理或其他实际问题中，许多变量是以定义在整数集上的数列形式变化的. 例如，银行中的定期存款按所设定的时间等间隔计息，产品的产量、成本、利润等按月、周统计. 通常称这类变量为离散型变量. 描述各离散型变量之间关系的数学模型称为离散型模型. 差分方程是研究这类离散型模型的有力工具.

定义 1 设函数 $y=f(x)$，记为 y_x. 当 x 取遍非负整数时，相应的函数值可以排列成一个数列

$$y_0, y_1, y_2, \cdots, y_x, \cdots,$$

则改变量 $y_{x+1}-y_x$ 称为函数 y_x 的**差分**，也称为函数 y_x 的**一阶差分**，记为 Δy_x，即

$$\Delta y_x=y_{x+1}-y_x.$$

一阶差分的差分 $\Delta^2 y_x$ 称为函数 y_x 的**二阶差分**，即

$$\Delta^2 y_x=\Delta(\Delta y_x)=\Delta y_{x+1}-\Delta y_x=(y_{x+2}-y_{x+1})-(y_{x+1}-y_x)=y_{x+2}-2y_{x+1}+y_x.$$

类似地，可定义三阶差分、四阶差分、…

$$\Delta^3 y_x=\Delta(\Delta^2 y_x),\quad \Delta^4 y_x=\Delta(\Delta^3 y_x),\quad \cdots.$$

二阶及二阶以上的差分统称为高阶差分.

由定义可知差分具有以下性质：

(1) $\Delta(cy_x)=c\Delta y_x$（c 为常数）.

(2) $\Delta(y_x\pm z_x)=\Delta y_x\pm\Delta z_x$.

例 1 已知 $y_x=c$（c 为常数），求 Δy_x.

解： $\Delta y_x=y_{x+1}-y_x=c-c=0$，

所以常数的差分为零.

例 2 求 $\Delta(x^2)$，$\Delta^2(x^2)$，$\Delta^3(x^2)$.

解：

$$\begin{aligned}\Delta(x^2)&=(x+1)^2-x^2=2x+1,\\ \Delta^2(x^2)&=\Delta(2x+1)\\ &=[2(x+1)+1]-(2x+1)=2,\\ \Delta^3(x^2)&=\Delta(2)\\ &=2-2=0.\end{aligned}$$

例 3 设 $y_x=x^{(n)}=x(x-1)\cdots(x-n+1)$，$x^{(0)}=1$，求 Δy_x.

解： $\Delta y_x=y_{x+1}-y_x=(x+1)^{(n)}-x^{(n)}$

$$=(x+1)x(x-1)\cdots(x+1-n+1)-x(x-1)\cdots(x-n+1)$$
$$=[(x+1)-(x-n+1)]x(x-1)\cdots(x-n+2)$$
$$=nx^{(n-1)}.$$

9.5.2 差分方程的概念

定义 2 含有未知函数 y_x 的差分的方程称为**差分方程**. 差分方程中所含未知函数差分的最高阶数称为该**差分方程的阶**.

n 阶差分方程的一般形式为

$$F(x, y_x, y_{x+1}, \cdots, y_{x+n})=0$$

或

$$G(x, y_x, \Delta y_x, \cdots, \Delta^n y_x)=0.$$

差分方程的不同形式之间可以相互转化.

例如，二阶差分方程 $y_{x+2}-2y_{x+1}-y_x=3^x$ 的左边可以写成

$$(y_{x+2}-y_{x+1})-(y_{x+1}-y_x)-2y_x$$
$$=\Delta y_{x+1}-\Delta y_x-2y_x$$
$$=\Delta^2 y_x-2y_x,$$

所以原方程可以简化为

$$\Delta^2 y_x-2y_x=3^x.$$

定义 3 满足差分方程的函数称为该**差分方程的解**.

例如，对于差分方程 $y_{x+1}-y_x=2$，把函数 $y_x=10+2x$ 代入该方程，有

$$y_{x+1}-y_x=[10+2(x+1)]-[10+2x]=2,$$

所以 $y_x=10+2x$ 是该方程的解. 易见 $y_x=A+2x$（A 为任意常数）也是差分方程的解.

如果差分方程的解中含有相互独立的任意常数的个数等于方程的阶数，则称此解为该差分方程的**通解**.

在实际应用中，我们往往要根据系统在初始时刻所处的状态，对差分方程附加一定的条件，这种附加条件称为**初始条件**. 满足初始条件的解称为**特解**.

习题 9.5

1. 求下列函数的差分.

(1) $y_x=x^2+2x$，求$\Delta^2 y_x$； (2) $y_x=e^{3x}$，求$\Delta^2 y_x$；

(3) $y_x=\log_a x\,(a>0, a\neq 1)$，求$\Delta^2 y_x$； (4) $y_x=\sin ax$，求 Δy_x；

(5) $y_x=x^{(4)}$，求$\Delta^2 y_x$.

2. 证明 $\Delta\left(\dfrac{y_x}{z_x}\right)=\dfrac{z_x\cdot\Delta y_x-y_x\cdot\Delta z_x}{z_x\cdot z_{x+1}}$.

3. 确定下列差分方程的阶.

(1) $2y_{x+6}-5y_{x+1}=8$；　　(2) $y_{x+3}-x^2y_{x+1}+3y_x=2$.

4. 证明下列函数是给定差分方程的解（其中 a，b，c 为任意常数）.

(1) $y_{x+2}-3y_{x+1}+2y_x=0$，$y_x=a+b\cdot 2^x$；

(2) $(1+y_x)y_{x+1}=y_x$，$y_x=\dfrac{a}{1+ax}$；

(3) $y_{x+3}-6y_{x+2}+11y_{x+1}-6y_x=0$，$y_x=a+b\cdot 2^x+c\cdot 3^x$.

9.6 一阶和二阶常系数线性差分方程

9.6.1 一阶常系数线性差分方程

一阶常系数线性差分方程的一般形式为

$$y_{x+1}-ay_x=f(x), \tag{9.32}$$

其中，a 为非零常数，$f(x)$ 为已知函数. 如果 $f(x)=0$，则方程变为

$$y_{x+1}-ay_x=0. \tag{9.33}$$

方程（9.33）称为**一阶常系数齐次线性差分方程.**

如果 $f(x)\neq 0$，方程（9.32）称为**一阶常系数非齐次线性差分方程.**

1. 一阶常系数齐次线性差分方程的通解

一阶常系数齐次线性差分方程（9.33）有如下两种解法.

(1) 迭代法.

设 y_0 已知，由方程（9.33）依次可得出：

$$y_1=ay_0，y_2=ay_1=a^2y_0，y_3=ay_2=a^3y_0，\cdots，$$

一般地，$y_x=a^xy_0$，令 $y_0=A$，容易验证 $y_x=Aa^x$ 满足方程（9.33），因此差分方程（9.33）的通解为 $Y_x=Aa^x$.

(2) 特征根法.

设 $Y_x=\lambda^x$ $(\lambda\neq 0)$ 是方程（9.33）的一个特解，代入方程（9.33），得

$$\lambda^{x+1}-a\lambda^x=0$$

或

$$\lambda-a=0, \tag{9.34}$$

所以 $\lambda=a$. 方程（9.34）称为齐次方程（9.33）的特征方程，$\lambda=a$ 称为方程（9.33）的特征根，故 $Y_x=a^x$ 是方程（9.33）的一个特解，从而

$$Y_x=Aa^x(A\text{ 为任意常数}) \tag{9.35}$$

是齐次方程（9.33）的通解.

2. 一阶常系数非齐次线性差分方程的通解

定理1 设 Y_x 为齐次方程（9.33）的通解，y_x^* 为非齐次方程（9.32）的一个特解，则

$$y_x=Y_x+y_x^* \tag{9.36}$$

为非齐次方程（9.32）的通解.

证明：由于有 $y_{x+1}^*-ay_x^*=f(x)$，$Y_{x+1}-aY_x=0$，将这两式相加，得

$$(Y_{x+1}+y_{x+1}^*)-a(Y_x+y_x^*)=f(x),$$

所以 $y_x=Y_x+y_x^*$ 为非齐次方程（9.32）的通解.

下面我们对 $f(x)$ 的几种特殊形式给出求方程（9.32）的特解 y_x^* 的方法，进而给出方程（9.32）的通解的形式.

(1) $f(x)=c$（c 为非零常数）.

此时方程（9.32）为

$$y_{x+1}-ay_x=c. \tag{9.37}$$

给定 y_0，依次将 $x=0$，1，2，…代入方程（9.37），得

$$y_1=ay_0+c,$$
$$y_2=ay_1+c=a^2y_0+c(1+a),$$
$$y_3=ay_2+c=a^3y_0+c(1+a+a^2),$$
……
$$y_x=a^xy_0+c(1+a+a^2+\cdots+a^{x-1})$$
$$=\begin{cases}\left(y_0-\dfrac{c}{1-a}\right)a^x+\dfrac{c}{1-a}, & a\neq 1\\ y_0+cx, & a=1\end{cases}. \tag{9.38}$$

由式（9.35）得，齐次方程（9.33）的通解为 $y_x=A_1a^x$（A_1 为任意常数），所以非齐次方程（9.32）的通解为

$$y_x=\begin{cases}Aa^x+\dfrac{c}{1-a}, & a\neq 1\\ A+cx, & a=1\end{cases}, \tag{9.39}$$

其中 A 为任意常数，且当 $a\neq 1$ 时 $A=y_0-\dfrac{c}{1-a}+A_1$，当 $a=1$ 时 $A=y_0+A_1$.

例1 求差分方程 $y_{x+1}-3y_x=-2$ 的通解.

解：将 $a=3\neq 1$，$c=-2$ 代入式（9.39），得通解 $y_x=A3^x+1$，其中 A 为任意常数.

(2) $f(x)=cb^x$（c，b 为非零常数，且 $b\neq 1$）.

此时方程（9.32）为

$$y_{x+1}-ay_x=cb^x. \tag{9.40}$$

当 $b\neq a$ 时，设 $y_x^*=kb^x$ 为方程（9.40）的特解，其中 k 为待定常数. 将其代入方程（9.40），得

$$kb^{x+1}-akb^x=cb^x,$$

即

$$k=\frac{c}{b-a}.$$

于是所求特解 $y_x^*=\frac{c}{b-a}b^x$. 当 $b\neq a$ 时，方程（9.40）的通解为

$$y_x=Aa^x+\frac{c}{b-a}b^x (A\text{ 为任意常数}). \tag{9.41}$$

当 $b=a$ 时，设 $y_x^*=kxb^x$ 为方程（9.40）的特解，代入方程（9.40），得 $k=\frac{c}{a}$. 所以，当 $b=a$ 时，方程（9.40）的通解为

$$y_x=Aa^x+cxb^{x-1} (A\text{ 为任意常数}). \tag{9.42}$$

例 2 求差分方程 $y_{x+1}-\frac{1}{2}y_x=\left(\frac{5}{2}\right)^x$ 的通解.

解：将 $a=\frac{1}{2}$，$b=\frac{5}{2}$，$c=1$ 代入式（9.41），得方程的通解

$$y_x=A\left(\frac{1}{2}\right)^x+\frac{1}{2}\left(\frac{5}{2}\right)^x.$$

（3）$f(x)=cx^n$（c 为非零常数，n 为正整数）.

此时方程（9.32）为

$$y_{x+1}-ay_x=cx^n. \tag{9.43}$$

当 $a\neq 1$ 时，设 $y_x^*=B_0+B_1x+\cdots+B_nx^n$ 为方程（9.43）的特解，其中 B_0，B_1，…，B_n 为待定系数. 将其代入方程（9.43），求出系数 B_0，B_1，…，B_n，就得到方程（9.43）的特解 y_x^*.

当 $a=1$ 时，设 $y_x^*=x(B_0+B_1x+\cdots+B_nx^n)$ 为方程（9.43）的特解，其中 B_0，B_1，…，B_n 为待定系数. 将其代入方程（9.43），求出系数 B_0，B_1，…，B_n，就得到方程（9.43）的特解 y_x^*.

例 3 求差分方程 $y_{x+1}-2y_x=3x^2$ 的通解.

解：设题设方程的特解为 $y_x^*=B_0+B_1x+B_2x^2$，将它代入题设方程，得

$$B_0+B_1(x+1)+B_2(x+1)^2-2B_0-2B_1x-2B_2x^2=3x^2,$$

比较同次幂系数，得

$$B_0=-9,\ B_1=-6,\ B_2=-3,$$

于是所求特解为

$$y_x^* = -9-6x-3x^2,$$

而相应的齐次方程的通解为 $Y_x = A2^x$，所以题设方程的通解为

$$y_x = A2^x - 9 - 6x - 3x^2.$$

例 4　从银行贷款 P_0 元，年利率是 p，该笔贷款要在 m 年内按月等额还贷，试问每月应偿还多少？

解： 设每月应偿还 a 元. 第 1 个月应付利息 $y_1 = P_0 \cdot \frac{p}{12}$，第 2 个月应付利息

$$y_2 = (P_0 - a + y_1)\frac{p}{12} = \left(1+\frac{p}{12}\right)y_1 - \frac{p}{12}a.$$

类似地，可推导出第 $n+1$ 个月应付利息

$$y_{n+1} = \left(1+\frac{p}{12}\right)y_n - \frac{p}{12}a,$$

即

$$y_{n+1} - \left(1+\frac{p}{12}\right)y_n = -\frac{p}{12}a,$$

这是一阶常系数非齐次线性差分方程. 该方程的通解是

$$y_n = A\left(1+\frac{p}{12}\right)^n + a.$$

利用初始条件 $y_1 = P_0 \cdot \frac{p}{12}$，得

$$A = \frac{\frac{p}{12}P_0 - a}{1+\frac{p}{12}}.$$

所以第 n 个月应付利息

$$\begin{aligned} y_n &= \left(\frac{p}{12}P_0 - a\right)\left(1+\frac{p}{12}\right)^{n-1} + a \\ &= \frac{p}{12}P_0\left(1+\frac{p}{12}\right)^{n-1} + a\left[1-\left(1+\frac{p}{12}\right)^{n-1}\right], \end{aligned}$$

于是，m 年的利息和

$$\begin{aligned} I &= y_1 + y_2 + \cdots + y_{12m} = \sum_{n=1}^{12m} y_n \\ &= \frac{p}{12}P_0 \sum_{n=1}^{12m}\left(1+\frac{p}{12}\right)^{n-1} + 12ma - a\sum_{n=1}^{12m}\left(1+\frac{p}{12}\right)^{n-1} \end{aligned}$$

$$=\frac{p}{12}P_0\frac{\left(1+\frac{p}{12}\right)^{12m}-1}{\left(1+\frac{p}{12}\right)-1}+12ma-a\frac{\left(1+\frac{p}{12}\right)^{12m}-1}{\left(1+\frac{p}{12}\right)-1}$$

$$=12ma-P_0+P_0\left(1+\frac{p}{12}\right)^{12m}-\frac{12}{p}a\left[\left(1+\frac{p}{12}\right)^{12m}-1\right],$$

上式中，$12ma$ 是 m 年还款总额，P_0 是贷款额，$12ma-P_0$ 等于 m 年利息和 I，所以

$$P_0\left(1+\frac{p}{12}\right)^{12m}-\frac{12}{p}a\left[\left(1+\frac{p}{12}\right)^{12m}-1\right]=0,$$

解得每月应偿还的贷款额为

$$a=\frac{\frac{p}{12}P_0\left(1+\frac{p}{12}\right)^{12m}}{\left(1+\frac{p}{12}\right)^{12m}-1}.$$

9.6.2 二阶常系数线性差分方程

二阶常系数线性差分方程的一般形式为

$$y_{x+2}+ay_{x+1}+by_x=f(x), \tag{9.44}$$

其中 a，b 均为常数，且 $b\neq0$，$f(x)$ 为已知函数，当 $f(x)=0$ 时，方程（9.44）变为

$$y_{x+2}+ay_{x+1}+by_x=0. \tag{9.45}$$

方程（9.45）称为**二阶常系数齐次线性差分方程.**

当 $f(x)\neq0$ 时，方程（9.44）称为**二阶常系数非齐次线性差分方程.**

1. 二阶常系数齐次线性差分方程的通解

设 $y_x=\lambda^x$（$\lambda\neq0$）为方程（9.45）的一个特解，代入该方程，得

$$\lambda^{x+2}+a\lambda^{x+1}+b\lambda^x=0.$$

因为 $\lambda^x\neq0$，所以

$$\lambda^2+a\lambda+b=0, \tag{9.46}$$

称此方程为方程（9.45）的**特征方程**，称特征方程的根为**特征根**. 类似于二阶常系数齐次线性微分方程，根据特征根的三种情况，分别给出方程（9.45）的通解.

（1）特征方程（9.46）有两个相异实特征根 λ_1，λ_2，差分方程（9.45）的通解的形式为

$$Y_x=A_1\lambda_1^x+A_2\lambda_2^x(A_1，A_2\text{ 为任意常数}).$$

（2）特征方程（9.46）有两个相等的实特征根 $\lambda_1=\lambda_2=-\frac{a}{2}$，差分方程（9.45）的通解的形式为

$$Y_x=(A_1+A_2x)\left(-\frac{a}{2}\right)^x(A_1,\ A_2 \text{ 为任意常数}).$$

(3) 特征方程 (9.46) 有一对共轭复特征根 $\lambda_{1,2}=\alpha\pm i\beta$，此时，可以验证差分方程 (9.45) 有两个线性无关的特解

$$y_x^{(1)}=r^x\cos\theta x,\quad y_x^{(2)}=r^x\sin\theta x,$$

其中 $r=\sqrt{\alpha^2+\beta^2}$，$\tan\theta=\frac{\beta}{\alpha}$ $(0<\theta<\pi,\ \beta>0)$，所以差分方程 (9.45) 的通解的形式为

$$Y_x=r^x(A_1\cos\theta x+A_2\sin\theta x)(A_1,\ A_2 \text{ 为任意常数})$$

2. 二阶常系数非齐次线性差分方程的特解

类似于一阶常系数非齐次线性差分方程解的结构定理 1，可写出二阶常系数非齐次线性差分方程的解的结构定理.

定理 2 设 Y_x 为齐次方程 (9.45) 的通解，y_x^* 为非齐次方程 (9.44) 的一个特解，则

$$y_x=Y_x+y_x^* \tag{9.47}$$

为非齐次方程 (9.44) 的通解.

根据解的结构定理，求非齐次差分方程 (9.44) 的通解可归结为求对应的齐次方程 (9.45) 的通解和非齐次方程 (9.44) 的一个特解，而齐次方程 (9.45) 的通解的求法已经解决，所以只需讨论求二阶常系数非齐次线性差分方程的一个特解 y_x^* 的方法.

下面对 $f(x)$ 的几种特殊形式给出求方程 (9.44) 的特解 y_x^* 的方法.

(1) $f(x)=P_m(x)$，其中 $P_m(x)$ 是 x 的 m 次多项式.

此时，方程 (9.44) 具有形如

$$y_x^*=x^kQ_m(x)$$

的特解，其中 $Q_m(x)$ 是 x 的 m 次多项式.

当 $1+a+b\neq0$ 时，取 $k=0$，设

$$y_x^*=Q_m(x)=B_0+B_1x+\cdots+B_mx^m;$$

当 $1+a+b=0$，但 $a\neq-2$ 时，取 $k=1$，设

$$y_x^*=xQ_m(x)=x(B_0+B_1x+\cdots+B_mx^m);$$

当 $1+a+b=0$，但 $a=-2$ 时，取 $k=2$，设

$$y_x^*=x^2Q_m(x)=x^2(B_0+B_1x+\cdots+B_mx^m).$$

根据上述情形，把所设特解 y_x^* 代入方程 (9.44)，比较两端同次项的系数，确定待定系数 B_0，B_1，…，B_m，可得方程 (9.44) 的特解.

例 5 求差分方程 $y_{x+2}+5y_{x+1}+4y_x=x$ 的通解.

解：对应的齐次方程的特征方程为

$$\lambda^2+5\lambda+4=0.$$

解得特征根 $\lambda_1=-1$，$\lambda_2=-4$，于是对应的齐次方程的通解为

$$Y_x=A_1(-1)^x+A_2(-4)^x.$$

因为 $1+5+4\neq 0$，所以设 $y_x^*=B_0+B_1x$，代入原方程，得

$$B_0+B_1(x+2)+5[B_0+B_1(x+1)]+4(B_0+B_1x)=x,$$

解得 $B_0=-\dfrac{7}{100}$，$B_1=\dfrac{1}{10}$. 于是求得一个特解为

$$y_x^*=-\frac{7}{100}+\frac{1}{10}x,$$

故原方程的通解为

$$y_x=A_1(-1)^x+A_2(-4)^x-\frac{7}{100}+\frac{1}{10}x.$$

例 6 求差分方程 $y_{x+2}+\dfrac{1}{4}y_x=10$ 的通解.

解： 特征方程

$$\lambda^2+\frac{1}{4}=0$$

的特征根为 $\lambda_{1,2}=\pm\dfrac{1}{2}\mathrm{i}$，即 $\alpha=0$，$\beta=\dfrac{1}{2}$，于是 $r=\sqrt{\alpha^2+\beta^2}=\dfrac{1}{2}$，$\theta=\dfrac{\pi}{2}$，所以对应的齐次方程的通解为

$$Y_x=\left(\frac{1}{2}\right)^x\left(A_1\cos\frac{\pi}{2}x+A_2\sin\frac{\pi}{2}x\right).$$

因为 $1+\dfrac{1}{4}\neq 0$，所以设 $y_x^*=B_0$，代入原方程得 $B_0=8$. 故原方程的通解为

$$y_x=\left(\frac{1}{2}\right)^x\left(A_1\cos\frac{\pi}{2}x+A_2\sin\frac{\pi}{2}x\right)+8.$$

(2) $f(x)=\mu^xP_m(x)$，其中 $P_m(x)$ 是 x 的 m 次多项式，μ 为非零常数. 此时，方程 (9.44) 具有形如

$$y_x^*=x^k\mu^xQ_m(x)$$

的特解，其中 $Q_m(x)$ 是 x 的 m 次多项式.

当 $\mu^2+a\mu+b\neq 0$ 时（μ 不是对应的特征方程的特征根），取 $k=0$，设

$$y_x^*=\mu^xQ_m(x)=\mu^x(B_0+B_1x+\cdots+B_mx^m).$$

当 $\mu^2+a\mu+b=0$ 且 $2\mu+a\neq 0$ 时（μ 是单特征根），取 $k=1$，设

$$y_x^*=x\mu^xQ_m(x)=x\mu^x(B_0+B_1x+\cdots+B_mx^m).$$

当 $\mu^2+a\mu+b=0$ 且 $2\mu+a=0$ 时（μ 是二重特征根），取 $k=2$，设

$$y_x^*=x^2\mu^xQ_m(x)=x^2\mu^x(B_0+B_1x+\cdots+B_mx^m).$$

根据上述情形，把所设特解 y_x^* 代入方程（9.44），确定待定系数 B_0，B_1，…，B_m，可得方程（9.44）的特解.

例 7　求差分方程 $y_{x+2}-9y_x=3^x(36x+18)$ 的通解.

解：特征方程

$$\lambda^2-9=0$$

的特征根为 $\lambda_1=-3$，$\lambda_2=3$. 因为 $\mu=3$ 是单特征根，所以设特解为

$$y_x^*=x3^x(B_0+B_1x)=3^x(B_0x+B_1x^2),$$

代入原方程，得

$$3^{x+2}[B_0(x+2)+B_1(x+2)^2]-9\cdot 3^x(B_0x+B_1x^2)=3^x(36x+18),$$

解得 $B_0=-1$，$B_1=1$. 于是求得一个特解为

$$y_x^*=3^x(-x+x^2).$$

故原方程的通解为

$$\begin{aligned}y_x&=A_1(-3)^x+A_2 3^x+3^x(-x+x^2)\\&=A_1(-3)^x+3^x(A_2-x+x^2).\end{aligned}$$

例 8　设 $P(t)$ 为第 t 时段某类产品的价格，$L(t)$ 为第 t 时段的库存量. $\overline{L}$ 为该产品的合理库存量. 一般情况下，如果库存量超过合理库存量，则该产品的售价要下跌；如果库存量低于合理库存量，则该产品的售价要上涨. 于是有方程

$$P_{t+1}-P_t=\kappa(\overline{L}-L_t),$$

其中 κ（$\kappa>0$）为比例常数. 由该方程变形可得：

$$P_{t+2}-2P_{t+1}+P_t=-\kappa(L_{t+1}-L_t). \tag{9.48}$$

又设库存量 $L(t)$ 的改变与产品的生产销售状态有关，且在第 $t+1$ 时段库存增加量等于该时段的供求之差，即

$$L_{t+1}-L_t=S_{t+1}-D_{t+1}.$$

假设供给函数和需求函数分别为

$$S_t=a(P_t-\alpha)+\beta,\quad D_t=-b(P_t-\alpha)+\beta,$$
$$L_{t+1}-L_t=(a+b)P_{t+1}-a\alpha-b\alpha.$$

再由方程（9.48），得方程

$$P_{t+2}+[\kappa(a+b)-2]P_{t+1}+P_t=\kappa(a+b)\alpha. \tag{9.49}$$

方程（9.49）具有形如 $P_t{}^*=B_0$ 的特解，代入方程易得 $B_0=\alpha$.

方程（9.49）对应的齐次方程的特征方程为

$$\lambda^2+[\kappa(a+b)-2]\lambda+1=0,$$

解得特征根 $\lambda_{1,2}=-r\pm\sqrt{r^2-1}$，$r=\frac{1}{2}[\kappa(a+b)-2]$.

如果 $|r|<1$，设 $r=\cos\theta$，则方程（9.49）的通解为

$$P_t=A_1\cos\theta t+A_2\sin\theta t+\alpha,$$

即第 t 时段价格将围绕稳定值 α 循环变化.

如果 $|r|>1$，则 λ_1，λ_2 为两个实根，方程（9.49）的通解为

$$P_t=B_1\lambda_1^t+B_2\lambda_2^t+\alpha.$$

此时 λ_1，λ_2 中有一个根的绝对值大于 1，比如 $|\lambda_1|>1$，则当 $t\to+\infty$ 时，λ_1^t 将迅速变化，方程无稳定解.

故当 $-1<r<1$，即 $0<r+1<2$，也即 $0<\kappa<\frac{4}{a+b}$ 时，价格相对稳定.

习题 9.6

1. 求下列差分方程的通解或满足给定初始条件的特解.

（1）$y_{x+1}-5y_x=3$；　　（2）$y_{x+1}-2y_x=6x^2$；

（3）$y_{x+1}+y_x=2^x$；　　（4）$y_{x+1}+4y_x=2x^2+x-1$，$y_0=1$.

2. 设某产品在时期 t 的价格．总供给与总需求分别为 P_t，S_t 与 D_t，并且对于 $t=0$，1，2，…，有：（1）$S_t=2P_t+1$；（2）$D_t=-4P_{t-1}+5$；（3）$S_t=D_t$.

（Ⅰ）求证：由（1），（2），（3）能推出差分方程 $P_{t+1}+2P_t=2$；

（Ⅱ）已知 P_0 时，求上述方程的解.

3. 求下列二阶差分方程的通解或满足给定初始条件的特解.

（1）$y_{x+2}+3y_{x+1}-\frac{7}{4}y_x=9$；　　（2）$y_{x+2}+\frac{1}{9}y_x=0$；

（3）$y_{x+2}-3y_{x+1}+2y_x=3\cdot 5^x$；　　（4）$y_{x+2}-10y_{x+1}+25y_x=3^x$，$y_0=1$，$y_1=0$.

第九章总习题

(A)

1. 关于微分方程 $\frac{\mathrm{d}^2y}{\mathrm{d}x^2}+2\frac{\mathrm{d}y}{\mathrm{d}x}+y=\mathrm{e}^x$ 的下列结论，正确的是（　　）.

①该方程是齐次微分方程　　②该方程是线性微分方程

③该方程是常系数微分方程　　④该方程是二阶微分方程

(A) ①②③　　(B) ①②④

(C) ①③④　　(D) ②③④

2. 下列方程中，（　　）是齐次方程：

(A) $\frac{dx}{y^2-3xy}=\frac{dy}{x^2-xy-y^2}$　　(B) $y'=\frac{1}{x-y^2}$

(C) $(2x-y+3)dy=(3x-y+2)dx$　　(D) $\frac{2x}{1+y}dy=\frac{x}{2+y}dx$

3. 微分方程 $y'=4e^x-3y$ 的通解是（　　）.

(A) $y=e^x$　　(B) $y=e^{-3x}+e^x$

(C) $y=ce^{-3x}+e^x$　　(D) $y=-e^{-3x}+e^x$

4. 设非齐次线性微分方程 $y'+P(x)\ y=Q(x)$ 有两个不同的解 $y_1(x)$ 与 $y_2(x)$，C 是任意常数，则该方程的通解是（　　）.

(A) $C[y_1(x)+y_2(x)]$　　(B) $C[y_1(x)-y_2(x)]$

(C) $y_1(x)+C[y_1(x)+y_2(x)]$　　(D) $y_1(x)+C[y_1(x)-y_2(x)]$

5. 微分方程 $(xy'-y)\cos^2\left(\frac{y}{x}\right)+x=0$的通解是（　　）.

(A) $\frac{y}{x}+\sin\frac{y}{x}+4\ln|x|=C$　　(B) $\frac{2y}{x}+\sin\frac{2y}{x}+4\ln|x|=C$

(C) $\frac{y}{x}+\sin\frac{2y}{x}+2\ln|x|=C$　　(D) $\frac{2y}{x}+\sin\frac{2y}{x}+2\ln|x|=C$

6. 微分方程 $y''+4y=\sin 2x$ 的一个特解形式是（　　）.

(A) $C\sin 2x$　　(B) $C_1\cos 2x+C_2\sin 2x$

(C) $x(C_1\cos 2x+C_2\sin 2x)$　　(D) $x\cdot C\sin 2x$

7. 下列等式中为一阶差分方程的是（　　）.

(A) $\Delta^2 y_x=y_{x+2}-2y_{x+1}+y_x$　　(B) $3\Delta y_x+3y_x=\frac{x+2}{3}$

(C) $3\Delta y_x+\frac{2}{3}y_x=x^2$　　(D) $y_{x+1}+(1+3x)y_{x-1}=\left(\frac{3}{2}\right)^x$

8. 下列等式中，不是差分方程的是（　　）.

(A) $\Delta^2 y_x=x^2+2$　　(B) $-3\Delta y_x=3y_x+2^x$

(C) $3\Delta y_x-\frac{1}{3}y_x=3^x$　　(D) $y_{x+1}-y_{x-1}=\left(\frac{3}{2}\right)^x$

9. 下列差分方程中，不是二阶差分方程的是（　　）.

(A) $y_{x+3}+3y_{x+2}-2y_{x+1}=1$　　(B) $\Delta^2 y_x-\Delta y_x=0$

(C) $\Delta^3 y_x+y_x+3=0$　　(D) $\Delta^2 y_x+\Delta y_x=0$

10. 函数 $y_x=A2^x+8$ 是下面某一差分方程的通解，这个方程是（　　）.

(A) $\frac{1}{2}y_{x+1}-y_x=-4$　　(B) $\frac{1}{2}y_{x+1}-y_x=4$

(C) $y_{x+2}-3y_{x+1}+2y_x=0$　　(D) $y_x-3y_{x-1}+2y_{x-2}=0$

（B）

1. 求以$(x+c)^2+y^2=1$ 为通解的微分方程.

2. 求下列微分方程的通解或满足给定初始条件的特解.

（1）$y'+\dfrac{e^{y^3+x}}{y^2}=0$；

（2）$y\mathrm{d}x-2(x+y^4)\mathrm{d}y=0$，$y|_{x=0}=1$；

（3）$e^y y'-\dfrac{1}{x}e^y=x^2$，$y|_{x=1}=0$；

（4）$y''-4y'+4y=8(x^2+e^{2x})$.

3. 设可导函数 $f(x)$ 满足 $\int_0^x f(t)\mathrm{d}t=x+\int_0^x tf(x-t)\mathrm{d}t$，求 $f(x)$.

4. 设曲线 L 经过点（1，1），曲线上任一点 $P(x,y)$ 处的切线交 x 轴于点 T，且 $|PT|=|OT|$，求曲线 L 的方程.

5. 设 $y''+P(x)y'=f(x)$ 有一特解为$\dfrac{1}{x}$，对应的齐次方程有一特解为 x^2. 试求：

（1）$P(x)$，$f(x)$ 的表达式；　　（2）此方程的通解.

6. 某商品的需求量 Q 对价格 P 的弹性为 $-P\ln 3$. 如果该商品的最大需求量为 1 200（即当 $P=0$ 时，$Q=1\,200$），试求需求量 Q 与价格 P 的函数关系.

7. 设某商品的需求函数与供给函数分别为

$$Q_D=a-bP,\quad Q_S=-c+dP\quad（其中 a，b，c，d 均为正常数）.$$

假设商品价格 P 为时间 t 的函数，已知初始价格 $P(0)=P_0$，且在任一时刻 t，价格 $P(t)$ 的变化率总与这一时刻的超额需求 Q_D-Q_S 成正比（比例常数为 $k>0$）.

（1）求供需相等时的价格 P_e（均衡价格）；

（2）求价格随时间变化的规律.

8. 某商场的销售成本 y 和贮存费用 S 均是时间 t 的函数，随时间 t 的增长，销售成本的变化率等于贮存费用的倒数与常数 5 的和，而贮存费用的变化率为贮存费用的$\left(-\dfrac{1}{3}\right)$倍. 如果当 $t=0$ 时，销售成本 $y=0$，贮存费用 $S=10$. 试求销售成本与时间 t 的函数关系及贮存费用与时间 t 的函数关系.

9. 在某池塘内养鱼，该池塘内最多能养 1 000 尾，设在时刻 t，池塘内鱼数 y 是时间 t 的函数 $y=y(t)$，其变化率与鱼数 y 及 $1\,000-y$ 的乘积成正比，比例常数为 $k>0$. 已知在池塘内放鱼 100 尾，三个月末池塘内有鱼 250 尾，求放养 t 个月末池塘内鱼数 $y(t)$ 的公式. 放养六个月末有多少鱼?

10. 设商品的供给函数与需求函数分别为

$$Q_S=-6+8P,\quad Q_D=42-4P-4P'+P''.$$

初始条件为 $P(0)=6$，$P'(0)=4$，假设在每一时刻市场供需平衡，求价格函数 $P(t)$.

11. 设位于坐标原点的甲舰向位于 x 轴上点 $A(1,0)$ 处的乙舰发射制导导弹，导弹头始终对准乙舰. 如果乙舰以最大速度 V_0（V_0 为常数）沿平行于 y 轴的直线行驶，导弹的速度是$5V_0$，求导弹运行的曲线方程.

12. 通过适当变换，化方程 $(x+1)^2y_{x+1}+2x^2y_x=e^x$ 为常系数线性方程，并求出它满

足初始条件 $y_2=\frac{1}{e-2}$ 的特解.

13. 法国经济学家卡恩（Kahn）曾提出如下宏观经济模型：

$$Y_x=C_x+I,\ C_x=\alpha+\beta Y_{x-1},$$

其中 Y_x 和 C_x 分别为 x 期国民收入和消费，I 为各期相同的投资，$\alpha>0$，$0<\beta<1$，α，β 为常数，且已知 $x=0$ 时，$Y_x=Y_0$. 求 Y_x 和 C_x.

习题答案

习题 1.1

1. -3，$0.281\,717$，3，-4，$\pi-3$，2，$\sqrt{5}-2$.
2. 略.

习题 1.2

1. 1，0.
2. $+\infty$，1.
3. 错误.

习题 1.3

1. $\delta=\dfrac{1}{1\,000}$.

习题 1.4

1. $x=\dfrac{y+1}{1-y}(y\neq1)$ 或 $y=\dfrac{x+1}{1-x}(x\neq1)$.

2. $y=\frac{1}{2}\arcsin x$，$x\in(-1, 1)$.

3. ①当 $x\in\left(-\frac{\pi}{4}, \frac{\pi}{4}\right)$时，$x=\frac{1}{2}\arctan y$，$y\in(-\infty, +\infty)$.

②当 $x\in\left(-\frac{\pi}{2}, \frac{\pi}{4}\right)$时，$x=\frac{1}{2}(\arctan y-\pi)$，$y\in(0, +\infty)$.

③当 $x\in\left(\frac{\pi}{4}, \frac{\pi}{2}\right)$时，$x=\frac{1}{2}(\arctan y+\pi)$，$y\in(-\infty, 0)$.

习题 1.6

1. $y=e^{\sin\sqrt{x}}$，$x\geqslant 0$.

2. $f(g(x))=\begin{cases}2x+1, & -\frac{1}{2}<x\leqslant 1\\ e^x, & x>1\\ 1, & x\leqslant -\frac{1}{2}\end{cases}$.

$g(f(x))=\begin{cases}2x+1, & 0<x\leqslant 1\\ 3, & x\leqslant 0\\ e^x, & x>1\end{cases}$.

第一章总习题

(A)

1. (D). 2. (C). 3. (D). 4. (A). 5. (B). 6. (A). 7. (B). 8. (A). 9. (A). 10. (D).
11. (A). 12. (D). 13. (A). 14. (B).

(B)

1. -1　$-(\sqrt{3}+\sqrt{2})$.

2. $x=0$ 或 $\frac{3}{2}$.

3. 略.

4. $x=\begin{cases}\frac{y+1}{2}, & y<-1\\ \sqrt{y-1}, & y\geqslant 1\end{cases}$.

5. $x=\frac{e^y-e^{-y}}{2}$，$y\in(-\infty, +\infty)$.

6. $\begin{cases} x=\dfrac{1}{3}\arccos\dfrac{y}{2}, & y\in[-1,\ 1),\ x\in(0,\ \pi] \\ x=\dfrac{2\pi-\arccos\dfrac{y}{2}}{3}, & y\in(-1,\ 1],\ x\in(\pi,\ 2\pi]. \\ x=\dfrac{2\pi+\arccos\dfrac{y}{2}}{3}, & y\in(-1,\ 1),\ x\in(2\pi,\ 3\pi) \end{cases}$

7. (1) $T=\dfrac{2\pi}{a}$；(2) $T=\pi$；(3) $T=\dfrac{\pi}{2}$；(4) $T=4$.

8. $y=e^u$，$u=\sin x\ln x$.

9. $f(g(x))=\begin{cases}1, & x\neq 1\\ 0, & x=1\end{cases}$，$g(f(x))=\begin{cases}1, & x=0\\ 0, & x\neq 0\end{cases}$.

10. 略.
11. 略.
12. 略.
13. 略.
14. 略.

习题 2.1

1. 略.
2. 略.
3. 略.
4. (1) 错误；(2) 正确.

习题 2.2

1. (B).
2. (D).
3. (D).
4. (1) 0；(2) $\dfrac{1}{2}$；(3) 1；(4) $+\infty$；(5) 9.

习题 2.3

略.

习题 2.4

1. 99.
2. 1.
3. 略.
4. 略.
5. (1) 证明略，2；(2) 证明略，$\frac{3}{2}$；(3) 证明略，$\sqrt{a}$.
6. 略.

习题 2.5

1. 略.
2. 略.
3. 1.
4. 0.
5. $\frac{1}{4}$.
6. 1.
7. -1.

习题 2.6

1. (B).
2. (D).
3. 略.

习题 2.7

1. $\ln\frac{\pi}{2}$.
2. π.
3. $+\infty$.

习题 2.8

1. $-\frac{1}{5}$.
2. 1.
3. e^{2ab}.
4. $\frac{2}{\pi}$.
5. e^{-8}.
6. $e^{\frac{a}{c}}$.
7. $(-1)^{m-n}\cdot\frac{m}{n}$.
8. $\frac{b}{a}$.

习题 2.9

1. $\left(1-\frac{1}{x}\right)^{x^3}$是无穷小量，$\left(1+\frac{1}{x}\right)^{x^3}$是无穷大量.
2. (3) (4) (2) (1) (5).
3. (B).
4. (D).
5. $\frac{1}{4}$，$\sqrt{2}\cdot\sqrt[4]{x}$.
6. $\frac{1}{2}$，$\sqrt{x}$.
7. 2，x^2.
8. (1) $\frac{1}{8}$；(2) $\frac{1}{n}$；(3) $\frac{1}{2}$；(4) $\frac{1}{2}$；(5) 4；(6) $-\frac{1}{4}$；(7) 3ln2.

习题 2.10

1. 略.
2. 略.
3. (1) $x=1$是第一类可去间断点，$x=-1$是第二类无穷间断点；
   (2) $x=0$是第二类无穷间断点，$x=1$是第一类跳跃间断点；

(3) $x=-1$ 是第二类无穷间断点，$x=\pm\frac{2k+1}{2}\pi$ 是第二类无穷间断点（$k=0, 1, \cdots$）；

(4) $x=-1$ 是第二类无穷间断点，$x=0$ 是第一类跳跃间断点；

(5) $x=0$ 是第二类无穷间断点；

(6) $x=\pm1$ 是第一类跳跃间断点；

(7) $x=1$ 是第一类跳跃间断点.

4. $a=b=2$.

习题 2.11

1. 略.
2. 提示：令 $F(x)=f(x)-f(x-1)$，考虑 $F(x)*F(x+1)=-(f(x-1)-f(x))^2\leqslant 0$.
3. 略.
4. 略.
5. 略.

第二章总习题

(A)

1.(B). 2.(D). 3.(A). 4.(C). 5.(D). 6.(D). 7.(D). 8.(B). 9.(B). 10.(B).
11.(C). 12.(A). 13.(D). 14.(B). 15.(D). 16.(A). 17.(D). 18.(A).

(B)

1. (1) $\frac{1-p}{1-q}$；(2) $\frac{1}{x}$；(3) $\frac{1}{2}$；(4) $\frac{\sin x}{x}$；(5) $\frac{1}{2}$；(6) 不存在；(7) $-(\ln a)^2$；

(8) $\sqrt{6}$；(9) $\ln 3$；(10) $\frac{b}{a}$.

2. 0，1.
3. 2.
4. a 为任意常数，$b=\frac{1}{2}$，$c=d=e=0$.
5. $a=\ln 2+1$，b 为任意实数.
6. $a=1$，$b=-1$.
7. $a=1$，$b=-\frac{1}{2}$.
8. 当 $p>2$ 时，极限不存在；当 $p=2$ 时，极限为 $\ln a$；当 $p<2$ 时，极限为 0.

9. 4.

10. 在（−1，1）、（1，+∞）内连续，在 1 处间断.

11. $x=0$，$x=1$ 是第一类可去间断点，$x=-1$ 是第二类无穷间断点.

12. 证明略，极限为$\sqrt{a}$.

13. 证明略，极限为 2.

14. 略.

15. (1) $A(1+r)^t$；(2) $A(1+r)^{nt}$；(3) Ae^{rt}；(4) Be^{-rt}.

习题 3.1

1. (1) $4x$；(2) $-\frac{1}{x^2}$；(3) 不存在；(4) 0.

2. 75.

3. $y=2x-1$.

4. $a=2$，$b=-2$.

5. 0.

6. 略.

习题 3.2

1. $\frac{1}{2\sqrt{x}}+\frac{1}{\ln 3}\cdot\frac{1}{x}+2^x\cdot\ln 2$.

2. $-\sin x\cdot\ln x+\frac{\cos x}{x}+\tan x+x\,(\sec x)^2$.

3. $\frac{x\cos x-\sin x}{x^2}-2e^x\sec x-2e^x\sec x\tan x$.

4. $-a(\csc x)^3-a(\cot x)^2\csc x$.

5. $\frac{-7}{(3x-2)^2}$.

习题 3.3

1. $\frac{1}{3}$.

2. $\frac{1}{2}$.

习题 3.4

1. $4\cos 2x+\frac{3}{2\sqrt{3x}}$.
2. $\frac{2x+1}{2\sqrt{x^2+x+1}}-6(1-2x)^2$.
3. $\tan\frac{x}{2}+\frac{1}{2}\left(\sec\frac{x}{2}\right)^2-\frac{2}{x^2+4}$.
4. $\frac{1}{x\ln x}+\frac{1}{2\sqrt{x}\sqrt{1-x}}$.
5. $\frac{1}{\sqrt{1-x^2}}$.
6. $\frac{1}{1-x^2\ \sqrt{1-x^2}}$.
7. $x^{\sec x}\left(\tan x\cdot\sin x\cdot\ln x+\frac{\sec x}{x}\right)$.
8. $\ln^2 2\cdot 2^{2^x+x}+2\ln 2\cdot x\cdot 2^{x^2}+4x^3$.

习题 3.5

1. $\frac{1+y^2}{y^2}$.
2. $\frac{1}{3}$.
3. 2.

习题 3.6

1. $\frac{6t-3t^2}{2-2t}$.
2. $\frac{5a}{7b}$.

习题 3.7

1. $\frac{x^3}{1-x}\cdot 3\cdot\sqrt{\frac{2x-1}{3x+1}}\left(\frac{3}{x}+\frac{1}{1-x}+\frac{2}{3(2x-1)}-\frac{1}{3x+1}\right)$.

2. $\left(\frac{1-2x}{1+3x}\right)^{x+1}\left[\frac{-2(x+1)}{1-2x}+\frac{-3(x+1)}{1+3x}+\ln\left(\frac{1-2x}{1+3x}\right)\right]$.

3. $(\ln x)^{\sin x}\left(\cos x\cdot\ln\ln x+\frac{\sin x}{x\ln x}\right)$.

4. $\frac{x+y}{x-y}$.

习题 3.8

1. (1) $y'=2x\tan 2x+2x^2\sec^2(2x)$,

$y''=2\tan 2x+8x\sec^2(2x)+8x^2\sec^2(2x)\cdot\tan 2x$;

(2) $y'=\frac{2-2x^2}{(1+x^2)^2}$,

$y''=\frac{4x^3-12x}{(1+x^2)^3}$.

2. $2e^2$.

3. $-\frac{1}{4\pi^2}$.

4. $y'=(2ax+b)f'(ax^2+bx+c)$,

$y''=2a\cdot f'(ax^2+bx+c)+(2ax+b)^2f''(ax^2+bx+c)$.

5. 0，0.

习题 3.9

1. (1) $(y)^{(n)}=2^{n-2}\cdot n!(1-2x)^{-n-1}$;

(2) $(y)^{(n)}=n!(1-x)^{-n-1}+(-1)^{n-1}n!(1+x)^{-n-1}$;

(3) $y^{(n)}=2^n\sin\left(2x+\frac{n\pi}{2}\right)$.

2. $y^{(n)}(1)=n(n-1)(n-2)2^{n-3}e^2$.

习题 3.10

1. $dy|_{x=x_0}=-2\Delta x$，-2.

2. $\sec(2x)\cdot\tan(2x)d(2x)$.

3. $dy|_{(\frac{\pi}{2},1)}=dx$.

4. 0.01.

5. $dy=\dfrac{y\cos\dfrac{x}{y}+y^3}{xy^2+x\cos\dfrac{x}{y}}$.

6. (1) 2.000 8；(2) 0.002；(3) 1.05；(4) 0.495.

习题 3.11

1. (1) $-\sin x dx^2$；(2) 不相等.

2. $\dfrac{d^2y}{dx^2}=(2+4x^2)e^{x^2}$，$\dfrac{d^2y}{d(x^2)}=\dfrac{(2+4x^2)e^{x^2}}{2x}dx$.

习题 3.12

1. 所求切线方程为 $y=2$，所求法线方程为 $x=2$.
2. 两船距离以 2.8km/h 减少.
3. 面积以 $0.25\text{m}^2/\text{s}$ 的速度增加，对角线以 $0.04\text{m}^2/\text{s}$ 的速度增加.

习题 3.13

1. (1) $-\dfrac{1}{5}$；(2) -6；(3) 0.

2. (1) $-\dfrac{1}{10}$；(2) $E_{P=4}=\dfrac{32}{59}\approx 0.54$，

   其经济意义为：当 $P=4$ 时，如果 P 上涨 1%，则需求下降 0.54%，如果 P 下降 1%，则需求上涨 0.54%.

   (3) $E_P\big|_{P=4}=\dfrac{27}{59}$.

第三章总习题

(A)

1. (A). 2. (D). 3. (B). 4. (B). 5. (B). 6. (D). 7. (C). 8. (C). 9. (B). 10. (C).
11. (D). 12. (A). 13. (D). 14. (D). 15. (C). 16. (B). 17. (B).

(B)

1. (1) 3; (2) -1.
2. $f(0)=0$, $f'(0)=2$, $f(1)=-1$, $f'(1)=2$.
3. 略.
4. 略.
5. $(\sin x)\cdot x^{x}[\cot x+\ln x+1]$.
6. $-4\sin 1$.
7. -2.
8. $a=-\frac{1}{2}$, $b=1$, $c=0$.
9. $(1+2t)\cdot e^{2t}$.
10. $y=-x$, 2.
11. $\frac{dy}{dx}=-\tan t$, $\frac{d^2y}{dx^2}=\frac{1}{3a\cos^4 t\sin t}$.
12. 99.
13. $dy=\frac{y(2\sqrt{xy}+x^2+y^2)}{x(2\sqrt{xy}-x^2-y^2)}dx$.
14. $dy|_{x=-1}=0.1$, $f'(2)=25$, $dy|_{x=1}=100dx$.
15. $y''(t)+y(t)=0$.
16. 略.
17. 略.

习题 4.1

1. (1) $\xi=\frac{1}{4}$; (2) $\xi=0$; (3) $\xi=2$; (4) $\xi=0$.
2. (1) $\xi=\frac{\sqrt{3}}{3}a$; (2) $\xi=\frac{1}{\ln 2}$.
3. $\xi=\frac{14}{9}$.
4. $f'(x)=0$ 只有三个实根，分别在 $[-1, 1]$，$[1, 2]$，$[2, 3]$ 三个区间内.
5. (1) 设 $f(x)=\sin x$，在以 x_1，x_2 为端点的区间上应用拉格朗日中值定理.
   (2) 设 $f(x)=x^n$，$x\in[b, a]$，应用拉格朗日中值定理.
   (3) 设 $f(t)=e^t$，$t\in[1, x]$，应用拉格朗日中值定理.
   (4) 设 $f(t)=\arctan t$，$t\in[0, x]$，应用拉格朗日中值定理.
6. (1) 设函数 $f(x)=\arcsin x+\arccos x$，$x\in[-1, 1]$，$f'(x)=0$，$f(x)=f(0)=\frac{\pi}{2}$.

(2) 设函数 $f(x)=\arctan x+\operatorname{arccot} x$，$x\in R$，$f'(x)=0$，$f(x)=f(0)=\frac{\pi}{2}$.

7. 设 $f(x)=x^3+x-1$，$x\in[0, 1]$. 由零点定理得 $f(x)=0$ 有根. 再用反证法，由罗尔定理知方程只有一个小于 1 的正实根.

8. 轿车在隧道内的行驶对应可导的位移函数 $s(t)$，满足拉格朗日中值定理的条件，存在一个时刻 t_0，使得轿车的速度 $s'(t_0)=v(t_0)=\frac{s(b)-s(a)}{b-a}=\frac{\text{隧道长}}{\text{用时}}=\frac{10}{\frac{9}{60}}=\frac{600}{9}>60$. 所以司机存在超速行为.

习题 4.2

1. (1) a；(2) -1；(3) 2；(4) 2；(5) $\frac{m}{n}a^{m-n}$；(6) 0；(7) $-\sin a$；(8) 1；(9) 0；(10) $\frac{1}{2}$；(11) 1；(12) $ab\sqrt{ab}$；(13) 6；(14) $\frac{1}{6}$.

2. 1.

习题 4.3

1. $f(x)=-56+21(x-4)+37(x-4)^2+11(x-4)^3+(x-4)^4$.

2. $f(x)=x^6-9x^5+12x^4-45x^3+30x^2-9x+1$.

3. $f(x)=x+\frac{1}{3}x^3+o(x^3)$.

4. $f(x)=-1-(x+1)-(x+1)^2-\cdots-(x+1)^n+(-1)^{n+1}3^{n+2}(x+1)^{n+1}$，$\xi$ 介于 x 与 -1 之间.

5. (1) $\sqrt[3]{30}=3\left(1+\frac{1}{9}\right)^{\frac{1}{3}}\approx 1.035\,749\,970\,363\,5$，$|R|\leqslant 0.000\,006\,272$；

(2) $\sin 18°=\sin\frac{\pi}{10}\approx 0.319\,327$，$|R|\leqslant 0.000\,405\,9$.

习题 4.4

1. (1) 单增区间 $(-\infty, 0)$ 和 $(2, +\infty)$，单减区间 $(0, 2)$，极大值 7，极小值 3；

(2) 单增区间 $(-1, 1)$，单减区间 $(-\infty, -1)$ 和 $(1, +\infty)$，极大值 1，极小值 -1.

(3) 单增区间 $\left(-1, \frac{1}{2}\right)$，单减区间 $\left(\frac{1}{2}, 2\right)$，极大值 $\frac{3}{2}$，无极小值；

（4）单增区间（0，2），单减区间（$-\infty$，0）和（2，$+\infty$），极大值 $4e^{-2}$，极小值 0；

（5）单增区间$\left(-1,\ \frac{1}{2}\right)$和（5，$+\infty$），单减区间（$-\infty$，$-1$）和$\left(\frac{1}{2},\ 5\right)$，极大值$\left(\frac{3}{2}\right)^{\frac{2}{3}}$和$\frac{81}{4}$，极小值 0；

（6）单增区间（$-\infty$，2），单减区间（2，$+\infty$），极大值 3，无极小值；

（7）单增区间（$-\infty$，0）和$\left(\frac{2}{5},\ +\infty\right)$，单减区间$\left(0,\ \frac{2}{5}\right)$，极大值 0，极小值 $-\frac{3}{5}\left(\frac{2}{5}\right)^{\frac{2}{3}}$；

（8）单增区间（$-\infty$，1）和（3，$+\infty$），单减区间（1，3），无极大值，极小值$\frac{27}{4}$.

2.（1）极大值 $f(-1)=0$，极小值 $f(3)=-32$；

（2）极大值 $f\left(\frac{7}{3}\right)=\frac{4}{27}$，极小值 $f(3)=0$；

（3）极小值 $f(1)=2-4\ln 2$；

（4）极小值 $f\left(-\frac{1}{2}\ln 2\right)=2\sqrt{2}$.

3. 考虑函数 $f(t)=\frac{e^t}{t^2}$，$t\in[x_1,\ x_2]$ 的单调性.

4. 略.

5. 略.

习题 4.5

1.（1）凹区间$\left(-\infty,\ \frac{1}{3}\right)$，凸区间$\left(\frac{1}{3},\ +\infty\right)$，拐点$\left(\frac{1}{3},\ \frac{2}{27}\right)$；

（2）凸区间$\left(-\infty,\ -\frac{\sqrt{2}}{2}\right)$，凹区间$\left(\frac{\sqrt{2}}{2},\ +\infty\right)$，凹区间$\left(-\frac{\sqrt{2}}{2},\ 0\right)$，凸区间$\left(0,\ \frac{\sqrt{2}}{2}\right)$，拐点$\left(-\frac{\sqrt{2}}{2},\ \frac{7\sqrt{2}}{8}\right)$，（0，0），$\left(\frac{\sqrt{2}}{2},\ -\frac{7\sqrt{2}}{8}\right)$；

（3）凸区间（$-\infty$，-1），凹区间（-1，1），凸区间（1，$+\infty$），拐点（-1，ln2），（1，ln2）；

（4）凸区间 $(-\infty,\ -\sqrt{3})\cup(0,\ \sqrt{3})$，凹区间 $(-\sqrt{3},\ 0)\cup(\sqrt{3},\ +\infty)$，拐点$\left(-\sqrt{3},\ -\frac{\sqrt{3}}{2}\right)$，（0，0），$\left(\frac{\sqrt{3}}{2},\ \sqrt{3}\right)$；

（5）凸区间（$-\infty$，-2），凹区间（-3，$+\infty$），拐点（-2，$-2e^{-2}$）；

（6）凹区间（$-\infty$，$+\infty$），无拐点.

2. $a=-\frac{1}{2}$，$b=\frac{3}{2}$，$c=0$，$d=0$.

3. $e^2y=3x+4$.

习题 4.6

1. (1) 水平渐近线 $y=0$；
   (2) 铅直渐近线 $x=0$，水平渐近线 $y=1$；
   (3) 铅直渐近线 $x=-1$，水平渐近线 $y=0$；
   (4) 水平渐近线 $y=0$.
2. 略.

习题 4.7

1. (1) 最大值 13，最小值 4；
   (2) 最大值$\frac{1}{2}$，最小值 0；
   (3) 最大值 6，最小值 0；
   (4) 最大值 ln5，最小值 0.
2. 产量为 400 时，平均成本最低，为 10.
3. (1) 总利润 $L(x)=280x-5\,000-x^2$；
   (2) 生产并销售 140 台电脑，公司利润达到最大.
4. 分 5 批生产，生产准备费和库存费之和最小.
5. (1) $\frac{18-t}{t}$；(2) $t=9$.

第四章总习题

(A)

1.(D). 2.(B). 3.(B). 4.(B). 5.(C). 6.(D). 7.(B). 8.(D). 9.(D). 10.(D).
11.(B). 12.(B). 13.(D). 14.(C). 15.(B). 16.(A). 17.(C). 18.(D).

(B)

1. 设 $F(x)=f(x)-x$，$x\in[0, 1]$.
2. 略.

3. 略.
4. 设 $F(x)=f(x)\cdot\sin x$，$x\in[0,\pi]$，利用罗尔定理.
5. (1) 1；(2) $e^{-\frac{1}{6}}$；(3) 1；(4) $\frac{2}{\pi}$；(5) $-\frac{1}{2}$；(6) e^2.
6. $f(0)=0$，$f'(0)=0$，$f''(0)=4$.
7. $a=-3$，$b=\frac{9}{2}$.
8. $e^x\cdot\cos x=1+x-\frac{1}{3}x^3+\frac{-4e^{\xi}\cdot\cos\xi}{4!}x^4$，$\xi$ 介于 0 与 x 之间.
9. 略.
10. $a=0$，$b=-3$；$x=-1$ 为极大值点，$f(-1)=2$，$x=1$ 为极小值点，$f(1)=-2$，(0，0) 为拐点.
11. (1) $x=1\,000$；
    (2) $x=6\,000$.
12. (1) $x(p)=60\,000-1\,000p$；
    (2) 利润最大时的产量为 20 000 公斤，价格为 40 元.

习题 5.1

1. (1) $-\frac{2}{5}x^{-\frac{5}{2}}+C$；
   (2) $\frac{2}{9}x^{\frac{9}{2}}+C$；
   (3) $\frac{8}{15}x^{\frac{15}{8}}+C$；
   (4) $\frac{1}{2}x^2+2\arctan x+C$；
   (5) $\frac{1}{4}x^2-\ln|x|-\frac{1}{x^4}+\frac{1}{x^3}+C$；
   (6) $3^x\ln 3+\frac{1}{4}x^4+C$；
   (7) $-\frac{1}{x}-\arctan x+C$；
   (8) e^x+x+C；
   (9) $(\pi e)^x\ln\pi e+C$；
   (10) $\frac{n}{m+n}x^{\frac{m+n}{n}}+C$；
   (11) $\frac{1}{5}t^5+\frac{2}{3}t^3+t+C$；
   (12) $\frac{2}{5}h^{\frac{5}{2}}-2h^{\frac{1}{2}}+C$；
   (13) $\frac{1}{2}x-\sin x+C$；
   (14) $\frac{1}{2}\tan\theta+C$；
   (15) $-\cot\theta-\theta+C$；
   (16) $-\cot\theta-\tan\theta+C$；
   (17) $\sin\theta+\cos\theta+C$；
   (18) $\tan x+\sec x+C$；
   (19) $2\arcsin x+C$；
   (20) $e^x+2\sqrt{x}+C$.
2. $f(x)=\frac{1}{x\sqrt{1-x^2}}$.
3. $y=\ln|x|$.
4. $C(x)=x^2-5x+20$.

习题 5.2

1. (1) $\frac{1}{a}$; (2) $\frac{1}{5}$; (3) $\frac{1}{2}$; (4) $\frac{1}{14}$; (5) $-\frac{1}{4}$; (6) $\frac{1}{8}$; (7) $\frac{1}{3}$; (8) -3;

   (9) $-\frac{3}{2}$; (10) $\frac{1}{6}$; (11) $\frac{1}{2}$; (12) $\frac{1}{2}$; (13) $-\frac{1}{2}$; (14) -1.

2. (1) $\frac{1}{2}e^{2t}+C$; (2) $-\frac{1}{12}(2-3x)^{\frac{2}{3}}+C$;

   (3) $-\frac{1}{3}\ln|5-3x|+C$; (4) $-3(3-2x)^{\frac{2}{3}}+C$;

   (5) $-\frac{1}{m}\cos(mx)-ne^{\frac{x}{n}}+C$; (6) $-2\cos\sqrt{u}+C$;

   (7) $-\frac{1}{4}\sin(3x^2)+C$; (8) $\frac{1}{6}\sin(3x^2)+C$;

   (9) $-\frac{1}{3}\sqrt{4-3x^2}+C$; (10) $\frac{1}{2}\ln(1+x^4)+C$;

   (11) $\frac{1}{2}\ln(x^2+2x+2)+C$; (12) $\frac{1}{9}\tan^9 x+C$;

   (13) $\ln|\ln(x+1)|+C$; (14) $\frac{1}{3}(\arctan x)^3+C$;

   (15) $\ln|\csc(2x)-\cot(2x)|+C$; (16) $\arctan(e^x)+C$;

   (17) $-3^{\arccos x}\ln 3+C$; (18) $-\frac{1}{3}(\sin x)^{-3}+C$;

   (19) $\frac{1}{3\omega}\sin^3(\omega t)+C$; (20) $\frac{1}{2}\cos x-\frac{1}{10}\cos 5x+C$;

   (21) $\frac{1}{3}\sec^3 x-\sec x+C$; (22) $\frac{\sqrt{3}}{6}\ln\left|\frac{\sqrt{3}x-1}{\sqrt{3}x+1}\right|+C$;

   (23) $\frac{1}{3}\ln|x+1|+\frac{2}{3}\ln|x-2|+C$; (24) $\sin x-\frac{1}{3}\sin^3 x+C$;

   (25) $\frac{1}{2}t+\frac{1}{4\omega}\sin(2\omega t+\varphi)+C$; (26) $\ln|x|-\frac{1}{6}\ln(x^6+1)+C$;

   (27) $-\frac{1}{x\ln x}+C$; (28) $x-\ln|1-e^x|+C$;

   (29) $(\arctan\sqrt{x})^2+C$; (30) $\frac{1}{2}x^2-2\ln(x^2+4)+C$.

3. (1) $-\frac{1}{x}+\frac{\sqrt{1-x^2}}{x}+\arcsin x+C$; (2) $\sqrt{x^2-4}-2\arccos\frac{2}{x}+C$;

   (3) $\frac{x}{\sqrt{1+x^2}}+C$; (4) $-\frac{1}{9}\frac{x}{\sqrt{x^2-9}}+C$;

   (5) $\arccos\frac{1}{x}+C$; (6) $\frac{2}{3}\sqrt{3x}-\frac{2}{3}\ln|1+\sqrt{3x}|+C$;

(7) $2\sqrt{x}-6\sqrt[3]{x}+24\sqrt[6]{x}-48\ln|\sqrt[6]{x}+2|+C$；

(8) $-2\arctan\sqrt{\dfrac{1-x}{1+x}}-\ln\left|\dfrac{\sqrt{1+x}+\sqrt{1-x}}{\sqrt{1+x}-\sqrt{1-x}}\right|+C$.

4. $f(x)=x^3-3x^2+4x-2$.

习题 5.3

1. (1) $-x\cos x+\sin x+C$； (2) $(x+1)\ln(x+1)-x+C$；

(3) $x\arcsin x+\sqrt{1-x^2}+C$； (4) $-xe^{-x}-e^{-x}+C$；

(5) $\dfrac{1}{5}e^{2x}(\sin x+2\cos x)+C$； (6) $x\tan x-\dfrac{1}{2}x^2+\ln|\cos x|+C$；

(7) $-\dfrac{1}{x}(\ln x)^2-\dfrac{2}{x}\ln x-\dfrac{2}{x}+C$； (8) $\dfrac{2}{3}e^{-x}\sin 2x-\dfrac{1}{3}e^{-x}\cos 2x+C$；

(9) $x(\arccos x)^2-2\sqrt{1-x^2}\arccos x-x+C$；

(10) $-\dfrac{1}{4}x\cos 2x+\dfrac{1}{8}\sin 2x+C$；

(11) $\left(-\dfrac{1}{2}x^2-\dfrac{1}{2}\right)e^{-x^2}+C$； (12) $\dfrac{1}{2}\sec x\tan x+\dfrac{1}{2}\ln|\sec x+\tan x|+C$.

2. $I_n=\dfrac{n}{(n+1)^2}x^{n+1}+C$.

3. $\dfrac{x\cos x-\sin x}{x^2}-\dfrac{\sin x}{x}+C$.

习题 5.4

1. $\dfrac{1}{3}x^3-\dfrac{1}{2}x^2+x-\ln|x+1|+C$.

2. $\dfrac{9}{5}\ln|x-4|+\dfrac{1}{5}\ln|x+1|+C$.

3. $\dfrac{1}{3}x^3+\dfrac{1}{2}x^2+x+5\ln|x-1|-8\ln|x|+4\ln|x+1|+C$.

4. $\ln|x+1|-\dfrac{1}{2}\ln(x^2+1)+C$.

5. $\dfrac{1}{3}\ln|x+1|-\dfrac{1}{6}\ln|x^2-x+1|+\dfrac{1}{\sqrt{3}}\arctan\dfrac{2x-1}{\sqrt{3}}+C$.

6. $\dfrac{1}{4}\ln\left|\dfrac{x-1}{x+1}\right|-\dfrac{1}{2}\arctan x+C$.

第五章总习题

(A)

1.(A). 2.(B). 3.(B). 4.(B). 5.(B). 6.(C). 7.(C). 8.(A). 9.(D). 10.(C). 11.(D). 12.(C). 13.(D). 14.(C). 15.(C). 16.(C).

(B)

1. $2xe^{2x}+2x^2e^{2x}$.

2. $\frac{1}{3}(1-x^2)^{\frac{3}{2}}+C$.

3. $x+2\ln|x-1|+C$.

4. $\dfrac{1-\cos 4x}{2\sqrt{x-\frac{1}{4}\sin 4x+1}}$.

5. $x^2-\frac{1}{2}x^4+C$.

6. $-\frac{1}{2}x+\frac{1}{4}\sin(2x)+C$.

7. (1) $-\dfrac{1}{(1+x)^2}+\dfrac{1}{1+x}+C$; (2) $\arctan(e^x)+C$;

(3) $\frac{1}{4}\ln\left|\dfrac{1+x^2}{1+x^2}\right|+C$; (4) $\ln|x|-\frac{1}{5}\ln|1+x^5|+C$;

(5) $-6\arctan\sqrt{\dfrac{3-x}{3+x}}+\sqrt{9-x^2}+C$; (6) $\ln|x+1+\sqrt{x^2+2x}|+C$;

(7) $\frac{1}{4}x^2+\frac{1}{4}x\sin(2x)+\frac{1}{8}\cos(2x)+C$; (8) $-\cos(\ln x)+C$;

(9) $x-2\ln(1+\sqrt{1+e^x})+C$; (10) $\arccos\dfrac{1}{x}+C$;

(11) $\ln\left|\dfrac{1-\sqrt{1-x^2}}{x}\right|+C$; (12) $\ln\left|\dfrac{\sqrt{1+x^2}-1}{x}\right|+C$;

(13) $x\tan\dfrac{x}{2}+2\ln\left|\cos\dfrac{x}{2}\right|+C$; (14) $\frac{1}{2}\tan x\sec x-\frac{1}{2}\ln|\sec x+\tan x|+C$;

(15) $\ln|x|-6\ln|\sqrt[6]{x}+1|+C$; (16) $-\sqrt{1-x^2}\arcsin x+x+C$;

(17) $\ln|1+\sin x|+C$; (18) $x-\tan\dfrac{x}{2}+C$;

(19) $\frac{1}{2}x+\frac{1}{2}\ln|\cos x+\sin x|+C$; (20) $-\cot x\sec^4 x+\tan x+\frac{1}{3}\tan^3 x+C$.

8. (1) $C(x)=0.05x^2+8x+100$；

(2) $L(x)=72x-0.3x^2-100$；

(3) 当 $x=120$ 时可获得最大利润 4 220.

9. $Q(p)=1\,000\left(\frac{1}{3}\right)^p$.

习题 6.1

1. (1) $\frac{b^2-a^2}{2}$；(2) $e-1$.

2. 略.

3. (1) $\int_0^1 \frac{1}{1+x}dx$；(2) $\int_0^1 \frac{1}{1+x^2}dx$.

习题 6.2

1. (1) $\int_0^1 x^2 dx<\int_0^1 x dx$；　(2) $\int_1^2 x dx<\int_1^2 x^2 dx$；

(3) $\int_0^{\frac{\pi}{2}} x dx>\int_0^{\frac{\pi}{2}} \sin x dx$；　(4) $\int_0^1 e^x dx>\int_0^1 e^{x^2} dx$；

(5) $\int_{-\frac{\pi}{2}}^0 \sin x dx<\int_0^{\frac{\pi}{2}} \sin x dx$.

2. (1) $2\leqslant\int_1^3 (x^2+1)dx\leqslant 20$；　(2) $\pi\leqslant\int_{\frac{\pi}{4}}^{\frac{5\pi}{4}} (1+2\sin^2 x)dx\leqslant 2\pi$；

(3) $\frac{\pi}{9}\leqslant\int_{\frac{1}{\sqrt{3}}}^{\sqrt{3}} x\arctan x dx\leqslant\frac{2\pi}{3}$；　(4) $e^{-\frac{1}{4}}\leqslant\int_0^1 e^{x^2-x}dx\leqslant 1$.

3. 略.

4. $a=0$，$b=1$.

习题 6.3

1. (1) $\sqrt{1-x^2}$；　(2) $-xe^{-x}$；

(3) $2x\arctan x^2$；　(4) $(x^6+e^{x^3})3x^2-(\sin^2 x+e^{\sin x})\cos x$.

2. (1) $\frac{1\,007}{6}$；　(2) $\frac{1}{2}$；

(3) $4\ln 2$；　(4) $2e-2$；

(5) $\frac{1}{2}\ln\frac{5}{2}$； (6) 0；

(7) $\frac{1}{6}a^2$； (8) $e-e^{\frac{1}{3}}$；

(9) $\frac{\pi}{2}$； (10) $\frac{11}{6}$；

(11) 4； (12) $\frac{1}{2\ln 2}+\frac{8}{3}$.

3. 极小值 $f(0)=0$.

4. (−1, 0) 增凸；(0, 2) 减凸；(2, 4) 减凹；(4, 5) 增凹.

极大值 $f(0)=0$，极小值 $f(4)=-\frac{32}{3}$；拐点 $\left(2,\ -\frac{16}{3}\right)$.

5. (1) 1；(2) $\frac{1}{2}$；(3) $2\cos x^2$.

6. 略.

习题 6.4

1. (1) $4-2\ln 3$； (2) $\frac{19}{3}$； (3) $4-2\arctan 2$；

(4) $\frac{\pi}{6}$； (5) $2-\frac{\pi}{2}$； (6) $\frac{\pi}{3}+\frac{\sqrt{3}}{2}$；

(7) $\frac{\pi a^4}{16}$； (8) $\frac{\pi}{8}-\frac{1}{4}$； (9) $\frac{\sqrt{2}}{2}$；

(10) $\sqrt{3}-\frac{\pi}{3}$； (11) $\frac{\pi}{2}$； (12) -6π.

2. $k=\frac{1}{3}$，$a=0$，$b=8$.

3. $\ln\frac{3+3e}{4}$.

4. $\frac{\pi}{4}$.

5. 略.

6. 略.

7. 略.

8. 略.

习题 6.5

1. (1) $1-2e^{-1}$； (2) $\frac{1}{4}+\frac{1}{4}e^2$； (3) $\frac{\sqrt{3}\pi}{6}+\frac{1}{2}$；

(4) 1；　(5) $\frac{1}{2}e^{\frac{\pi}{2}}-\frac{1}{2}$；　(6) 2；

(7) $\ln 2-\frac{1}{2}$；　(8) $2-\frac{2}{e}$；　(9) $\frac{3\pi}{8}-\frac{1}{2}$；

(10) π^2.

2. $\frac{1}{2}e^{-1}-\frac{1}{2}$.

3. $I_m=\begin{cases}\pi\cdot\frac{m-1}{m}\cdot\frac{m-3}{m-2}\cdot\cdots\cdot\frac{2}{3}, & m\text{为奇数}\\ \pi\cdot\frac{m-1}{m}\cdot\frac{m-3}{m-2}\cdot\cdots\cdot\frac{2}{4}\cdot\frac{1}{2}\cdot\frac{\pi}{2}, & m\text{为偶数}\end{cases}$.

习题 6.6

1. (1) $\frac{4}{3}a^{\frac{3}{2}}$；　(2) $\frac{10}{3}$；　(3) $\frac{1}{12}$；

(4) $\frac{3}{4}$；　(5) $\frac{\pi}{2}-1$；　(6) $\frac{3}{2}-\ln 2$；

(7) $\frac{4}{3}$；　(8) $\frac{9}{16}$；　(9) 1；

(10) $\frac{37}{12}$；　(11) $20+16\sqrt{3}$，$16\sqrt{3}-\frac{16}{3}$，$\frac{16}{3}+16\sqrt{3}$；

(12) $\pi-\frac{2}{3}$，$\pi-\frac{2}{3}$，$\frac{4}{3}+2\pi$.

2. 极值点 $x=1$，$x=-1$，面积为 4.

3. $c=\frac{1}{2}$.

4. (1) $V_x=\frac{15}{2}\pi$，$V_y=\frac{124}{5}\pi$；　(2) $V_x=\frac{128}{7}\pi$，$V_y=\frac{64}{5}\pi$；

(3) $V_x=160\pi^2$；　(4) $V_y=2\pi^2$.

习题 6.7

1. 变动成本 $-3x^3+15x^2+25x$，总成本 $-3x^3+15x^2+25x+55$.

2. $R(x)=-x^2+30x$.

3. 1 500.

4. $L(x)=-0.2x^2+30x-500$，最大值 $L(75)=625$.

5. $2\sqrt{t}+100$.

6. (1) $b=\frac{10}{1-e^{-1}}$；(2) $5\gamma=1-e^{-10\gamma}$；(3) $100-200e^{-1}$.

7. 4 517 元.

8. $\frac{400}{3}$.

9. 33.244 7 万元.

10. 分期付款合算.

11. $\frac{1}{2}$.

习题 6.8

1. (1) 发散；(2) 发散；(3) 收敛于 1；(4) 发散；(5) 收敛于 2；(6) 收敛于 π；(7) 发散；(8) 发散.

2. (1) 当 $k>1$ 时收敛于$\frac{(\ln 2)^{1-k}}{k-1}$，当 $k\leqslant 1$ 时发散；(2) $k=\frac{\pi^2}{4}$.

3. (1) 30；(2) $\frac{16}{105}$；(3) 6；(4) $\frac{\sqrt{2\pi}}{16}$.

4. (1) $\frac{1}{n}\Gamma\left(\frac{1}{n}\right)$；(2) $\Gamma(p+1)$；(3) $\frac{1}{n}\Gamma\left(\frac{m+1}{n}\right)$.

第六章总习题

(A)

1. (C). 2. (A). 3. (A). 4. (A). 5. (C). 6. (D). 7. (B). 8. (D). 9. (C). 10. (D). 11. (D). 12. (D). 13. (D). 14. (C). 15. (B). 16. (A). 17. (B). 18. (D). 19. (B). 20. (D). 21. (A). 22. (B). 23. (A). 24. (B). 25. (D). 26. (B).

(B)

1. (1) 0；(2) $e^{\frac{1}{2}}$；(3) $\ln 2$；(4) 3.

2. 1.

3. $\frac{\sin x\cdot e^{(\sin y)^2}}{x\cos y}$.

4. 2.

5. $x^2-\frac{2}{3}$.

6. (1) $2\pi-\frac{4}{3}$；　(2) $2\arctan 2$；　(3) $2\sqrt{2}+\sqrt{2}\pi$；　(4) $\frac{\pi\cdot a^4}{16}$；

（5）$8\ln 2-5$；　（6）$1-\frac{\pi}{4}$；　（7）$\frac{\pi}{2\sqrt{2}}$；　（8）$2\arctan\sqrt{2}-\frac{\pi}{2}$.

7.（1）$2-\frac{2}{e}$；　（2）$\frac{1}{4}\ln\left(\frac{9}{8}\right)$；　（3）$102\frac{2}{3}$；　（4）$4\sqrt{2}$.

8. 7.

9. 8.

10. 略.

11. 略.

12.（1）$a=3$；　（2）$4\pi^2$；　（3）$\frac{4\,450}{3}$；　（4）$10\gamma=1-e^{-20\gamma}$；

（5）最大利润 $L(250)=575$ 万元.

习题 7.1

1. 依次在第 V，II，VIII，III 卦限.
2. （-3，7，4）.
3. x 轴：$\sqrt{34}$；y 轴：$\sqrt{41}$；z 轴：5.
4. $|x|=|y|$.
5. $x^2+y^2+z^2-8x=0$.
6. 以（1，0，0）为球心、1 为半径的球面.
7. （1）直线，平面；（2）直线，平面；（3）圆，圆柱面；（4）双曲线，双曲柱面.
8. （1）椭圆抛物面；（2）球面；（3）抛物柱面；（4）双曲柱面；（5）椭圆柱面；（6）椭圆锥面；（7）两相交平面；（8）三坐标平面.

习题 7.2

1. （1）$\{(x,y)\mid -\infty<x<+\infty,\ y\geqslant 0\}$；

（2）$\{(x,y)\mid x\leqslant x^2+y^2<2x\}$；

（3）$\{(x,y)\mid |x+y|\leqslant 1\}$；

（4）$\{(x,y)\mid x\geqslant 0,\ 0\leqslant y\leqslant x^2\}$；

（5）$\{(x,y,z)\mid x^2+y^2+z^2\geqslant 1\}$；

（6）$\{(x,y,z)\mid 4<x^2+y^2+z^2<9\}$.

2. $f(x,y)=xy-\frac{x^2-y^2}{4}$.
3. $f\left(x+y,\frac{y}{x}\right)=(x+y)^2-\left(\frac{y}{x}\right)^2$.
4. $f(x)=x^2+x$，$z=(x+y)^2+2x$.

5. (1) ln2；(2) $-\frac{1}{4}$；(3) 0；(4) 2.

6. (1) $y^2=x$；(2) (0，0).

习题 7.3

1. (1) $\frac{\partial z}{\partial x}=y\mathrm{e}^{xy}$，$\frac{\partial z}{\partial y}=x\mathrm{e}^{xy}$；

(2) $\frac{\partial z}{\partial x}=\frac{1}{x+y^2}$，$\frac{\partial z}{\partial y}=\frac{2y}{x+y^2}$；

(3) $\frac{\partial z}{\partial x}=\frac{-2x\sin x^2}{y}$，$\frac{\partial z}{\partial y}=-\frac{\cos x^2}{y^2}$；

(4) $\frac{\partial z}{\partial x}=\frac{y^2}{(x^2+y^2)^{\frac{3}{2}}}$，$\frac{\partial z}{\partial y}=\frac{xy}{(x^2+y^2)^{\frac{3}{2}}}$；

(5) $\frac{\partial z}{\partial x}=\sin(x+y)+x\cos(x+y)$，$\frac{\partial z}{\partial y}=x\cos(x+y)$；

(6) $\frac{\partial z}{\partial x}=y(\cos xy-\sin 2xy)$，$\frac{\partial z}{\partial y}=x(\cos xy-\sin 2xy)$；

(7) $\frac{\partial z}{\partial x}=\frac{1}{1+x^2}$，$\frac{\partial z}{\partial y}=\frac{1}{1+y^2}$；

(8) $\frac{\partial u}{\partial x}=\frac{y}{z}x^{\frac{y}{z}-1}$，$\frac{\partial u}{\partial y}=\frac{1}{z}x^{\frac{y}{z}}\ln x$，$\frac{\partial u}{\partial z}=-\frac{y}{z^2}x^{\frac{y}{z}}\ln x$；

(9) $\frac{\partial u}{\partial x}=2xy^3z^4\mathrm{e}^{x^2y^3z^4}$，$\frac{\partial u}{\partial y}=3x^2y^2z^4\mathrm{e}^{x^2y^3z^4}$，$\frac{\partial u}{\partial z}=4x^2y^3z^3\mathrm{e}^{x^2y^3z^4}$；

(10) $\frac{\partial u}{\partial x}=\frac{z(x-y)^{z-1}}{1+(x-y)^{2z}}$，$\frac{\partial u}{\partial y}=\frac{-z(x-y)^{z-1}}{1+(x-y)^{2z}}$，$\frac{\partial u}{\partial z}=\frac{(x-y)^z\ln(x-y)}{1+(x-y)^{2z}}$.

2. (1) $z'_x|_{\substack{x=1\\y=0}}=2\mathrm{e}$，$z'_y|_{\substack{x=0\\y=1}}=2\mathrm{e}$；

(2) $z'_x|_{\substack{x=1\\y=1}}=1$，$z'_y|_{\substack{x=1\\y=1}}=1+2\ln 2$；

(3) $z'_x|_{\substack{x=1\\y=-1}}=\frac{1}{2}-\frac{\pi}{4}$，$z'_y|_{\substack{x=1\\y=-1}}=\frac{1}{2}$；

(4) $z'_x|_{\substack{x=1\\y=0}}=1$.

3. (1) $\mathrm{d}z=\frac{2}{(x-y)^2}(x\mathrm{d}y-y\mathrm{d}x)$；

(2) $\mathrm{d}z=\frac{y\mathrm{d}x-x\mathrm{d}y}{y\sqrt{y^2-x^2}}$；

(3) $\mathrm{d}z=\frac{2}{1+x^2y^2}(y\mathrm{d}x+x\mathrm{d}y)$；

(4) $\mathrm{d}u=\frac{-1}{\sqrt{a^2-x^2-y^2-z^2}}(x\mathrm{d}x+y\mathrm{d}y+z\mathrm{d}z)$；

(5) $\mathrm{d}u=\ln a\cdot a^{xyz}\cdot xyz\left(\frac{\mathrm{d}x}{x}+\frac{\mathrm{d}y}{y}+\frac{\mathrm{d}z}{z}\right)$；

（6）$du=x^y y^z z^x\left[\left(\frac{y}{x}+\ln z\right)dx+\left(\frac{z}{y}+\ln x\right)dy+\left(\frac{x}{z}+\ln y\right)dz\right]$.

4. （1）$dz\big|_{\substack{x=1,y=4\\ \Delta x=0.08,\Delta y=-0.04}}=0.32$；

（2）$dz\big|_{\substack{x=1,y=1\\ \Delta x=0.15,\Delta y=0.1}}=0.25e$.

5. （1）1.08；（2）0.502 35.

6. 约减少 5cm.

7. 约 55.3cm^3.

8. （1）$\frac{\partial^2 z}{\partial x^2}=\frac{x+2y}{(x+y)^2}$，$\frac{\partial^2 z}{\partial y^2}=-\frac{x}{(x+y)^2}$，$\frac{\partial^2 z}{\partial x\partial y}=\frac{y}{(x+y)^2}$；

（2）$\frac{\partial^2 z}{\partial x^2}=-\frac{2\sin x^2+4x^2\cos x^2}{y}$，$\frac{\partial^2 z}{\partial y^2}=\frac{2\cos x^2}{y^3}$，$\frac{\partial^2 z}{\partial x\partial y}=\frac{2x\sin x^2}{y^2}$；

（3）$\frac{\partial^2 z}{\partial x^2}=\frac{2xy}{(x^2+y^2)^2}$，$\frac{\partial^2 z}{\partial y^2}=-\frac{2xy}{(x^2+y^2)^2}$，$\frac{\partial^2 z}{\partial x\partial y}=\frac{y^2-x^2}{(x^2+y^2)^2}$；

（4）$\frac{\partial^3 z}{\partial x\partial y^2}=ae^y[e^y\sin(ax+e^y)-\cos(ax+e^y)]$.

9. 略.

习题 7.4

1. （1）$\frac{dz}{dt}=-(e^t+e^{-t})$；

（2）$\frac{dz}{dx}=\frac{e^x(1+x)}{1+x^2e^{2x}}$；

（3）$\frac{du}{dx}=e^{ax}\sin x$；

（4）$\frac{\partial z}{\partial x}=\frac{2y^2}{x^3}\left[\frac{x^2}{x^2+y^2}-\ln(x^2+y^2)\right]$，$\frac{\partial z}{\partial y}=\frac{2y}{x^2}\left[\frac{y^2}{x^2+y^2}+\ln(x^2+y^2)\right]$；

（5）$\frac{\partial z}{\partial x}=(x+2y)^{x-y}\left[\frac{x-y}{x+2y}+\ln(x+2y)\right]$，

$\frac{\partial z}{\partial y}=(x+2y)^{x-y}\left[\frac{2(x-y)}{x+2y}-\ln(x+2y)\right]$；

（6）$\frac{\partial z}{\partial x}=\frac{\cos y}{y\cos^2 x}(\cos x+x\sin x)$，$\frac{\partial z}{\partial y}=-\frac{x}{y^2\cos x}(\cos y+y\sin y)$.

2. （1）$\frac{\partial z}{\partial x}=2xf_1'+ye^{xy}f_2'$，$\frac{\partial z}{\partial y}=-2yf_1'+xe^{xy}f_2'$；

（2）$\frac{\partial u}{\partial x}=f_1'+yf_2'+yzf_3'$，$\frac{\partial u}{\partial y}=xf_2'+xzf_3'$，$\frac{\partial u}{\partial z}=xyf_3'$；

（3）$\frac{\partial^2 z}{\partial x\partial y}=\frac{1}{y}f_1'+\frac{x\ln y}{y}f_{11}''+\left(\ln y-\frac{x}{y}\right)f_{12}''-f_{22}''$；

（4）$\frac{\partial^2 z}{\partial x^2}=f''[x+\varphi(y)]$，$\frac{\partial^2 z}{\partial y^2}=f''[x+\varphi(y)]\cdot[\varphi'(y)]^2+f'[x+\varphi(y)]\cdot\varphi''(y)$.

3. 略.
4. 略.
5. 略.
6. 略.
7. (1) $\frac{dy}{dx}=\frac{y-e^x}{\cos y-x}$;

(2) $\frac{dy}{dx}=\frac{x+y}{x-y}$;

(3) $\frac{\partial z}{\partial x}=\frac{yz-ze^{xz}}{xe^{xz}-xy}$, $\frac{\partial z}{\partial y}=\frac{z}{e^{xz}-y}$;

(4) $\frac{\partial z}{\partial x}=\frac{x^2+z^2-2x}{2z-3z^2(x^2+z^2)}$, $\frac{\partial z}{\partial y}=\frac{(2y-e^y)(x^2+z^2)}{2z-3z^2(x^2+z^2)}$;

(5) $\frac{\partial^2 z}{\partial x\partial y}=\frac{xz^2}{y(x+z)^3}$.

8. $\frac{\partial z}{\partial x}=-\frac{2x}{2z-f'(u)}$, $\frac{\partial z}{\partial y}=-\frac{2y^2-yf(u)+zf'(u)}{y[2z-f'(u)]}$, $u=\frac{z}{y}$.

9. $\frac{\partial z}{\partial x}=-\frac{F'_u+2xF'_v}{F'_u+2zF'_v}$, $\frac{\partial z}{\partial y}=-\frac{F'_u+2yF'_v}{F'_u+2zF'_v}$.

10. $dz=-\frac{F'_1-\frac{z}{x^2}F'_2}{\frac{1}{y}F'_1+\frac{1}{x}F'_2}dx+\frac{\frac{z}{y^2}F'_1-F'_2}{\frac{1}{y}F'_1+\frac{1}{x}F'_2}dy$.

11. 略.
12. 略.

习题 7.5

1. (1) 极大值 $f(21, 20)=282$;

(2) 极大值 $f(3, -2)=50$;

(3) 极小值 $f(1, 1)=7$;

(4) 极小值 $f(1, 1)=-1$;

(5) 极大值 $f(-2, -1)=28$, 极小值 $f(2, 1)=-28$;

(6) 极小值 $f\left(\frac{1}{2}, -1\right)=-\frac{e}{2}$.

2. 极小值 $f(1, -1)=-2$, 极大值 $f(-1, -1)=6$.
3. 当 $P_1=10$, $P_2=7$ 时, 可获最大利润 52.
4. 最大值 $z\big|_{\substack{x=\frac{4}{3}\\ y=\frac{4}{3}}}=\frac{64}{27}$, 最小值 $z\big|_{\substack{x=3\\ y=3}}=-18$.
5. 最大体积 $V=\frac{\sqrt{6}}{36}a^3$.

6. 最短距离为$\frac{7}{4\sqrt{2}}$.

7. 当长为 $2\sqrt{10}$米、宽为 $3\sqrt{10}$米时，所用材料费最少.

8. 当劳动力投入和资本投入分别为 2 500 单位与 3 750 单位时，生产量最高. 最高生产量约为 54 216 单位.

9. $P=\dfrac{C_0-b\ln M+\frac{1}{a}-b}{1-ab}$.

习题 7.6

1. (1) $\int_0^1 dx\int_x^1 f(x,\ y)dy$，$\int_0^1 dy\int_0^y f(x,\ y)dx$；

(2) $\int_1^e dx\int_0^{\ln x} f(x,\ y)dy$，$\int_0^1 dy\int_{e^y}^e f(x,\ y)dx$；

(3) $\int_0^1 dx\int_{x-1}^{1-x} f(x,\ y)dy$，$\int_{-1}^0 dy\int_0^{1+y} f(x,y)dx+\int_0^1 dy\int_0^{1-y} f(x,\ y)dx$；

(4) $\int_1^3 dx\int_x^{3x} f(x,\ y)dy$，$\int_1^3 dy\int_1^y f(x,\ y)dx+\int_3^9 dy\int_{\frac{y}{3}}^3 f(x,\ y)dx$；

(5) $\int_{-\sqrt{2}}^{\sqrt{2}} dx\int_{x^2}^{4-x^2} f(x,\ y)dy$，$\int_0^2 dy\int_{-\sqrt{y}}^{\sqrt{y}} f(x,\ y)dx+\int_2^4 dy\int_{-\sqrt{4-y}}^{\sqrt{4-y}} f(x,\ y)dx$；

(6) $\int_1^2 dx\int_{\frac{1}{x}}^x f(x,\ y)dy$，$\int_{\frac{1}{2}}^1 dy\int_{\frac{1}{y}}^2 f(x,\ y)dx+\int_1^2 dy\int_y^2 f(x,\ y)dx$.

2. (1) $\int_0^1 dx\int_{x^2}^x f(x,\ y)dy$；

(2) $\int_0^1 dy\int_y^{2-y} f(x,\ y)dx$；

(3) $\int_{-1}^1 dx\int_{-\sqrt{1-x^2}}^{1-x^2} f(x,\ y)dy$；

(4) $\int_0^a dy\int_{\frac{y^2}{2a}}^{a-\sqrt{a^2-x^2}} f(x,\ y)dx+\int_0^a dy\int_{a+\sqrt{a^2-y^2}}^{2a} f(x,\ y)dx+\int_a^{2a} dy\int_{\frac{y^2}{2a}}^{2a} f(x,\ y)dx$.

3. (1) $\frac{76}{3}$；(2) $\frac{p^5}{21}$；(3) $\frac{1}{2}e^4-2e$；(4) $\frac{9}{8}\ln 3-\ln 2-\frac{1}{2}$；

(5) $\pi-2$；(6) $\frac{1}{2}-\frac{1}{2e}$；(7) $\frac{\pi}{2}-1$；(8) $\pi(e^9-1)$；

(9) $\frac{\pi}{4}(5\ln 5-4)$；(10) $\frac{3}{64}\pi^2$；(11) $\frac{1}{3}R^3\left(\pi-\frac{4}{3}\right)$；(12) $\frac{\pi a^4}{4}+2\pi a^2$.

4. $f(x,\ y)=x^2+y^2+x\ln(x^2+y^2+1)-\frac{8}{3}$.

5. 略.

6. 略.

7. (1) $\frac{9}{2}$；(2) $\frac{4}{3}$.

8. (1) $\frac{5}{6}$；(2) 3π；(3) $\frac{\pi}{48}$；(4) $\frac{32}{9}$.

第七章总习题

(A)

1.(A). 2.(B). 3.(B). 4.(D). 5.(D). 6.(D). 7.(C). 8.(B). 9.(A). 10.(A). 11.(A). 12.(B). 13.(A). 14.(B). 15.(C). 16.(D). 17.(B). 18.(D). 19.(C). 20.(C). 21.(D). 22.(C).

(B)

1. $\frac{e^x+\ln y}{x+y}$.
2. (1) e；(2) 0.
3. $-\frac{1}{2}$.
4. $f''_{xy}(0,0)=-1$，$f''_{yx}(0,0)=1$.
5. $-2f''+g'_2+xg''_{12}+xyg''_{22}$.
6. 略.
7. 可微.
8. $f_{\max}=6+4\sqrt{2}$，$f_{\min}=0$.
9. $f(x,y)$ 在点 (0，0) 处有极大值.
10. 略.
11. (1) $X_1=0.75$ (万元)，$X_2=1.25$ (万元)；(2) $X_1=0$，$X_2=1.5$ (万元).
12. 略.
13. $\frac{\pi}{2}(e^{\pi}+1)$.
14. $\frac{\pi^2}{32}$.
15. $\frac{1}{2}$.
16. 略.

习题 8.1

1. (1) $\frac{1}{2}$；(2) $\frac{3}{2}$；(3) $\frac{1}{6}$；(4) $1-\sqrt{2}$；(5) 1.

2. 略.
3. 略.

习题 8.2

1. $\frac{1}{6}$.
2. (1) 发散；(2) 收敛；(3) 发散；(4) 发散；(5) 发散；(6) 发散.
3. (D).
4. (D).

习题 8.3

1. (1) 发散；(2) 收敛；(3) 收敛；(4) 发散；(5) 收敛；(6) 收敛；(7) 发散；(8) 收敛；(9) 收敛；(10) 发散；(11) 收敛；(12) 收敛；(13) 收敛.
2. (1) 当 $b>1$ 时发散；当 $0<b<1$ 时收敛；当 $b=1$ 时，若 $0<a\leqslant 1$，则发散，若 $a>1$，则收敛.
   (2) 当 $0<p<\mathrm{e}$ 时收敛，当 $p\geqslant \mathrm{e}$ 时发散.
   (3) 当 $p\leqslant 1$ 时发散，当 $p>1$ 时收敛.
3. 略.
4. 略.
5. (1) 1；(2) 略.

习题 8.4

1. (1) 收敛；(2) 发散；(3) 收敛；(4) 收敛；(5) 收敛.
2. 略.

习题 8.5

1. (C).
2. (D).
3. (C).
4. $\sum_{n=1}^{\infty} u_n$ 条件收敛；$\sum_{n=1}^{\infty} u_n^2$ 发散.

5. (1) 条件收敛；(2) 绝对收敛；(3) 条件收敛；(4) 条件收敛；(5) 绝对收敛.

习题 8.6

1. (A).
2. -2.
3. (1) 3, $[-3, 3)$；(2) 1, $[-1, 1]$；(3) 1, $[-1, 1)$；

   (4) 1, $[-3, -1]$；(5) $\frac{1}{2}$, $\left(-\frac{1}{2}, \frac{1}{2}\right)$；(6) $\frac{\sqrt{3}}{3}$, $\left(-\frac{\sqrt{3}}{3}, \frac{\sqrt{3}}{3}\right)$；

   (7) $\frac{1}{4}$, $\left(\frac{1}{4}, \frac{3}{4}\right)$.
4. (1) $S(x)=\arctan x$, $[-1, 1]$；

   (2) $S(x)=\frac{x^2}{(1-x^2)^2}$, $(-1, 1)$；

   (3) $S(x)=-\ln(1-x)-\frac{3}{1-x}+\frac{1}{(1-x)^2}$, $(-1, 1)$；

   (4) $S(x)=\frac{x(1+x)}{(1-x)^3}$, $(-1, 1)$；

   (5) $S(x)=\begin{cases}\frac{x^2-1}{4x^2}\ln\left(\frac{1+x}{1-x}\right), & x\neq 0, x\neq \pm 1\\ -\frac{1}{2}, & x=-1\\ 0, & x=0\\ \frac{1}{2}, & x=1\end{cases}$, $[-1, 1]$；

   (6) $S(x)=\begin{cases}\frac{2}{2x-1}\ln\frac{2}{3-2x}, & x\neq\frac{1}{2}\\ 0, & x=\frac{1}{2}\end{cases}$, $\left[-\frac{1}{2}, \frac{3}{2}\right)$.

习题 8.7

1. (1) 1.389；(2) $\frac{\pi}{10}-\frac{1}{3!}\left(\frac{\pi}{10}\right)^3+\frac{1}{5!}\left(\frac{\pi}{10}\right)^5$；(3) 0.693；(4) 1.036 8；

   (5) 2.993；(6) 0.946；(7) 0.097 5.
2. (1) $f(x)=e^{x^2}=\sum_{n=0}^{\infty}\frac{x^{2n}}{n!}\ (-\infty<x<+\infty)$,

   $f^{(n)}(0)=\begin{cases}\frac{(2k)!}{k!}, & n=2k, k=0, 1, 2, \cdots\\ 0, & n=2k-1, k=1, 2, 3, \cdots\end{cases}$；

(2) $f(x)=xe^{-2x}=\sum_{n=0}^{\infty}\frac{(-2)^n}{n!}x^{n+1}=\sum_{n=1}^{\infty}\frac{(-2)^{n-1}}{(n-1)!}x^n(-\infty<x<+\infty)$，

$$f^{(n)}(0)=\begin{cases}\frac{(-2)^{n-1}\cdot n!}{(n-1)!}, & n\geqslant 1\\ 0, & n=0\end{cases};$$

(3) $f(x)=\cos^2 x=\sum_{n=0}^{\infty}\frac{(-1)^n\cdot 2^{2n}}{2\cdot(2n)!}x^{2n}+\frac{1}{2}(-\infty<x<+\infty)$，

$$f^{(n)}(0)=\begin{cases}(-1)^k\cdot 2^{2k-1}, & n=2k,\ k=1,\ 2,\ 3,\ \cdots\\ 0, & n=2k-1,\ k=1,\ 2,\ 3,\ \cdots;\\ 1, & n=0\end{cases}$$

(4) $f(x)=\frac{1}{\sqrt{1-x^2}}=1+\sum_{k=1}^{\infty}\frac{(2k-1)!!}{(2k)!!}x^{2k}(-1<x<1)$，

$$f^{(n)}(0)=\begin{cases}\frac{(2k-1)!!}{(2k)!!}(2k)!, & n=2k,\ k=1,\ 2,\ 3,\ \cdots\\ 0, & n=2k-1,\ k=1,\ 2,\ 3,\ \cdots;\\ 1, & n=0\end{cases}$$

(5) $f(x)=\sum_{n=0}^{\infty}\left[\left(-\frac{1}{2}\right)^n-1\right]x^n(-1<x<1)$，$f^{(n)}(0)=\left[\left(-\frac{1}{2}\right)^n-1\right]n!$；

(6) $f(x)=-\sum_{n=0}^{\infty}\frac{1}{n+1}x^n(-1\leqslant x<1)$，$f^{(n)}(0)=-\frac{n!}{n+1}$.

3. (1) $f(x)=\sum_{n=0}^{\infty}\left(\frac{1}{2}\right)^{n+1}(x-1)^n(-1<x<3)$，$f^{(n)}(1)=\frac{n!}{2^{n+1}}$；

(2) $f(x)=\frac{1}{e}+\frac{1}{e}\sum_{n=1}^{\infty}\left[\frac{(-1)^{n-1}}{(n-1)!}+\frac{(-1)^n}{n!}\right](x-1)^n(-\infty<x<+\infty)$，

$f^{(n)}(1)=(-1)^{n-1}\cdot\frac{n-1}{e}$；

(3) $f(x)=\sum_{n=1}^{\infty}(-1)^{n-1}\frac{1}{n}(x-1)^n(0<x\leqslant 2)$，

$$f^{(n)}(1)=\begin{cases}(-1)^{n-1}\frac{n!}{n}=(-1)^{n-1}(n-1)!, & n\geqslant 1\\ 0, & n=0\end{cases};$$

(4) $f(x)=1+\sum_{k=1}^{\infty}(-1)^k\cdot(k+1)(x-1)^k(0<x<2)$，$f^{(n)}(1)=(-1)^n\cdot(n+1)!$.

第八章总习题

(A)

1.(C). 2.(C). 3.(D). 4.(D). 5.(C). 6.(C). 7.(B). 8.(B). 9.(B). 10.(C).
11.(C). 12.(C). 13.(D). 14.(A). 15.(A). 16.(C). 17.(D). 18.(C).

(B)

1. (D).
2. (C).
3. (B).
4. (1) 条件收敛；(2) 发散；(3) 条件收敛；(4) 绝对收敛.
5. 收敛.
6. 1.
7. (1) $\left(\frac{7}{6}, \frac{3}{2}\right)$, $S(x)=\frac{4(3x-4)}{1-4(3x-4)^2}$;

   (2) $[-1, 1]$, $S(x)=\begin{cases}-\ln(1+x^2)+2-\frac{2\arctan x}{x}, & x\neq 0\\ 0, & x=0\end{cases}$;

   (3) $\left(-\frac{1}{2}, \frac{1}{2}\right]$, $S(x)=\frac{1}{2}\ln(2x+1)$;

   (4) $(-\infty, +\infty)$, $S(x)=xe$.
8. $f(x)=-1+2\sum\limits_{n=0}^{\infty}(x-2)^n(1<x<3)$, $f^{(n)}(2)=\begin{cases}2n!, & n\neq 0\\ 1, & n=0\end{cases}$.
9. $f(x)=x^2+\sum\limits_{n=1}^{\infty}\frac{(-1)^n(2n-1)!!}{(2n)!!(2n+1)}x^{2n+2}(-1<x<1)$,

   $f^{(n)}(0)=\begin{cases}\frac{(-1)^k(2k-1)!!}{(2k)!!(2k+1)}(2k+2)!, & n=2k+2, k=1, 2, 3, \cdots\\ 0, & n=2k-1, k=1, 2, 3, \cdots\\ 0, & n=0\\ 2, & n=2\end{cases}$;
10. 略.
11. 略.

习题 9.1

1. (1) 一阶；(2) 一阶；(3) 三阶；(4) 二阶.
2. 略.
3. $\frac{x^2}{2}+x+c$.
4. $yy'+2x=0$.

习题 9.2

1. (1) $y=ce^{\sqrt{1-x^2}}$; (2) $e^{-y}=1-cx$;

(3) $y=c\sin x-1$；　(4) $\frac{1+y^2}{1-x^2}=c$；

(5) $10^x+10^{-y}=c$；　(6) $\ln y^2-y^2=2x-2\arctan x+c$；

(7) $y=\sin x$；　(8) $(1+e^x)^3\tan y=8$.

2. (1) $y^2=x^2-cx$；　(2) $y=2x\arctan x$；

(3) $y+\sqrt{x^2+y^2}=cx^2$；　(4) $e^{\frac{y^3}{x^3}}=cx^3$；

(5) $xy=ce^{-\arctan\left(\frac{y}{x}\right)}$；　(6) $y^5-5x^2y^3=1$；

(7) $y=-x\ln(1-\ln x)$.

3. (1) $y=ce^{3x}-e^{2x}$；　(2) $y=ce^{-\cos x}-\cos x+1$；

(3) $y=x^n(e^x+c)$；　(4) $y=\frac{1}{2}(x+1)^4+c(x+1)^2$；

(5) $y=\frac{4x^3+c}{3(x^2+1)}$；　(6) $y=2\ln x-x+2$；

(7) $y=\frac{1}{9}(e^{x^3}-x^3-2)$；　(8) $y=\frac{\sin x-1}{x^2-1}$.

4. $y=2(e^x-x-1)$.

5. $P=10\times 2^{\frac{t}{10}}$（万米^3）.

习题 9.3

1. (1) $y=\frac{1}{9}e^{3x}-\sin x+c_1x+c_2$；　(2) $y=c_1e^x-\frac{1}{2}x^2-x+c_2$；

(3) $y=c_1\ln x+c_2$；　(4) $y=1+c_2e^{c_1x}(c_2\neq 0)$；

(5) $c_1y-1=c_2e^{c_1x}$；　(6) $x=\pm\arcsin(y+c_1)+c_2$；

(7) $y=\frac{4}{(x-2)^2}$.

2. $y=\frac{x^3}{6}+\frac{x}{2}+1$.

习题 9.4

1. (1) $y=c_1e^x+c_2e^{6x}$；　(2) $y=e^{2x}(c_1\cos 3x+c_2\sin 3x)$；

(3) $y=e^{3x}(c_1e^{3\sqrt{2}x}+c_2e^{-3\sqrt{2}x})$；　(4) $y=c_1\cos 2x+c_2\sin 2x$；

(5) $y=\frac{1}{2}e^{2x}$；　(6) $y=(x+2)e^{-\frac{x}{2}}$；

(7) $y=3e^{-2x}\sin 5x$.

2. (1) $y=c_1\cos x+c_2\sin x+2x^2-7$；

(2) $y=c_1\mathrm{e}^{-3x}+c_2\mathrm{e}^{x}+\frac{1}{5}\mathrm{e}^{2x}$;

(3) $y=(c_1+c_2x)\mathrm{e}^{-x}+\frac{1}{4}x^2\mathrm{e}^{-x}$;

(4) $y=c_1\mathrm{e}^{x}+c_2\mathrm{e}^{-2x}+\mathrm{e}^{-2x}\left(\frac{3}{10}\cos x-\frac{1}{10}\sin x\right)$;

(5) $y=\mathrm{e}^{3x}(c_1+c_2x)+\mathrm{e}^{x}\left(\frac{3}{25}\cos x-\frac{4}{25}\sin x\right)$;

(6) $y=-5\mathrm{e}^{x}+\frac{7}{2}\mathrm{e}^{2x}+\frac{5}{2}$;

(7) $y=\sin 2x+2x$;

(8) $y=\mathrm{e}^{x}-\mathrm{e}^{-x}+\mathrm{e}^{x}(x^2-x)$.

3. $y=\frac{5}{2}\mathrm{e}^{x}-\frac{1}{2}\mathrm{e}^{3x}$.

4. $\varphi(x)=\frac{1}{2}(\cos x+\sin x+\mathrm{e}^{x})$.

习题 9.5

1. (1) $\Delta^2 y_x=2$;

(2) $\Delta^2 y_x=\mathrm{e}^{3x}(\mathrm{e}^3-1)^2$;

(3) $\Delta^2 y_x=\log_a\left[1-\frac{1}{(x+1)^2}\right]$;

(4) $\Delta y_x=2\cos\left[a\left(x+\frac{1}{2}\right)\right]\sin\frac{1}{2}a$;

(5) $\Delta^2 y_x=12x^{(2)}$.

2. 略.

3. (1) 五阶;(2) 三阶.

4. 略.

习题 9.6

1. (1) $y_x=A5^x-\frac{3}{4}$;

(2) $y_x=A2^x-6(3+2x+x^2)$;

(3) $y_x=A(-1)^x+\frac{1}{3}\cdot 2^x$;

(4) $y_x=\frac{161}{125}(-4)^x-\frac{36}{125}+\frac{1}{25}x+\frac{2}{5}x^2$.

2. (II) $P_t=\left(P_0-\frac{2}{3}\right)(-2)^t+\frac{2}{3}$.

3. (1) $y_x=A_1\left(-\frac{7}{2}\right)^x+A_2\left(\frac{1}{2}\right)^x+4$;

(2) $y_x=\left(\frac{1}{3}\right)^x\left(A_1\cos\frac{\pi}{2}x+A_2\sin\frac{\pi}{2}x\right)$;

(3) $y_x=A_1+A_2\cdot 2^x+\frac{1}{4}\cdot 5^x$;

(4) $y_x=\left(\frac{3}{4}-\frac{9}{10}x\right)5^x+\frac{1}{4}\cdot 3^x$.

第九章总习题

(A)

1.(D). 2.(A). 3.(C). 4.(D). 5.(B). 6.(C). 7.(C). 8.(B). 9.(D). 10.(A).

(B)

1. $y^2(y'^2+1)=1$.

2. (1) $\frac{1}{3}e^{-y^3}=e^x+c$；　(2) $x=y^4-y^2$；

(3) $e^y=\frac{1}{2}(x^3+x)$；　(4) $y=(c_1+c_2x)e^{2x}+4x^2e^{2x}+2x^2+4x+3$.

3. $f(x)=2e^x-1$.

4. $x^2+y^2=2y$.

5. (1) $P(x)=-\frac{1}{x}$，$f(x)=\frac{3}{x^3}$；　(2) $y=c_1+c_2x^2+\frac{1}{x}$.

6. $Q=1\,200\times 3^{-P}$.

7. (1) $P_e=\frac{a+c}{b+d}$；　(2) $P_t=(P_0-P_e)e^{-k(b+d)t}+P_e$.

8. $y=\frac{3}{10}e^{\frac{t}{3}}+5t-\frac{3}{10}$，$S=10e^{-\frac{t}{3}}$.

9. $y(t)=\frac{1\,000\cdot 3^{\frac{t}{3}}}{9+3^{\frac{t}{3}}}$，$y(6)=500$（尾）.

10. $P(t)=e^{6t}+e^{-2t}+4$.

11. $y=-\frac{5}{8}(1-x)^{\frac{4}{5}}+\frac{5}{12}(1-x)^{\frac{5}{6}}+\frac{5}{24}$.

12. $y_x=\left[\frac{1}{e-2}-\frac{e^2}{4(e+2)}\right]\frac{(-2)^x}{x^2}+\frac{e^x}{(e+2)x^2}$

13. $Y_x=(Y_0-Y_e)\beta^x+Y_e$，$Y_e=\frac{\alpha+I}{1-\beta}$，$C_x=(Y_0-Y_e)\beta^x+\frac{\alpha+\beta I}{1-\beta}$.

自测题

自测题一

（2 个小时，总分 100 分）

一、填空题（每题 3 分，共 18 分）

1. 已知$\lim\limits_{x\to 0}\dfrac{\ln\left(1+\dfrac{f(x)}{\tan x}\right)}{\sqrt[3]{1+x}-1}=7$，则$\lim\limits_{x\to 0}\dfrac{f(x)}{\sin^2 x}=$________.

2. 函数 $y=|\sin^3 x|$ 在点 $x=0$ 处的最高阶导数是________阶.

3. $y=x\ln x(x>1)$ 的反函数的导数是________.

4. 函数 $y=\dfrac{1}{x}+\ln(1+2e^x)$ 的图像的渐近线有________条.

5. 若 e^{x^2} 是 $f(x)$ 的一个原函数，则 $\int xf'(x)\mathrm{d}x=$________.

6. 函数 $y=\dfrac{x}{1+x^2}$ 有________个拐点.

二、（8 分）求极限$\lim\limits_{x\to\infty}\left[2x^2-x^4\ln\left(1+\dfrac{2}{x^2}\right)\right]$.

三、（8 分）设$\begin{cases}x=\arctan t\\ y=\ln(1+t^2)\end{cases}$，求$\dfrac{\mathrm{d}^2y}{\mathrm{d}x^2}$.

四、（10 分）方程 $x=f(x+y)$ 确定 y 是 x 的函数，$f(u)$ 二阶可导且 $f'(u)\neq 0$，求$\dfrac{\mathrm{d}^2y}{\mathrm{d}x^2}$.

五、（10 分）某商品的价格 P 与需求 Q 的关系为：$P=10-\dfrac{Q}{5}$，其成本函数为 $C=2Q+10$，求：

（1）$Q=30$ 时的边际收益 MR；

（2）$Q=30$ 时的需求价格弹性 η；

（3）获得最大利润时的 Q.

六、（8 分）已知 $f'(\ln x)=\begin{cases}1, & 0<x\leqslant 1\\ x\cos x, & x>1\end{cases}$，且 $f(0)=0$，求 $f(x)$.

七、（8 分）求不定积分 $\int \frac{\mathrm{e}^{2x}}{\sqrt[4]{1+\mathrm{e}^{x}}}\mathrm{d}x$.

八、（10 分）设 $f(x)=\alpha\mathrm{e}^{-x}+\beta\ln x$，$\alpha$，$\beta$ 是非零常数. 若对任意 $x>0$，$f(x)$ 是单减函数，求 α，β 满足的条件.

九、（10 分）设常数 $a>0$，求 $f(x)=\frac{1}{1+|x|}+\frac{1}{1+|x-a|}$ 的最值.

十、（10 分）已知 $f(x)$ 在 $[0, 1]$ 上连续，在 $(0, 1)$ 内可导，且 $f(0)=0$，$f(1)=1$，证明：

（1）存在不同的 ξ_1，ξ_2，$\xi_3\in(0, 1)$，使 $f'(\xi_1)+2f'(\xi_2)+3f'(\xi_3)=6$；

（2）存在不同的 ξ，$\eta\in(0, 1)$，使 $2\eta f'(\xi)=3\xi^2 f'(\eta)$.

自测题二

（2 个小时，总分 100 分）

一、填空题（每小题 3 分，共 18 分）

1. 当 $x\to 0$ 时，$(1+ax^2)^{\frac{1}{3}}-1\sim\cos^2x-1$，则 $a=$________.

2. 设 $y=y(x)$ 由 $x^y=y^x$ 确定，则 $\mathrm{d}y=$________.

3. 曲线 $y=x\ln\left(\mathrm{e}+\dfrac{1}{x}\right)(x>0)$ 的斜渐近线为________.

4. 对函数 $f(x)=\sqrt[3]{8x-x^2}$ 在 $[0,8]$ 上应用罗尔定理时，ξ 的取值为________.

5. 已知 $f(x)=x\sin x$，则 $f^{(2\,020)}(0)=$________.

6. 若 $\int xf(x)\mathrm{d}x=\arcsin x+C$，则 $\int\dfrac{1}{f(x)}\mathrm{d}x=$________.

二、（10 分）已知 $\begin{cases}x=\arctan t\\ y+\mathrm{e}^y=\ln(\mathrm{e}+t^2)\end{cases}$，求 $\left.\dfrac{\mathrm{d}y}{\mathrm{d}x}\right|_{x=0}$.

三、（10 分）设函数 $f(x)=\begin{cases}\sin x+2a\mathrm{e}^x, & x<0\\ 7\arctan x+2b(x-1)^2, & x\geqslant 0\end{cases}$ 在点 $x=0$ 处可导.

（1）确定参数 a 和 b 的值；

（2）求 $f(x)$ 的原函数.

四、（10 分）求不定积分 $\int\dfrac{\arctan x\mathrm{d}x}{x^2(1+x^2)}$.

五、（10 分）已知 $f(x)$ 的一个原函数是 x^x，求 $\int xf'(x)\mathrm{d}x$.

六、（10 分）设曲线 $y=\mathrm{e}^x+ax^3$ 有拐点，求 a 的范围.

七、（12 分）设某商品的需求函数为 $Q=12-\dfrac{P^2}{4}$.

（1）求 $P=2$ 时的需求价格弹性.

（2）当 $P=2$ 时，若价格上涨 1%，总收益是增加还是减少？将变化百分之几？

（3）当 P 为何值时总收益最大？最大总收益为多少？

八、（8 分）求数列 $\{\sqrt[n]{n}\}_{n=1}^{\infty}$ 的最大项.

九、（12 分）设 $f(x)$ 在 $[a,b]$ 上二阶可导，且 $f(a)=f(b)=0$，$f'_+(a)>0$，$f'_-(b)>0$. 证明：

（1）$f(x)$ 在 (a,b) 内至少存在一个零点.

（2）$f'(x)$ 在 (a,b) 内至少存在两个零点.

（3）在 (a,b) 内至少存在一点 ξ，满足 $f''(\xi)<0$.

自测题三

（120 分钟，总分 100 分）

一、填空题（每题 3 分，共 21 分）

1. $\int_0^1 xe^x dx =$ ________.

2. $\int_{-\infty}^{+\infty} \frac{1}{1+x^2} dx =$ ________.

3. 已知级数 $\sum_{n=1}^{\infty} u_n$ 的部分和 $S_n = \frac{2n-3}{3n-2}$，则 $\sum_{n=1}^{\infty} u_n =$ ________.

4. 级数 $\sum_{n=1}^{\infty} \frac{\sin n}{n^2}$ 的敛散性为________（填“绝对收敛”、“条件收敛”或“发散”）.

5. 函数 $z=\sin xy^2$ 在（1，−1）处的全微分为________.

6. 设 D：由 y 轴，$y=1$，$y=x$ 所围的区域，则 $\iint\limits_D 2d\sigma =$ ________.

7. 方程 $y''-7y'+12y=0$ 的通解为________.

二、（8 分）已知 $z=(x+y)^{x-y}$，求$\frac{\partial z}{\partial x}$，$\frac{\partial z}{\partial y}$.

三、（8 分）已知 $u=x^2+yz$，其中 $z=\phi(x, y)$ 具有二阶连续偏导数，求$\frac{\partial^2 u}{\partial x \partial y}$.

四、（8 分）设 D：$1 \leqslant x^2+y^2 \leqslant 4$，求 $\iint\limits_D x^2 d\sigma$.

五、（10 分）求 $\sum_{n=0}^{\infty} \frac{x^n}{3^n(n+1)}$ 的收敛域及和函数.

六、（12 分）将 $f(x)=\frac{1}{3-x}$展开为 $x-1$ 的幂级数，写出收敛域，并求 $f^{(n)}(1)$.

七、（10 分）求初值解$\begin{cases}(x+1)y'-2y=(x+1)^2\\ y(0)=1\end{cases}$.

八、已知某商品的销售收入 R(万元) 与电台广告费用 x_1(万元) 及报纸广告费用 x_2(万元) 有如下经验公式：$R=20+10x_1+18x_2-2x_1x_2-x_1^2-5x_2^2$.

（1）（6 分）若广告费用不限，求最优广告策略.

（2）（6 分）若广告费用为 3 万元，求最优广告策略.

九、设 $f(x)=\int_0^{x^2}(1-t)^n t^n dt$，其中 n 为正整数.

（1）（6 分）讨论 $f(x)$ 的最值情形.

（2）（5 分）记 $a_n=\int_0^1 (1-t)^n t^n dt$，证明：$\sum_{n=1}^{\infty} a_n$ 收敛.

自测题四

（120 分钟，总分 100 分）

一、填空题（每题 3 分，共 21 分）

1. $\int_0^{+\infty} x\mathrm{e}^{-x^2}\,\mathrm{d}x =$ ________.

2. $y = \int_0^x (2-t)\,\mathrm{d}t$ 的极大值是________.

3. 由 $y=0$，$x=1$，$y=\sqrt{x}$所围成的平面域绕 x 轴旋转一周，所得立体的体积为________.

4. 已知级数 $\sum\limits_{n=1}^{\infty} u_n$ 的部分和 $S_n=\dfrac{2n-1}{n+2}$，则 $\sum\limits_{n=1}^{\infty} u_{n+2} =$ ________.

5. 利用 e^x 的幂级数求$\sqrt{\mathrm{e}}$的近似值（计算前三项）为________.

6. 交换积分 $\int_0^1 \mathrm{d}x \int_{x^2}^{x} f(x,y)\,\mathrm{d}y$ 的次序，其结果为________.

7. 方程$\begin{cases} y'+\dfrac{y}{x}=0 \\ y(1)=1 \end{cases}$的解是________.

二、（8 分）求 $\iint\limits_D xy\,\mathrm{d}\sigma$. D 是由 $y=x$，$y=0$，$(x-1)^2+y^2=1$ 在第一象限所围成的区域.

三、（8 分）求 $y''-y'=2\mathrm{e}^x$ 的通解.

四、（12 分）求 $\sum\limits_{n=1}^{\infty} \dfrac{n^2+1}{n} x^n$ 的收敛域及和函数.

五、（12 分）已知方程 $xy+x+y-z=\mathrm{e}^z$ 在（0，1，0）的某邻域确定 $z=z(x,\ y)$，求 $\mathrm{d}z\big|_{(0,1)}$ 及$\dfrac{\partial^2 z}{\partial x\partial y}\Big|_{(0,1)}$.

六、（8 分）判别 $\sum\limits_{n=1}^{\infty} (-1)^n \dfrac{n^n}{(n+1)^{n+1}}$ 的敛散性. 若收敛，指明是绝对收敛还是条件收敛.

七、（10 分）在自然保护区，某物种最多存活 500 只，时刻 t(年）的数量为 y(只），y 对时间的变化率与 $y(500-y)$ 成正比，初始时在自然保护区投放该物种 50 只，四年后有该物种 100 只，求数量 y 关于 t 的函数关系式。

八、（12 分）某产品在两个国家销售，其需求函数分别为 $Q_1=6-P_1$，$Q_2=4-2P_2$，总成本函数为 $C=4+2Q_1+Q_2$. 如果将成本控制在 10 以内，则如何定价可使利润最大？

九、（9 分）已知二元函数 $z=z(x,\ y)(x\neq 0)$ 可微，证明：$z(x,\ y)=f\left(\dfrac{y}{x}\right)$的充要条件是 $x\dfrac{\partial z}{\partial x}+y\dfrac{\partial z}{\partial y}=0$.

自测题参考答案

自测题一

一、1. 7/3. 2. 3. 3. $\frac{1}{1+\ln x}$. 4. 3. 5. $(2x^2-1)e^{x^2}+c$. 6. 3.

二、解：原式$=\lim\limits_{x\to\infty}x^2\left[2-x^2\ln\left(1+\frac{2}{x^2}\right)\right]$

$$\xlongequal{x^2=\frac{1}{t}}\lim_{t\to 0}\frac{2t-\ln(1+2t)}{t^2}$$

$$\xlongequal{\text{洛必达法则}}\lim_{t\to 0}\frac{2-\frac{2}{1+2t}}{2t}$$

$$=2.$$

三、$\frac{dy}{dx}=2t$，$\frac{d^2y}{dx^2}=(2t)'_t\frac{dt}{dx}=2(1+t^2)$.

四、$x=f(x+y)$ 两边对 x 求导，得

$$1=f'(x+y)(1+y')\Rightarrow y'+1=\frac{1}{f'(x+y)}.$$

两边再对 x 求导，得

$$y''=-\frac{f''(x+y)}{[f'(x+y)]^3}.$$

五、解：(1) $R=10Q-\frac{Q^2}{5}$，$MR=10-\frac{2Q}{5}\Big|_{Q=30}=-2$.

(2) $\eta=-\frac{P}{Q}Q'(P)=5\cdot\frac{10-\frac{Q}{5}}{Q}\Big|_{Q=30}=\frac{2}{3}$.

(3) $L=10Q-\frac{Q^2}{5}-2Q-10=8Q-\frac{Q^2}{5}-10$.

$L'=8-\frac{2Q}{5}=0$，得 $Q=20$，$L''=-\frac{2}{5}<0$.

所以当 $Q=20$ 时，获得最大利润 70.

六、令 $\ln x=t$，则

$$f'(t)=\begin{cases}1, & t\leqslant 0\\ e^t\cos e^t, & t>0\end{cases}\Rightarrow f(t)=\begin{cases}t+c_1, & t\leqslant 0\\ \sin e^t+c_2, & t>0\end{cases}.$$

$\because f(t)$ 连续，且 $f(0)=0$，

$$\therefore f(t)=\begin{cases}t, & t\leqslant 0\\ \sin e^t-\sin 1, & t>0\end{cases}.$$

七、(1) 令 $\sqrt[4]{1+e^x}=t$，则 $x=\ln(t^4-1)$，$dx=\frac{4t^3}{t^4-1}dt$.

$$原式=\int(4t^6-4t^2)\,dt=\frac{4}{7}t^7-\frac{4}{3}t^3+c$$

$$=\frac{4}{7}(1+e^x)^{\frac{7}{4}}-\frac{4}{3}(1+e^x)^{\frac{3}{4}}+c.$$

八、$f(x)$ 单减$\Leftrightarrow f'(x)\leqslant 0$，故

$-\alpha xe^{-x}\leqslant -\beta\quad(x>0)$，

即 (1) $\alpha<0$，$xe^{-x}\leqslant\frac{\beta}{\alpha}\Leftrightarrow(xe^{-x})_{\max}\leqslant\frac{\beta}{\alpha}$；

(2) $\alpha>0$，$xe^{-x}\geqslant\frac{\beta}{\alpha}\Leftrightarrow(xe^{-x})_{\min}\geqslant\frac{\beta}{\alpha}$.

令 $g(x)=xe^{-x}$，则 $g'(x)=(1-x)e^{-x}$有唯一驻点 $x=1$.

当 $x<1$ 时，$g'(x)>0$，$g(x)$ 单增.

当 $x>1$ 时，$g'(x)<0$，$g(x)$ 单减.

$g(1)=\frac{1}{e}$是最大值.

$\lim\limits_{x\to 0^+}g(x)=0$，

$\lim\limits_{x\to\infty}g(x)=0$，

得：(1) $\alpha<0$，$\frac{1}{e}\leqslant\frac{\beta}{\alpha}$；或者 (2) $\alpha>0$，$0\geqslant\frac{\beta}{\alpha}\Rightarrow\alpha>0$，$\beta<0$.

九、解：$$f(x)=\begin{cases}\frac{1}{1-x}+\frac{1}{1+a-x}, & x<0\\ \frac{1}{1+x}+\frac{1}{1+a-x}, & 0\leqslant x\leqslant a,\\ \frac{1}{1+x}+\frac{1}{1+x-a}, & x>a\end{cases}$$

$$f'(x)=\begin{cases}\dfrac{1}{(1-x)^2}+\dfrac{1}{(1+a-x)^2}>0, & x<0\\ \dfrac{-1}{(1+x)^2}+\dfrac{1}{(1+a-x)^2}, & 0\leqslant x\leqslant a.\\ \dfrac{-1}{(1+x)^2}+\dfrac{-1}{(1+x-a)^2}<0, & x>a\end{cases}$$

$f'(x)=0\Rightarrow x=\dfrac{a}{2}$.

函数在 $(-\infty, 0)$ 内单增，在 $(a, +\infty)$ 内单减，在 $[0, a]$ 上取得最大值.

$f(0)=f(a)=1+\dfrac{1}{1+a}$，$f\left(\dfrac{a}{2}\right)=\dfrac{2}{1+\dfrac{a}{2}}\Rightarrow f(a)>f\left(\dfrac{a}{2}\right)$，

$\lim\limits_{x\to-\infty}\dfrac{1}{1-x}+\dfrac{1}{1+a-x}=0$，$\lim\limits_{x\to+\infty}\dfrac{1}{1+x}+\dfrac{1}{1+x-a}=0$，

综上所述，$f(x)$ 的最大值是 $1+\dfrac{1}{1+a}$，无最小值.

十、证：(1) 在 $\left[0, \dfrac{1}{6}\right]$，$\left[\dfrac{1}{6}, \dfrac{1}{2}\right]$，$\left[\dfrac{1}{2}, 1\right]$ 上分别运用拉格朗日中值定理，得

$$f\left(\frac{1}{6}\right)-f(0)=\frac{1}{6}f'(\xi_1),$$

$$f\left(\frac{1}{2}\right)-f\left(\frac{1}{6}\right)=\frac{1}{3}f'(\xi_2),$$

$$f(1)-f\left(\frac{1}{2}\right)=\frac{1}{2}f'(\xi_3),$$

相加各式即得.

(2) 对 $f(x)$ 与 $g(x)=x^2$ 在 $[0, 1]$ 上运用柯西中值定理，得

$\dfrac{f(1)-f(0)}{g(1)-g(0)}=\dfrac{f'(\eta)}{g'(\eta)}$，即 $1=\dfrac{f'(\eta)}{2\eta}$.

同理对 $f(x)$ 与 $g(x)=x^3$ 在 $[0, 1]$ 上运用柯西中值定理，得

$\dfrac{f(1)-f(0)}{g(1)-g(0)}=\dfrac{f'(\xi)}{g'(\xi)}$，即 $1=\dfrac{f'(\xi)}{3\xi^2}$.

从而，$\dfrac{f'(\eta)}{2\eta}=\dfrac{f'(\xi)}{3\xi^2}$，得证.

自测题二

一、1. -3. 2. $\dfrac{y^2-xy\ln y}{x^2-xy\ln x}\mathrm{d}x$. 3. $y=x+\dfrac{1}{\mathrm{e}}$. 4. 4. 5. $-2\,020$. 6. $-\dfrac{1}{3}(1-x^2)^{\frac{3}{2}}+C$.

二、解：容易求得$\dfrac{\mathrm{d}x}{\mathrm{d}t}=\dfrac{1}{1+t^2}$. 方程 $y+\mathrm{e}^y=\ln(\mathrm{e}+t^2)$ 两边对 t 求导，得

$$\frac{\mathrm{d}y}{\mathrm{d}t}+\mathrm{e}^y\frac{\mathrm{d}y}{\mathrm{d}t}=\frac{2t}{\mathrm{e}+t^2},\frac{\mathrm{d}y}{\mathrm{d}t}=\frac{2t}{(\mathrm{e}+t^2)(1+\mathrm{e}^y)}.$$

当 $x=0$ 时 $t=0$，此时 $y=0$，则

$$\left.\frac{\mathrm{d}y}{\mathrm{d}x}\right|_{x=0}=\left.\frac{2t(1+t^2)}{(\mathrm{e}+t^2)(1+\mathrm{e}^y)}\right|_{t=y=0}=0.$$

三、解：(1) 首先注意到 $\lim\limits_{x\to0^+}f(x)=(7\arctan x+2b(x-1)^2)|_{x=0}=2b$，并且 $\lim\limits_{x\to0^-}f(x)=(\sin x+2a\mathrm{e}^x)|_{x=0}=2a$，从而由 $f(x)$ 在点 $x=0$ 处连续可知 $a=b$. 现在考虑一阶导数，我们有

$$f'_+(x)=\lim_{x\to0^+}\frac{f(x)-f(0)}{x}=\lim_{x\to0^+}\frac{7\arctan x+2b(x-1)^2-2b}{x}=7-4b.$$

而

$$f'_-(x)=\lim_{x\to0^-}\frac{f(x)-f(0)}{x}=\lim_{x\to0^-}\frac{\sin x+2a\mathrm{e}^x-2b}{x}=\lim_{x\to0^-}\frac{\sin x+2b(\mathrm{e}^x-1)}{x}=1+2b.$$

其中上式的计算中用到了 $a=b$，于是我们有 $a=b=1$.

(2) 现在

$$f(x)=\begin{cases}\sin x+2\mathrm{e}^x, & x<0\\ 7\arctan x+2(x-1)^2, & x\geqslant0\end{cases}.$$

当 $x<0$ 时，

$$\int f(x)\mathrm{d}x=\int(\sin x+2\mathrm{e}^x)\mathrm{d}x=-\cos x+2\mathrm{e}^x+C_1.$$

当 $x\geqslant0$ 时，

$$\int f(x)\mathrm{d}x=\int(7\arctan x+2(x-1)^2)\mathrm{d}x=7x\arctan x-\frac{7}{2}\ln(x^2+1)+\frac{2}{3}(x-1)^3+C_2.$$

利用原函数在点 $x=0$ 处连续，得到 $C_2=C_1+5/3$. 于是 $f(x)$ 的原函数为

$$F(x)=\begin{cases}-\cos x+2\mathrm{e}^x+C, & x<0\\ 7x\arctan x-\dfrac{7}{2}\ln(x^2+1)+\dfrac{2}{3}(x-1)^3+\dfrac{5}{3}+C, & x\geqslant0\end{cases}.$$

四、解：(方法一) 令 $u=\arctan x$，将 $x=\tan u$ 及 $\mathrm{d}x=\sec^2u\mathrm{d}u$ 代入原积分，得

$$\int u\cot^2 u\mathrm{d}u=\int u(\csc^2 u-1)\mathrm{d}u=-\int u\mathrm{d}(\cot u)-\frac{1}{2}u^2$$

$$=-u\cot u+\int\cot u\mathrm{d}u-\frac{1}{2}u^2$$

$$=-u\cot u+\ln|\sin u|-\frac{1}{2}u^2+C$$

$$=-\frac{\arctan x}{x}+\ln x-\frac{1}{2}\ln(1+x^2)-\frac{1}{2}\arctan^2 x+C.$$

（方法二）

$$\int\frac{\arctan x}{x^2(1+x^2)}\mathrm{d}x=\int\frac{\arctan x}{x^2}\mathrm{d}x-\int\frac{\arctan x}{1+x^2}\mathrm{d}x$$

$$=-\int\arctan x\mathrm{d}\left(\frac{1}{x}\right)-\frac{1}{2}\arctan^2 x$$

$$=-\frac{\arctan x}{x}+\int\frac{1}{x(1+x^2)}\mathrm{d}x-\frac{1}{2}\arctan^2 x$$

$$=-\frac{\arctan x}{x}+\int\left(\frac{1}{x}-\frac{x}{1+x^2}\right)\mathrm{d}x-\frac{1}{2}\arctan^2 x$$

$$=-\frac{\arctan x}{x}+\ln x-\frac{1}{2}\ln(1+x^2)-\frac{1}{2}\arctan^2 x+C.$$

五、由已知得：$(x^x)'=f(x)$，$\int f(x)\mathrm{d}x=x^x+C$，

$$\int xf'(x)\mathrm{d}x=\int x\mathrm{d}f(x)=xf(x)-\int f(x)\mathrm{d}x=x^{x+1}(\ln x+1)-x^x+C.$$

六、解：由 $y'=\mathrm{e}^x+3ax^2$，$y''=\mathrm{e}^x+6ax$，$y^{(3)}=\mathrm{e}^x+6a$ 知，使得 $y''=0$ 且 $y^{(3)}\neq 0$ 的点或者使得 $y''=y^{(3)}=y^{(4)}=0$ 但 $y^{(5)}\neq 0$ 的点皆是拐点．因此，需要求 a 的范围使得 $y''=0$ 有根，而该方程可转化为 $\mathrm{e}^x=-6ax$．故只需考察曲线 $y_1=\mathrm{e}^x$ 与 $y_2=-6ax$ 有交点的条件．易见，当 $a>0$ 时，二者必有一个交点；当 $a<0$ 时，二者有交点的临界情况就是直线 y_2 与 y_1 相切．设切点的坐标为（x_0，y_0），则 $-6a=\mathrm{e}^{x_0}$，$a=-\frac{\mathrm{e}}{6}$．故当 $a\leqslant-\frac{\mathrm{e}}{6}$时，二者也有交点．而当 $a=-\frac{\mathrm{e}}{6}$时，$y^{(4)}\neq 0$，故此时不是拐点．综上知，当 $a>0$ 或 $a<-\frac{\mathrm{e}}{6}$时曲线有拐点．（本题也可通过讨论$f(x)=\frac{\mathrm{e}^x}{x}$的单调性知，当 $0<x<1$ 时 $f(x)$ 严格单减，当 $x>1$ 时 $f(x)$ 严格单增，故在点 $x=1$ 处取得极小值，当 $x<0$ 时 $f(x)$ 严格单减，且以 $x=0$ 和 $y=0$ 为渐近线，因此当$-6a\geqslant\mathrm{e}$ 以及$-6a<0$ 时与 $f(x)$ 有交点．同样的方法可以排除掉 $a=-\frac{\mathrm{e}}{6}$，从而也得到有拐点的范围.）

七、解：(1) 由需求价格弹性函数赋值可得

$$\eta(2)=\frac{E_Q}{E_P}\bigg|_{P=2}=-Q'\cdot\frac{P}{Q}\bigg|_{P=2}\text{（2 分）}=\frac{2P^2}{48-P^2}\bigg|_{P=2}=\frac{2}{11}.$$

（2）根据总收益函数

$$R=QP=12P-\frac{P^3}{4}\Rightarrow 边际收益函数为\ R'=Q+PQ'=Q(1-\eta)=12-\frac{3}{4}P^2.$$

由于在 $P=2$ 处需求价格弹性值 $\eta(2)$ 小于 1，因此当价格上涨时，总收益增加，进一步可以得到总收益对价格的弹性函数

$$\frac{E_R}{E_P}=R'\frac{P}{R}=\frac{48-3P^2}{48-P^2}\Rightarrow\frac{E_R}{E_P}\bigg|_{P=2}=\frac{9}{11}.$$

由此可知，当价格上涨 1％时，总收益约增加 0.82％.

（3）由边际收益函数

$$R'=12-\frac{3}{4}P^2=0\Rightarrow P=4.$$

而$R''|_{P=4}=-6<0$，因此当价格 $P=4$ 时，总收益最大，此时总收益 $R=32$.

八、解：考察函数 $f(x)=x^{\frac{1}{x}}(x\geqslant 1)$，利用对数求导法得

$$f'(x)=x^{\frac{1}{x}-2}(1-\ln x).$$

令 $f'(x)=0$，得到驻点 $x=\mathrm{e}$，因为当 $x\in[1,\mathrm{e})$ 时 $f'(x)>0$，当 $x\in(\mathrm{e},+\infty)$ 时 $f'(x)<0$，$f(x)$ 当 $x\geqslant 1$ 时有唯一的极大值点 $x=\mathrm{e}$，从而也是最大值点. 另外，因为 $2<\mathrm{e}<3$ 并且$\sqrt{2}=\sqrt[4]{4}<\sqrt[3]{3}$，故$\sqrt[3]{3}$为数列 $\{\sqrt[n]{n}\}_{n=1}^{\infty}$的最大项.

九、证明：（1）由于 $f'_+(a)$ 与 $f'_-(b)$ 均大于零，根据极限保号性知，$\exists\delta_1>0$，使得 $\forall x\in(a,a+\delta_1)$，$f(x)>0$. 因此可取 $\eta_1\in(a,a+\delta_1)$，$f(\eta_1)>0$. 类似地，$\exists\delta_2>0$，使得 $\forall x\in(b-\delta_2,b)$，$f(x)<0$. 同样可以取 $\eta_2\in(b-\delta_2,b)$，使得 $f(\eta_2)<0$，从而由零点定理知，$\exists c\in(\eta_1,\eta_2)$ 使得 $f(c)=0$.

（2）由（1）推出 $f(x)$ 在 (a,b) 内取得最值. 设在 x_1 与 x_2 处分别取得最大值和最小值，从而由费马引理得 $f'(x_1)=f'(x_2)=0$. （本题也可通过在 $[a,c]$ 与 $[c,b]$ 上分别运用罗尔定理来证明.）

（3）由（1）知最大值 $f(x_1)>0$，在 $[a,x_1]$ 与 $[x_1,b]$ 内分别运用拉格朗日中值定理，则 $\exists\zeta_1\in(a,x_1)$ 及 $\zeta_2\in(x_1,b)$，使得

$$f'(\zeta_1)=\frac{f(x_1)}{x_1-a}>0,f'(x_2)=\frac{-f(x_1)}{b-x_1}<0.$$

因此，在 $[\zeta_1,\zeta_2]$ 内再运用一次拉格朗日中值定理得，$\exists\zeta\in(\zeta_1,\zeta_2)$，使得

$$f''(\zeta)=\frac{f'(\zeta_2)-f'(\zeta_1)}{\zeta_2-\zeta_1}<0.$$

自测题三

一、1. 1. 2. π. 3. $\frac{2}{3}$. 4. 绝对收敛. 5. $\cos 1\mathrm{d}x-2\cos 1\mathrm{d}y$. 6. 1. 7. $C_1e^{3x}+C_2e^{4x}$.

二、(方法一) 取对数，得

$\ln z=(x-y)\ln(x+y)$.

令 $f(x, y, z)=(x-y)\ln(x+y)-\ln z$，则

$f'_x=\frac{x-y}{x+y}+\ln(x+y)$，$f'_y=\frac{x-y}{x+y}-\ln(x+y)$，$f'_z=-\frac{1}{z}$，

故$\frac{\partial z}{\partial x}=-\frac{f'_x}{f'_z}=z\left[\frac{x-y}{x+y}+\ln(x+y)\right]=(x+y)^{x-y}\left[\frac{x-y}{x+y}+\ln(x+y)\right]$，

$\frac{\partial z}{\partial y}=-\frac{f'_y}{f'_z}=z\left[\frac{x-y}{x+y}-\ln(x+y)\right]=(x+y)^{x-y}\left[\frac{x-y}{x+y}-\ln(x+y)\right]$.

(方法二) 令 $x+y=u$，$x-y=v$，则

$z=u^v$，$\mathrm{d}z=vu^{v-1}\mathrm{d}u+u^v\ln u\mathrm{d}v$，$\mathrm{d}u=\mathrm{d}x+\mathrm{d}y$，$\mathrm{d}v=\mathrm{d}x-\mathrm{d}y$，

$$\begin{aligned}\mathrm{d}z &=\frac{x-y}{x+y}(x+y)^{x-y}(\mathrm{d}x+\mathrm{d}y)+(x+y)^{x-y}\ln(x+y)(\mathrm{d}x-\mathrm{d}y)\\ &=(x+y)^{x-y}\left[\frac{x-y}{x+y}+\ln(x+y)\right]\mathrm{d}x+(x+y)^{x-y}\left[\frac{x-y}{x+y}-\ln(x+y)\right]\mathrm{d}y,\end{aligned}$$

故$\frac{\partial z}{\partial x}=(x+y)^{x-y}\left[\frac{x-y}{x+y}+\ln(x+y)\right]$，

$\frac{\partial z}{\partial y}=(x+y)^{x-y}\left[\frac{x-y}{x+y}-\ln(x+y)\right]$.

三、$\frac{\partial u}{\partial x}=2x+y\frac{\partial \phi}{\partial x}$，

$\frac{\partial^2 u}{\partial x\partial y}=\frac{\partial \phi}{\partial x}+y\frac{\partial^2 \phi}{\partial x\partial y}$.

四、$\iint\limits_D x^2\mathrm{d}\sigma=\int_0^{2\pi}\mathrm{d}\theta\int_1^2 r^3\cos^2\theta\mathrm{d}r=\int_0^{2\pi}\cos^2\theta\mathrm{d}\theta\cdot\int_1^2 r^3\mathrm{d}r=\frac{15\pi}{4}$.

五、$R=\lim\limits_{n\to\infty}\frac{3^{n+1}(n+2)}{3^n(n+1)}=3$.

当 $x=3$ 时，级数 $\sum\limits_{n=0}^{\infty}\frac{1}{n+1}$ 发散.

当 $x=-3$ 时，级数 $\sum\limits_{n=0}^{\infty}\frac{(-1)^n}{n+1}$ 收敛.

故收敛域为 $[-3, 3)$.

$$\begin{aligned}s(x) &=\sum_{n=0}^{\infty}\frac{x^n}{3^n(n+1)}\xlongequal{t=\frac{x}{3}}\sum_{n=0}^{\infty}\frac{t^n}{n+1}\xlongequal{t\neq 0}\frac{1}{t}\sum_{n=0}^{\infty}\frac{t^{n+1}}{n+1}=\frac{1}{t}\sum_{n=0}^{\infty}\int_0^t t^n\mathrm{d}t\\ &=\frac{1}{t}\int_0^t\sum_{n=0}^{\infty}t^n\mathrm{d}t=\frac{1}{t}\int_0^t\frac{1}{1-t}\mathrm{d}t=-\frac{\ln(1-t)}{t}\end{aligned}$$

$$=-\frac{3\ln\left(1-\frac{x}{3}\right)}{x}\quad(x\neq 0).$$

$s(0)=1.$

六、令 $x-1=t$，则

$$\frac{1}{3-x}=\frac{1}{2-t}=\frac{1}{2}\frac{1}{1-\frac{t}{2}}=\frac{1}{2}\sum_{n=0}^{\infty}\left(\frac{t}{2}\right)^n=\sum_{n=0}^{\infty}\frac{t^n}{2^{n+1}}=\sum_{n=0}^{\infty}\frac{(x-1)^n}{2^{n+1}}.$$

收敛域：$\left|\frac{t}{2}\right|<1\Rightarrow -2<t<2\Rightarrow -2<x-1<2\Rightarrow -1<x<3.$

由泰勒系数的唯一性，得

$$a_n=\frac{f^{(n)}(1)}{n!}=\frac{1}{2^{n+1}}\Rightarrow f^{(n)}(1)=\frac{n!}{2^{n+1}}.$$

七、通解：$y=e^{\int\frac{2}{x+1}dx}\left[C+\int(x+1)e^{-\int\frac{2}{x+1}dx}dx\right]$

$=(x+1)^2[C+\ln|1+x|].$

由 $y(0)=1\Rightarrow C=1.$

所求初值解为：$y=(x+1)^2(1+\ln|1+x|).$

八、(1) $\frac{\partial R}{\partial x_1}=10-2x_2-2x_1=0,$

$\frac{\partial R}{\partial x_2}=18-2x_1-10x_2=0,$

联立解得：$x_1=4$，$x_2=1.$

$$A=\frac{\partial^2 R}{\partial x_1^2}=-2,B=\frac{\partial^2 R}{\partial x_1\partial x_2}=-2,C=\frac{\partial^2 R}{\partial x_2^2}=-10,$$

$$AC-B^2>0,A<0,$$

故当 $x_1=4$，$x_2=1$ 时，R 是唯一极大值，从而是最大值.

(2) 令 $L=20+10x_1+18x_2-2x_1x_2-x_1^2-5x_2^2+\lambda(3-x_1-x_2)$，

$$\begin{cases}\frac{\partial L}{\partial x_1}=10-2x_2-2x_1-\lambda=0\\ \frac{\partial L}{\partial x_2}=18-2x_1-10x_2-\lambda=0\\ \frac{\partial L}{\partial \lambda}=3-x_1-x_2=0\end{cases}\Rightarrow\begin{cases}x_1=2\\ x_2=1\end{cases}.$$

由实际情况可知：$\begin{cases}x_1=2\\ x_2=1\end{cases}$是最优策略。

九、(1) $f(x)=\int_0^{x^2}(1-t)^n t^n\,dt$，其中 n 为正整数.

$$f'(x)=2(1-x^2)^n x^{2n+1}.$$

（Ⅰ）若 n 为偶数，则 $f'(x)$ 在 $x=\pm1$ 处不变号．而且

当 $x<0$ 时 $f'(x)\leqslant 0$，$f(x)$ 单减；当 $x>0$ 时 $f'(x)\geqslant 0$，$f(x)$ 单增．

所以 $f(0)$ 是最小值，无最大值．

（Ⅱ）若 n 为奇数，则

当 $x<-1$ 时 $f'(x)>0$，$f(x)$ 单增；

当 $-1<x<0$ 时 $f'(x)<0$，$f(x)$ 单减；

当 $0<x<1$ 时 $f'(x)>0$，$f(x)$ 单增；

当 $1<x$ 时 $f'(x)<0$，$f(x)$ 单减．

且当 $x\to\infty$ 时，
$$\begin{aligned}f(x)&=\int_0^{x^2}(1-t)^n t^n\mathrm{d}t\\&=\int_0^2(1-t)^n t^n\mathrm{d}t+\int_2^{x^2}(1-t)^n t^n\mathrm{d}t\\&\leqslant\int_0^2(1-t)^n t^n\mathrm{d}t-\int_2^{x^2}t^n\mathrm{d}t\\&=\int_0^2(1-t)^n t^n\mathrm{d}t-\frac{x^{2n+2}}{n+1}+\frac{2^{n+1}}{n+1}\to-\infty,\end{aligned}$$

即 $\lim\limits_{x\to\infty}f(x)=-\infty$，$f(0)=0$，$f(\pm1)>0$

所以 $f(\pm1)$ 是最大值，无最小值．

(2)（方法一）$\because 0\leqslant t\leqslant 1$

$\therefore 0\leqslant(1-t)^n\leqslant 1-t$，

$\therefore 0\leqslant a_n$

$$\begin{aligned}a_n&=\int_0^1(1-t)^n t^n\mathrm{d}t\\&\leqslant\int_0^1(1-t)t^n\mathrm{d}t\\&=\frac{1}{(n+1)(n+2)}.\end{aligned}$$

而级数 $\sum\limits_{n=1}^{\infty}\dfrac{1}{(n+1)(n+2)}$ 收敛，由比较判别法知：级数 $\sum\limits_{n=1}^{\infty}a_n$ 收敛．

（方法二）由 $(1-t)t\leqslant\dfrac{1}{4}\Rightarrow(1-t)^n t^n\leqslant\left(\dfrac{1}{4}\right)^n\Rightarrow a_n\leqslant\left(\dfrac{1}{4}\right)^n$．

而级数 $\sum\limits_{n=1}^{\infty}\left(\dfrac{1}{4}\right)^n$ 收敛，由比较判别法知：级数 $\sum\limits_{n=1}^{\infty}a_n$ 收敛．

自测题四

一、1. $\frac{1}{2}$. 2. 2. 3. $\frac{\pi}{2}$. 4. $\frac{5}{4}$. 5. $\frac{13}{8}$. 6. $\int_0^1 \mathrm{d}y\int_y^{\sqrt{y}} f(x, y)\,\mathrm{d}y$. 7. $y=\frac{1}{x}$.

二、

$$\iint_D xy\,\mathrm{d}\sigma = \int_0^{\frac{\pi}{4}}\mathrm{d}\theta\int_0^{2\cos\theta} r^3\cos\theta\sin\theta\,\mathrm{d}r = 4\int_0^{\frac{\pi}{4}}\cos^5\theta\sin\theta\,\mathrm{d}\theta$$

$$=-\frac{4}{6}\cos^6\theta\Big|_0^{\frac{\pi}{4}}$$

$$=\frac{7}{12}.$$

三、特征方程为 $r^2-r=0\Rightarrow r_1=0$，$r_2=1$.

$y''-y'=0$ 的通解为 $y=c_1+c_2\mathrm{e}^x$.

令 $y''-y'=2\mathrm{e}^x$ 的特解为 $y^*=ax\mathrm{e}^x$，代入原方程，解得

$a=2$，$y^*=2x\mathrm{e}^x$.

故 $y''-y'=2\mathrm{e}^x$ 的通解为 $y=c_1+c_2\mathrm{e}^x+2x\mathrm{e}^x$.

四、$\sum\limits_{n=1}^{\infty}\frac{n^2+1}{n}x^n$ 的收敛域为 $-1<x<1$.

$$\sum_{n=1}^{\infty}\frac{n^2+1}{n}x^n=\sum_{n=1}^{\infty}nx^n+\sum_{n=1}^{\infty}\frac{1}{n}x^n,$$

$$\sum_{n=1}^{\infty}nx^n=x\sum_{n=1}^{\infty}nx^{n-1}=x\sum_{n=1}^{\infty}(x^n)'=x\left(\sum_{n=1}^{\infty}x^n\right)'=x\left(\frac{x}{1-x}\right)'=\frac{x}{(1-x)^2},$$

$$\sum_{n=1}^{\infty}\frac{1}{n}x^n=\sum_{n=1}^{\infty}\left(\int_0^x s^{n-1}\mathrm{d}s\right)=\int_0^x\left(\sum_{n=1}^{\infty}s^{n-1}\right)\mathrm{d}s=\int_0^x\frac{1}{1-s}\mathrm{d}s=-\ln(1-x).$$

故 $\sum\limits_{n=1}^{\infty}\frac{n^2+1}{n}x^n=\frac{x}{(1-x)^2}-\ln(1-x)$.

五、$\mathrm{d}(xy)+\mathrm{d}x+\mathrm{d}y-\mathrm{d}z=\mathrm{d}\mathrm{e}^z\Rightarrow\mathrm{d}z=\frac{y+1}{\mathrm{e}^z+1}\mathrm{d}x+\frac{x+1}{\mathrm{e}^z+1}\mathrm{d}y\Rightarrow\frac{\partial z}{\partial x}=\frac{y+1}{\mathrm{e}^z+1}$，$\frac{\partial z}{\partial y}=\frac{x+1}{\mathrm{e}^z+1}$.

故 $\mathrm{d}z|_{(0,1)}=\mathrm{d}x+\frac{1}{2}\mathrm{d}y$.

$$\frac{\partial^2 z}{\partial x\partial y}=\frac{1}{\mathrm{e}^z+1}-\frac{(y+1)\mathrm{e}^z}{(\mathrm{e}^z+1)^2}\cdot\frac{\partial z}{\partial y}=\frac{1}{\mathrm{e}^z+1}-\frac{(x+1)(y+1)\mathrm{e}^z}{(\mathrm{e}^z+1)^3},$$

故 $\frac{\partial^2 z}{\partial x\partial y}\Big|_{(0,1)}=\frac{1}{4}$.

六、$\because\frac{n^n}{(n+1)^{n+1}}=\frac{n^n}{(n+1)^n}\cdot\frac{1}{n+1}\sim\frac{1}{\mathrm{e}}\cdot\frac{1}{n+1}(n\to\infty)$，

$\therefore\sum\limits_{n=1}^{\infty}(-1)^n\frac{n^n}{(n+1)^{n+1}}$ 不绝对收敛.

$\because \frac{n^n}{(n+1)^{n+1}}\to 0$ 且 $\frac{n^n}{(n+1)^{n+1}}$ 单调递减，

$\therefore$ 由莱布尼茨定理知：$\sum\limits_{n=1}^{\infty}(-1)^n\frac{n^n}{(n+1)^{n+1}}$ 收敛，

$\therefore \sum\limits_{n=1}^{\infty}(-1)^n\frac{n^n}{(n+1)^{n+1}}$ 条件收敛.

下证 $\frac{n^n}{(n+1)^{n+1}}$ 单调递减.

令 $f(x)=x\ln x-(x+1)\ln(x+1)(x\geqslant 1)$，则

$f'(x)=\ln x-\ln(x+1)<0$，

所以 $f(x)$ 单调递减，从而 $e^{f(x)}$ 单调递减，即 $\frac{x^x}{(x+1)^{x+1}}$ 单调递减（$x\geqslant 1$）.

七、建立微分方程：$\frac{\mathrm{d}y}{\mathrm{d}t}=ky(500-y)$，条件：$y(0)=50$，$y(4)=100$.

其通解形式为 $\frac{y}{500-y}=ce^{500kt}$.

由条件：$y(0)=50$，$y(4)=100$，解出 $c=\frac{1}{9}$，$k=\frac{1}{1\,000}\ln\frac{3}{2}$.

所求解为 $\frac{y}{500-y}=\frac{1}{9}e^{\left(\frac{1}{2}\ln\frac{3}{2}\right)t}=\frac{1}{9}\left(\frac{3}{2}\right)^{\frac{t}{2}}$ 或 $y=\frac{500\cdot\left(\frac{3}{2}\right)^{\frac{t}{2}}}{9+\left(\frac{3}{2}\right)^{\frac{t}{2}}}$.

八、利润函数 $L(P_1, P_2)=Q_1P_1+Q_2P_2-C=8P_1-P_1^2+6P_2-2P_2^2-20$.

（1）当 $C=20-2P_1-2P_2<10$，即 $P_1+P_2>5$ 时，求 $L(P_1, P_2)$ 的驻点：

$\frac{\partial L}{\partial P_1}=8-2P_1=0\Rightarrow P_1=4$，

$\frac{\partial L}{\partial P_2}=6-4P_1=0\Rightarrow P_2=\frac{3}{2}$，

$L\left(4,\frac{3}{2}\right)=\frac{1}{2}$.

（2）当 $C=20-2P_1-2P_2=10$，即 $P_1+P_2=5$ 时，求拉格朗日函数 $T(P_1, P_2, \lambda)=8P_1-P_1^2+6P_2-2P_2^2-20+\lambda(P_1+P_2-5)$ 的驻点.

$\frac{\partial T}{\partial P_1}=8-2P_1+\lambda=0$，$\frac{\partial T}{\partial P_2}=6-4P_2+\lambda=0$，$\frac{\partial T}{\partial \lambda}=P_1+P_2-5=0$，

故 $P_1=\frac{11}{3}$，$P_2=\frac{4}{3}$，$\lambda=-\frac{2}{3}$.

$L\left(\frac{11}{3}, \frac{4}{3}\right)=T\left(\frac{11}{3}, \frac{4}{3}, -\frac{2}{3}\right)=\frac{1}{3}$.

故 $\max L\left(4, \frac{3}{2}\right)=\frac{1}{2}$ 为所求.

九、证明：必要性：令 $z=f\left(\frac{y}{x}\right)$，则

$$\frac{\partial z}{\partial x}=f'\left(\frac{y}{x}\right)\cdot\left(-\frac{y}{x^2}\right),\ \frac{\partial z}{\partial y}=f'\left(\frac{y}{x}\right)\cdot\left(\frac{1}{x}\right),$$

故 $x\frac{\partial z}{\partial x}+y\frac{\partial z}{\partial y}=0.$

充分性：（方法一）令 $x=r\cos\theta$，$y=r\sin\theta$（$r>0$），则由已知可得：

$$x\frac{\partial z}{\partial x}+y\frac{\partial z}{\partial y}=0\Rightarrow r\cos\theta\frac{\partial z}{\partial x}+r\sin\theta\frac{\partial z}{\partial y}=0\Rightarrow\cos\theta\frac{\partial z}{\partial x}+\sin\theta\frac{\partial z}{\partial y}=0,$$

从而$\frac{\partial z}{\partial r}=\cos\theta\frac{\partial z}{\partial x}+\sin\theta\frac{\partial z}{\partial y}=0.$

所以 $z(r\cos\theta,\ r\sin\theta)=\int\frac{\partial z}{\partial r}\mathrm{d}r=c(\theta)=c\left(\arctan\frac{y}{x}\right)=f\left(\frac{y}{x}\right).$

（方法二）令 $g(t)=z(tx,\ ty)$（$t\neq0$），则由已知可得：

$$x\frac{\partial z}{\partial x}+y\frac{\partial z}{\partial y}=0\Rightarrow txz_1'+tyz_2'=0\Rightarrow xz_1'+yz_2'=0,$$

从而 $g'(t)=xz_1'+yz_2'=0\Rightarrow g(t)=c$，故

$$c=g(1)=g\left(\frac{1}{x}\right),$$

即 $z(x,\ y)=z\left(1,\ \frac{y}{x}\right)=f\left(\frac{y}{x}\right).$

图书在版编目（CIP）数据

微积分．下册/徐友才，邓荣春，闵心畅主编．--北京：中国人民大学出版社，2020.5
“十三五”普通高等教育应用型规划教材
ISBN 978-7-300-27954-1

Ⅰ.①微… Ⅱ.①徐… ②邓… ③闵… Ⅲ.①微积分-高等学校-教材 Ⅳ.①O172

中国版本图书馆 CIP 数据核字（2020）第 029586 号

“十三五”普通高等教育应用型规划教材
微积分（下册）
徐友才　邓荣春　闵心畅　主编
Weijifen

出版发行	中国人民大学出版社		
社　　址	北京中关村大街 31 号	邮政编码	100080
电　　话	010－62511242（总编室）		010－62511770（质管部）
	010－82501766（邮购部）		010－62514148（门市部）
	010－62515195（发行公司）		010－62515275（盗版举报）
网　　址	http://www.crup.com.cn		
经　　销	新华书店		
印　　刷	固安县铭成印刷有限公司		
开　　本	787 mm×1092 mm　1/16	版　　次	2020 年 5 月第 1 版
印　　张	12	印　　次	2025 年 3 月第 3 次印刷
字　　数	280 000	定　　价	28.00 元